OS PAIS QUE QUEREMOS SER

OS PAIS QUE QUEREMOS SER

Como pais bem-intencionados podem prejudicar o desenvolvimento moral e emocional dos filhos

Richard Weissbourd

Tradução
Maria Sílvia Mourão Netto

SÃO PAULO 2012

Para meus pais,
Bernard e Bernice Weissbourd

Esta obra foi publicada originalmente em inglês com o título
THE PARENTS WE MEAN TO BE: HOW WELL-INTENTIONED ADULTS
UNDERMINE CHILDREN'S MORAL AND EMOTIONAL DEVELOPMENT
por Houghton Mifflin Harcourt, Boston, USA
Copyright © 2009, by Richard Weissbourd
Publicado por especial acordo com Houghton Mifflin Harcourt Publishing Company
Copyright © 2012, Editora WMF Martins Fontes Ltda.,
São Paulo, para a presente edição.

Alguns trechos deste livro apareceram anteriormente nas seguintes publicações: "Moral Teachers, Moral Students" [Professores morais, alunos morais], *Educational Leadership*, vol. 60, n. 6, Association for Supervision and Curriculum Development, mar. 2003; "Down Home" [Em casa], *The New Republic*, 25 fev. 2002; "The Feel Good Trap" [A armadilha do sentir-se bem], *The New Republic*, 19 e 26 ago. 1996; "Moral Parent, Moral Child" [Pais morais, filhos morais], *The American Prospect*, verão de 2002; "Distancing Dad" [Pai distante], *The American Prospect*, 6 dez. 1999; e *The Vulnerable Child; What Really Hurts America's Children and What We Can Do About It* [A criança vulnerável: o que realmente magoa a criança americana e o que podemos fazer a respeito], Reading, MA: Addison-Wesley, 1996.

1ª. edição 2012

Tradução Maria Sílvia Mourão Netto
Acompanhamento editorial Márcia Leme
Preparação do original Maria Luiza Favret
Revisões gráficas Ornella Miguellone Martins, Marisa Rosa Teixeira
Edição de arte Katia Harumi Terasaka
Produção gráfica Geraldo Alves
Paginação Moacir Katsumi Matsusaki

Dados Internacionais de Catalogação na Publicação (CIP)
(Câmara Brasileira do Livro, SP, Brasil)

Weissbourd, Richard
  Os pais que queremos ser : como pais bem-intencionados podem prejudicar o desenvolvimento moral e emocional dos filhos ; tradução Maria Sílvia Mourão Netto. – São Paulo : Editora WMF Martins Fontes, 2012.

  Título original: The Parents We Mean To Be.
  ISBN 978-85-7827-592-1

  1. Afeto (Psicologia) 2. Amor 3. Educação de crianças 4. Emoções 5. Família – Aspectos psicológicos 6. Maturidade emocional 7. Pais e filhos 8. Relações interpessoais I. Título.

12-07072   CDD-155.6462

Índices para catálogo sistemático:
  1. Filhos e pais : Relacionamento : Aspectos psicológicos   155.6462
  1. Pais e filhos : Relacionamento : Aspectos psicológicos   155.6462

Todos os direitos desta edição reservados à
Editora WMF Martins Fontes Ltda.
Rua Prof. Laerte Ramos de Carvalho, 133 01325-030 São Paulo SP Brasil
Tel. (11) 3293-8150 Fax (11) 3101-1042

e-mail: info@wmfmartinsfontes.com.br http://www.wmfmartinsfontes.com.br

ÍNDICE

Agradecimentos vii

Uma breve observação metodológica xi

Introdução 3

1. Como ajudar os filhos a lidar com emoções destrutivas 13
2. A promoção da felicidade, *mas também* da moral 47
3. O verdadeiro perigo da febre do desempenho 77
4. Quando a aproximação com os filhos é um tiro pela culatra 101
5. Adultos de caráter, crianças de caráter 123
6. A verdadeira força moral das escolas 143
7. A maturidade dos pais e o esporte dos filhos 169
8. O cultivo de um idealismo maduro nos jovens 203
9. Principais virtudes morais das crianças nas diferentes raças e culturas 217

Conclusão: Comunidades morais 239

Índice remissivo 255

AGRADECIMENTOS

Embora eu já viesse refletindo há muitos anos sobre as ideias expostas neste livro, o que o trouxe efetivamente à vida foi um telefonema de Deanne Urmy (minha editora na Houghton Mifflin) muitos anos atrás. O texto ficou muito melhor graças à sabedoria, ao excelente trabalho de edição e à perseverança de Urmy. Mas talvez esse aprimoramento se deva sobretudo ao fato de ela ter compreendido seu sentido mais profundo e, ao trabalhar o texto, ter-se valido de suas próprias virtudes morais elevadas.

Jill Kneerim, minha perspicaz e bem-humorada agente literária, guiou-me por caminhos sinuosos e sabe muito bem como colocar um livro no mercado e divulgá-lo. A despeito do foco mercadológico de sua profissão, ela sempre me pressionou a fazer deste projeto um meio de realização pessoal e uma contribuição para a humanidade. Sou muito agradecido a ela por isso.

Minha equipe de auxiliares de pesquisa foi simplesmente maravilhosa e muito me inspirou. Shira Katz dirigiu este projeto com enorme integridade e inteligência. Além de exibir um incansável bom humor do início ao fim do trabalho, tomou as rédeas repetidas vezes, em momentos decisivos. Iva Borisova também esteve comigo desde o início, contribuindo com ideias valiosas e com os mais altos padrões morais. Mara Tieken juntou-se a nós no meio do caminho e trouxe novo alento ao projeto: introduziu outros pontos de vista com grande acuidade e determinação. Deborah Porter, uma sábia e indagadora mãe, conduziu inúmeras e valiosas entrevistas com pais e mães. Norma Acebedo-Rey, por sua vez, mostrou-se sempre alerta e intelectualmente ágil, acertando na mosca em todas as ocasiões. Já Jonah Deutsch contribuiu para dar início à pesquisa, conduzindo as primeiras e cruciais entrevistas. Seus instintos são muito aguçados e sua sabedoria está muito adiante de sua idade. Gostaria de agradecer também a Abby Gegeckas, Daren Graves, Bernadette Maynard, Jennifer Oates, Melissa Steel King, além de Moussie e Tara, por sua ajuda indispensável desde o início.

Quero agradecer ainda ao meu grupo de desenvolvimento moral (Martha Minow, Larry Blum e Mary Casey) pelas ideias e pelos diálogos sensacionais e revigorantes que tivemos, bem como pelos comentários extremamente proveitosos sobre diversos rascunhos do texto. Meus grandes amigos Tom Davey e Jake Murray, por sua vez, sintonizaram-se com o projeto e tiraram-me de becos sem saída inúmeras vezes. Steven Brion-Meisels foi generoso e prestativo ao extremo. Gail Caldwell, meu parceiro em um grupo de escritores, conhece cada etapa da criação de um livro. Nos estágios finais da produção desta obra, meu grande amigo Jan Linowitz ofereceu-me opiniões e conselhos valiosíssimos. Joe Finder e Michelle Souda, grandes amigos, também me ajudaram em momentos cruciais, assim como Robert Selman e Al Rossiter.

Ken Wapner desempenhou, desde o início, um papel fundamental na concepção desta obra, oferecendo-me o indispensável aconselhamento editorial. Wapner restringiu e otimizou a proposta do livro e, muitas vezes, ajudou-me a dar forma a um argumento, a encontrar uma frase melhor, a formular ou clarear ideias cruciais. Sou enormemente agradecido a ele.

Minha assistente, Judy Wasserman, foi um presente de Deus. Sua amabilidade, determinação e eficiência tornaram fáceis vários desafios do projeto.

Sinto-me extraordinariamente afortunado por ter tido, entre os meus mais sábios e atentos leitores, meus próprios irmãos, Burt, Ruth e Bob. Este livro certamente não seria tão bom se não fossem as muitas conversas esclarecedoras que tive com eles.

Quero agradecer ainda a muitas outras pessoas que contribuíram com comentários proveitosos sobre os rascunhos dos capítulos deste livro: Kyle Dodson, Michael Gillespie, Daren Graves, Nancy Hill, Delores Holmes, Will McMullen, Pam Nelson, Gil Noam, Anne Peretz, Rocco Ricci, Beverly Rimer, Katie Pakos Rimer, Laura Rogers, Pamela Seigle, Greg Dale, Melissa Steel King, Mark Warren, Bernice Weissbourd, Donna Wick, Hiro Yoshikawa, Tom Zierk.

Agradecimentos ix

Gostaria de agradecer imensamente também a estas pessoas: Nicole Angeloro, Mary Jo Bane, Betty Bardige, Jeff Beedy, Josh Berlin, Lynn Brown, Kristen Bub, Josh Bubar, Anne Clark, Greg Dale, William Damon, Parrish Dobson, Ben Duggan, Tara Edelshick, Kurt Fisher, Janina Fisher, Peter Fruchtman, Beth Burleigh Fuller, Michael Glenn, Michael e Patty Goldberger, Michael Goldstein, Tim e Betsy Groves, Joe, Laura, Steve e Anna Grant, Janice Jackson, Jerome Kagan, Martha Kennedy, Kathryn Kenyon, Dan Kindlon, William Kolen, François Lemaire, Michael Lewis, Sara Lawrence--Lightfoot, Susan Lynn, Melissa Ludtke, Suniya Luthar, Kevin e Louisa McCall, David Meglathery, Amy Monkiewicz, Chris Monks, Brian Moore, Rory Morton, Doug Newman, Gail Nunes, Gabriel O'Malley, Steven Mintz, Tim Otchy, Peggy Miller, Mica Pollock, Taryn Roeder, Ariela Rothstein, Chris Saheed, John Sargent, Judith Seltzer, Scott Slater, Fran Smith, The Seven Deuces, Tom e Anne Snyder, Jesse Solomon, Terrence Tivnan, Susan Wadsworth, Jason Walker, Nancy Walser, Janie Ward, Brady e Cora Weissbourd, Margot Welch e Min Zhou.

Devo este livro às dezenas de pessoas que, de boa vontade, aceitaram ser formalmente entrevistadas ou, de modo informal, responderam às minhas perguntas sobre como criar filhos exemplares em termos morais.

Meus filhos, Jake, David e Sophie, aprenderam a detectar a quilômetros de distância minha intenção de fazer-lhes alguma pergunta relacionada ao livro. Viravam os olhos e censuravam-me cruelmente, mas nunca deixaram de responder às minhas questões e sempre evitaram que eu me perdesse em clichês sobre filhos.

Deus sabe que já se escreveu muito sobre a agonia de escrever um livro, mas não talvez acerca do prazer dessa tarefa. O ato de escrever esta obra trouxe-me um prazer puro e profundo: o de conversar com minha esposa sobre o que significa ser um pai ou uma mãe moralmente exemplar. Ela fez tudo o que era possível para apoiar e aperfeiçoar este livro: debruçou-se sobre incontáveis rascunhos, compartilhou comigo suas grandes ideias e, com delicadeza, apontou quando minha escrita estava enfadonha ou minhas ideias pareciam bobas. Além disso, sua conduta exemplifica, diariamente, aquela qualidade que penso estar no cerne da moral, isto é, a capacidade de assumir outras perspectivas e de considerar as necessidades dos outros tão reais e prementes quanto as suas. Este livro nasceu de nossa vida conjunta, e dedico a minha mulher cada linha dele.

Este livro também é dedicado a meu pai e a minha mãe. Ele tem raízes profundas em seu desempenho como pais e em seu trabalho. Os dois dedicaram grande parte de sua vida a entender o desenvolvimento da criança e a fortalecer a família, ensinando-me, entre muitas outras coisas, como é maravilhoso e instigante levantar questões morais e construir junto com os outros uma compreensão moral do mundo.

UMA BREVE OBSERVAÇÃO METODOLÓGICA

As histórias narradas neste livro são verídicas, mas os nomes e outros detalhes foram alterados para garantir a confidencialidade. Em diversos casos, para proteger a privacidade das pessoas e melhor transmitir o sentido da história, criei personagens compostos por vários indivíduos reais. Algumas vezes, descrevi minhas próprias experiências ou aquelas de algum membro da família, usando pseudônimos e mudando detalhes que permitissem identificar a pessoa.

A pesquisa que resultou neste livro foi realizada, em parte, em três escolas da região de Boston (uma escola particular de uma cidade próxima a Boston cujos alunos são, em sua maioria, de classe alta; uma escola pública de Boston com grande número de alunos pobres; e, por fim, uma escola pública situada na saída de Boston e caracterizada pela diversidade étnica e econômica) e em duas escolas de pequenas cidades do Sul. Em cada uma delas, estudamos cerca de quarenta alunos, sobretudo do ginásio*. Fizemos entrevistas individuais com estudantes e pais em três escolas da região de Boston e em uma escola do Sul, para melhor entender o significado e a contextualização das respostas dos alunos e explorar mais a fundo as ideias e questões levantadas pela pesquisa. As pesquisas e entrevistas buscaram, acima de tudo, conhecer as questões e os dilemas morais que afligem os estudantes; sua percepção de como os pais lhes incutem valores morais; como pesam – e como imaginam que os pais pesam – sua bondade com relação a outras aspirações, como a felicidade e o desempenho; sua percepção das diferenças raciais nas situações e qualidades sociais e morais mais desafiadoras; e, por fim, a natureza e o grau de seu idealismo.

Foi conduzida também uma pesquisa qualitativa com cinco grupos de estudantes em três escolas da região de Boston. Nos pri-

---

* *Juniors*, no original, refere-se à *junior high school*, que vai da sétima à nona séries no ensino norte-americano e corresponde ao Ensino Fundamental II brasileiro. (N. da T.)

meiros estágios da pesquisa, por saber que os adolescentes não gostam de discutir certas questões com adultos, pedi a ajuda de dois alunos do Ensino Médio de uma das escolas. Esses alunos me mantiveram informado acerca do andamento da pesquisa e entrevistaram doze outros estudantes ao longo do ano.

Este livro também se baseia em entrevistas e outras conversas informais com pais – e em observações informais de famílias – em muitas outras regiões dos Estados Unidos, incluindo-se Chicago, Washington, DC, São Francisco e Nova York. Também conversei com inúmeros professores, treinadores esportivos e profissionais da psicologia, entre outros profissionais envolvidos na vida infantil. Por muitos anos vivi este livro e habituei-me a discutir as questões nele abordadas com muitas pessoas em muitas situações e vários ambientes diferentes. Por fim, devo dizer que, em muitos momentos, recorri a pesquisas sobre os filhos e a família que conduzi no final da década de 1980 e na década de 1990 para um projeto sobre a vulnerabilidade da criança.

Embora tenhamos conseguido, através dos meios mencionados, coletar uma boa quantidade de informações sobre como as crianças e os adultos de diversas etnias, classes sociais e regiões geográficas pensam a moral, as entrevistas e respostas concedidas pelos pesquisados não compõem, de modo algum, uma amostragem representativa da diversidade de famílias que formam a população dos Estados Unidos. As descobertas aqui apresentadas são meramente sugestivas. Espero que suscitem mais questões, mais pesquisas e mais reflexão acerca da vida moral das famílias norte-americanas.

OS PAIS QUE QUEREMOS SER

INTRODUÇÃO

Por muitos anos, como psicólogo e pai, procurei inteirar-me das últimas informações que os pais recebem sobre como criar os filhos para serem pessoas solícitas, íntegras e responsáveis. Reuni artigos, acompanhei ideias de políticos e recolhi opiniões de especialistas entrevistados na televisão.

As mensagens essenciais são previsíveis: pai ou mãe solteiros, a pressão dos colegas e o ambiente cultural estão destruindo os alicerces morais de nossas crianças. Os pais e outros adultos estão fracassando como modelos de desempenho de papéis e não ensinam às crianças valores e padrões morais básicos, que lhes permitam distinguir o certo do errado. Segundo uma grande pesquisa realizada pela organização Public Agenda[1], mais de seis em cada dez adultos norte-americanos identificaram "como um problema muito grave" o fato de os jovens não aprenderem valores morais básicos, como a honestidade, o respeito e a responsabilidade em relação aos outros.

Há, sem dúvida, certa verdade nessas explicações para os problemas morais das crianças e dos jovens. Pude constatar a força da pressão dos colegas sobre meus próprios filhos. Minha esposa e eu procuramos evitar que fossem expostos a certos aspectos do ambiente cultural que parecem feitos sob medida para destruir cada pedacinho de sua humanidade. As crianças precisam de modelos de desempenho construtivos, que ensinem a diferenciar o certo do errado.

Para quem deseja penetrar no mundo das crianças e examinar com rigor o que molda o desenvolvimento delas, é preciso considerar que nessas explicações há muita mistificação, se não profundos mal-entendidos. Na melhor das hipóteses, elas são equivocadas; na

---

1 "Americans Deeply Troubled about Nation's Youth; Even Young Children Described by Majority in Negative Terms", *press release*, 26 jun. 1997. Disponível em: <http://www.publicagenda.org>.

pior, são uma espécie de intenso acobertamento e diversionismo. Culpar os colegas e o ambiente cultural exime os adultos – e de maneira perigosa. Deixa de lado uma verdade elementar, apoiada em grande número de pesquisas. O desenvolvimento moral das crianças é determinado por muitos fatores. Entre eles, incluem-se não apenas as influências da mídia e dos colegas, como também a herança genética, a ordem de nascimento (filho único, caçula, mais velho etc.), o sexo, além da maneira como esses diferentes fatores interagem. Além do mais, *nós* somos a influência principal na vida moral de nossos filhos. O relacionamento entre pais e filhos está no cerne do desenvolvimento de todas as qualidades morais mais importantes, como a honestidade, a gentileza, a lealdade, a generosidade, o compromisso com a justiça, a habilidade de lidar com dilemas morais e a capacidade de sacrificar-se em prol de princípios importantes.

Embora não haja nada de errado em incentivar os adultos a serem os melhores exemplos para seus filhos e a ensinar-lhes valores, isso por si só não é suficiente para fazer as pessoas efetivamente serem e agirem assim. Não conheço nenhum adulto que tenha se tornado um exemplo melhor para os filhos simplesmente por terem dito a eles que deveriam sê-lo. Essas exortações tampouco atingem o cerne daquilo que significa ser um pai ou uma mãe eficaz, um verdadeiro mentor moral.

Tenho plena consciência de que o mais importante, no que diz respeito à educação de meus filhos, não é se minha esposa ou eu somos exemplos "perfeitos" de desempenho ou se falamos muito ou pouco sobre valores, mas sim as centenas de maneiras pelas quais – como seres humanos de carne e osso, vivos e imperfeitos – influenciamos nossos filhos nas complexas e confusas relações que temos com eles no dia a dia.

Fui percebendo isso gradualmente, ao longo dos primeiros anos de vida de meus filhos. Mas foi numa tarde, especificamente, que isso ficou mais evidente para mim. As tardes de domingo eram sagradas para nós, reservadas para sair com a família. Nosso segundo filho veio três anos após o primeiro, e nosso terceiro filho, três anos após o segundo. Essa diferença de idade entre eles tornava difícil, às vezes, encontrar um programa que fosse divertido para todos.

Num domingo de vento e sol, fomos fazer um passeio a um parque perto do mar. Meu filho mais velho, que tinha então 7 anos, estava taciturno e parecia desanimado, porque o parque não era seu lugar favorito. Mas, para mim, a semana tinha sido estressante e eu ansiava por aquele passeio. Então, censurei-o por fazer cara feia. Lembrei a ele que, no domingo anterior, tínhamos feito o que queria e, por isso, eu esperava que participasse do passeio com alegria. Também me pareceu que era uma boa oportunidade de reafirmar uma noção básica de reciprocidade.

Minha esposa decerto concordava comigo: era de esperar que nosso filho participasse de certas atividades com a família. Porém, ela observou que nosso menino parecia mais cansado do que infeliz e me disse que eu também, às vezes, demonstrava pouco entusiasmo em atividades familiares que não me agradavam. Por fim, acrescentou, com delicadeza, que talvez eu devesse reconsiderar se a questão em pauta era realmente ensinar um padrão moral. Em vez disso, talvez eu estivesse com raiva porque esperava que esse programa familiar me livrasse de meu próprio mau humor.

Depois de resmungar um pouco, admiti que minha mulher estava certa. Pedi desculpas a meu filho e expliquei-lhe que tivera uma semana difícil. Mas acabei percebendo que, a pretexto de ensinar um princípio a meu menino, fiz que ele tendesse a se importar menos com aquilo que eu estava pensando ou sentindo e se mostrasse mais prevenido e talvez um pouco menos disposto a integrar-se às atividades familiares. Isso também me fez perceber que, embora aquele acontecimento isolado não fosse causar danos duradouros, as interações que tínhamos com nossos filhos ocorriam várias vezes por semana. Em cada uma dessas ocasiões, eu e minha esposa às vezes conseguíamos diferenciar nossas necessidades das deles e equilibrá-las, bem como torná-los capazes de assumir outras perspectivas, mas outras vezes não conseguíamos. Essas interações, de modo cumulativo, definiriam sua noção de relacionamento e seriam determinantes para o desenvolvimento de sua capacidade de demonstrar solidariedade e respeito para com os outros. As qualidades morais de nossos filhos também seriam moldadas por aquilo que fôssemos capazes de registrar ou não do mundo à nossa volta e que lhes pedíssemos para registrar – por exemplo, se deixaríamos que tratassem um vendedor como uma pessoa invisível, se comentaríamos o tratamento injusto recebido por uma criança num playground ou se apontaríamos um feito louvável de um vizinho. Também influenciávamos suas habilidades morais pelo modo como definíamos suas responsabilidades com relação aos outros e se insistíamos ou não que fossem cumpridas. Nossa eficácia como mentores morais dependeria basicamente, entre tantos outros fatores, do grau de respeito e confiança que conquistávamos deles ao admitir nossos erros e explicar nossas decisões de um modo que lhes parecesse justo. Eram esses detalhes cotidianos do relacionamento com nossos filhos (muito mais do que nosso discurso moral para com eles) que compunham o cerne de sua moralidade.

Para minha mulher e eu (e para todos os pais que conhecemos), a maior dificuldade sempre foi prestar atenção nessas coisas quando estávamos estressados, cansados ou deprimidos. Sem dúvida há "estratégias" que nos ajudam a lidar com os filhos nesses momentos críticos. Mas o que está em jogo nessas ocasiões, fundamentalmente, são nossas qualidades morais e nossa maturidade, incluindo nossa capacidade de administrar as próprias falhas. E não dá para simular essas coisas. Se hoje existem nos Estados Unidos tantos jovens desprovidos de virtudes morais essenciais, a razão disso é que não conseguimos perceber a realidade elementar de que a tarefa de criar um filho virtuoso *envolve nosso próprio eu*. Ser pai, mãe ou mentor é um grande desafio moral, e aprender a criar bem os filhos é uma enorme conquista moral.

As ideias sobre desenvolvimento moral aqui apresentadas são muito diferentes daquelas em voga nos meios de comunicação na época atual. Elas compõem uma visão que construí ao longo de muitos anos, a partir de minhas experiências como pai, bem como de conversas informais com outros pais, da observação de outras famílias, de entrevistas que, juntamente com minha equipe de pesquisadores, conduzi com dezenas de jovens e adultos (pais, professores e treinadores) e, por fim, de uma pesquisa com 200 jovens.

Inúmeras de nossas descobertas foram alentadoras. Muitos pais preocupam-se sinceramente com as qualidades morais dos filhos, e conseguimos descobrir grande variedade de práticas eficazes na criação dos filhos em diversos contextos de raça, etnia e classe social. Este livro apresenta variantes específicas e elucidativas dessas práticas.

Também descobrimos, no entanto, muitas coisas preocupantes. Alguns adultos têm crenças equivocadas sobre como criar filhos virtuosos, e alguns pais preocupam-se pouco com o desenvolvimento do caráter dos filhos. O maior problema, contudo, é mais sutil: grande número de pais e adultos em geral prejudica sem querer (de forma inconsciente) o desenvolvimento de qualidades morais primordiais nas crianças e nos jovens.

Este livro apresenta um cenário psicológico amplamente desconhecido: as formas, quase nunca analisadas, por meio das quais os pais, professores, treinadores e mentores de todo tipo moldam de modo efetivo o desenvolvimento moral e emocional da criança. Nele são analisadas, por exemplo, as maneiras sutis como os adultos põem sua própria felicidade em primeiro lugar, ou a felicidade dos filhos acima de tudo o mais, o que prejudica tanto a capacidade da criança de se importar com os outros quanto, de maneira irônica, a felicidade dela. Neste livro, ainda, revela-se não apenas como pais obcecados com o desempenho acadêmico podem causar danos aos filhos, mas também como muitos de nós, na qualidade de pais, guardamos temores subconscientes com relação ao desempenho de nossos filhos, os quais podem minar nossa influência como mentores morais e diminuir a capacidade dos jovens de investir no relacionamento com o outro. O livro mostra também por que certo instinto dos pais, positivo e muito difundido, que é o desejo de aproximar-se dos filhos, pode trazer grandes benefícios morais às crianças em determinadas circunstâncias, mas também pode levar os pais a confundirem suas necessidades com aquelas dos filhos, prejudicando o crescimento moral deles. Por fim, explica-se de que forma os mais dedicados pais podem acabar humilhando de modo sutil os filhos e destruindo as qualidades morais deles e apresentam-se as vias indiretas pelas quais os pais e os mentores universitários destroem o idealismo dos jovens.

Ao mesmo tempo, este livro traz exemplos inspiradores de pais, professores e treinadores que evitam cair nessas armadilhas, além de oferecer estratégias concretas para a criação de jovens virtuosos e felizes. Também se defende aqui a ideia de que os pais e os adultos em geral têm grande potencial para o desenvolvimento moral – um projeto para a vida inteira. A experiência de ter filhos pode ou faz regredir ou semear em nós novas e poderosas habilidades para a caridade, a justiça e o idealismo, com grandes desdobramentos para nossos filhos. Uma das coisas mais estimulantes na experiência paterna ou materna é assistir ao desenvolvimento das capacidades morais e emocionais não só de nossos filhos, mas também das nossas.

Finalmente, este livro procura superar a velha abordagem centrada no ensino de valores e sugerir outras mais eficazes. Um dos problemas da abordagem axiológica torna-se imediatamente evidente quando conversamos com crianças mais novas, de 6 anos de idade, por exemplo. A grande maioria dessas crianças sabe falar com desenvoltura sobre valores e padrões e muitas consideram paternalista a percepção de que lhes faltam valores. Pesquisas revelam que até crianças bem mais novas, de 3 ou 4 anos, em geral, sabem que roubar é errado, mesmo que nenhum adulto lhes tenha ensinado isso explicitamente[2].

---

2 Eli H. Newberger, *The Men They Will Become: The Nature and Nurture of Male Character* (Reading, MA: Perseus, 1999), pp. 84-5.

Introdução

Isso não significa (e nunca é demais ressaltar) que as crianças não tenham problemas no que concerne aos valores. O problema é apenas diferente: diz respeito a *viver* efetivamente de acordo com esses valores – como a justiça, a solidariedade e a responsabilidade – no dia a dia. Por exemplo, Bill Heron, um jovem de 16 anos, sabe que riu muito alto e por muito tempo quando um colega de classe colocou um aparelho que emitia sons de peido embaixo da carteira de uma garota nova na turma, mas ele não queria "ser o estraga prazeres" para os colegas. Já Sarah Hamlin, de 14 anos, sabe que deveria aproximar-se de um colega novo na escola, mas diz estar "sempre ocupada demais". Juan Maltez, de 10 anos, sabe que as gozações podem magoar as pessoas, mas acredita que, se parar de fazer troça dos outros, será tachado de perdedor: "Vou direto para a turma dos mongoloides." Como me disse um jovem de 16 anos bastante sincero: "Estou estudando uma matéria em que tentam ensinar para a gente a diferença entre o certo e o errado. Mas todos os caras lá na minha escola sabem o que é certo e o que é errado. Não é esse o problema. O problema é que alguns caras simplesmente não dão a mínima."

Esses jovens não precisam que alguém defina as suas metas. Isso é fácil. Nossos desafios são muito mais difíceis e profundos. Um deles é ajudar as crianças a lidar com as emoções que as fazem transgredir, como o medo de ser considerado pária ou "perdedor". Muitas vezes, as emoções são o ônibus desgovernado, e os valores são o motorista, que tenta desesperadamente controlá-lo.

Outro desafio é ajudar as crianças a desenvolver um compromisso profundo e duradouro com esses valores. O problema em questão não é a alfabetização moral, mas a motivação moral[3]. Uma

---

3 Para uma análise minuciosa dos temas da motivação, da identidade e do eu morais, ver Gil Noam e Thomas Wren, *The Moral Self* (Cambridge: MIT, 1993). Ver também Ann Higgins-D'Alessandro e F. Clark Power, "Character, Responsibility, and the Moral Self", em Daniel K. Lapsley e F. Clark Power (Orgs.), *Character Psychology and Character Education* (Notre Dame, IN: University of Notre Dame Press, 2005), pp. 101-20.

capacidade, em particular, está no cerne desta motivação: a consideração, isto é, a capacidade de conhecer e valorizar os outros, inclusive aqueles que possuem origens e pontos de vista diferentes. A consideração destrói os impulsos destrutivos (não há nenhuma força mais poderosa do que essa para dissuadir uma pessoa de mentir, roubar ou atormentar aqueles que são diferentes dela) e inspira a solidariedade, a responsabilidade e a generosidade. Este livro pretende funcionar como uma espécie de mapa que ajudará os pais a fazer seus filhos desenvolverem essa qualidade vital.

Um terceiro desafio é levar as crianças a desenvolver um eu mais forte (para que sejam capazes de enfrentar adversidades em nome de objetivos morais) e inculcar-lhes desde cedo o hábito de escutar os outros e solidarizar-se com as pessoas. Como sugere uma pesquisa realizada por Samuel e Pearl Oliner, os atos abnegados dos europeus que salvaram judeus do Holocausto durante a Segunda Guerra Mundial não foram resultado de reflexões profundas[4]. Nasceram das disposições básicas desses indivíduos e da percepção que tinham de si mesmos. Uma dessas pessoas observou: "Insisto em dizer que, para mim, fazer isso [salvar] era absolutamente natural. Não precisamos nos vangloriar, pois somos filhos de Deus e não há distinção entre os seres humanos." É possível fazer as crianças integrarem à sua personalidade, desde cedo, valores como a responsabilidade e tornar a solidariedade algo tão natural como respirar.

Usando todos os meios mencionados, este livro procura suscitar um novo diálogo sobre como criar filhos virtuosos. Sobretudo quando nossos filhos entram na adolescência, pode parecer impossível resguardá-los das imbecilidades da mídia ou da pressão de grupos de colegas indiferentes à moral. Mesmo assim, se tivermos

---

4   Estudos de Oliner citados em James Youniss e Miranda Yate, "Youth Service and Moral-Civic Identity: A Case for Everyday Morality", em *Educational Psychology Review* 11, n. 4 (1999), p. 336; Samuel P. Oliner e Pearl M. Oliner, *The Altruistic Personality: Rescuers of Jews in Nazi Europe* (Nova York: Free Press, 1988).

determinação, se formos capazes de refletir sobre nós mesmos e nos abrirmos aos conselhos das pessoas que estimamos, conseguiremos tanto interiorizar desde cedo em nossos filhos um código moral forte quanto guiá-los com segurança pelas águas turbulentas da adolescência e do início da idade adulta. Este livro aborda como fazer isso.

Quais são as verdadeiras fontes da moralidade de nossos filhos? De que modo, concretamente, podemos desenvolver neles o dom da consideração e moldar as emoções mais importantes que se encontram por trás da moralidade? Como podemos cultivar nossas próprias habilidades morais e pedagógicas e dar, assim, melhor direção às muitas correntes ocultas que influenciam a vida moral e emocional de nossos filhos?

1

COMO AJUDAR OS FILHOS A LIDAR COM EMOÇÕES DESTRUTIVAS

Certo dia, há alguns anos, eu jogava basquete numa ACM de Chicago com um amigo, Jack, um rapaz alto, magro e simpático. O basquete informal oferece oportunidades de todo tipo para brilharmos ou regredirmos do ponto de vista moral. Nesse tipo de jogo, às vezes é difícil distinguir, de fato, comportamentos anormais de atitudes normais de imbecilidade e competitividade masculina. Nesse dia percebi que um rapaz do outro time, Phil, parecia em uma espécie de constante estado de raiva ao jogar. Ele não se limitava a incomodar os adversários com comentários jocosos (essa arte tão comedida, refinada e inteligente). Insultava os outros jogadores descaradamente, inclusive os próprios companheiros de time: "Você é um merda!", "Você não sabe jogar!" Quando alguém apontava uma falta dele ou se queixava de suas cotoveladas e demais investidas violentas, o rapaz aprontava uma verdadeira cena para fazer-se de ofendido. Como Phil e Jack marcavam um ao outro, as cotoveladas e os insultos estavam fazendo meu amigo quase perder a paciência. Mesmo assim, ele conseguia manter o autocontrole e dizia a Phil: "Calma!", ou "Isto é só um jogo!"

Muitos meses depois, porém, Jack e Phil se encontraram outra vez numa partida de basquete e, dessa vez, as coisas não correram tão bem. Dessa vez de novo Phil passou a insultar os companheiros de time e desrespeitar as marcações de falta. Jack, já com a competitividade à flor da pele, resolveu jogar para valer e dar a Phil uma lição de humildade. Quase imediatamente, começou a troca de alfinetadas. Jack movimentou-se em direção à cesta e foi derrubado por Phil, que o acertou com o ombro, com força, acima da cintura, fazendo-o cair no chão. Jack levantou-se rápido, gritando palavrões. A reação de Phil foi curta e grossa: uma cusparada na cara de Jack.

Jack viu-se em uma situação que odiava desde quando era criança e que praticamente já havia esquecido: "Não brigava desde a adolescência, e ali estava eu dando cruzados e ganchos naquele cara e errando todos os golpes." Os outros jogadores logo intervieram, separando os dois. Phil permaneceu inabalável, enquanto Jack pegou sua mochila e foi embora.

Jack ficou indignado. "Eu não conseguia acreditar que tinha de fato entrado numa briga. Acima de tudo, sentia-me envergonhado. Há pouco tempo tinha sido eleito membro da Câmara de Comércio local, e ali estava eu trocando socos com aquele sujeito. Além disso, havia outra coisa que me deixava furioso comigo mesmo. Por mais que eu ame e admire meu pai, ele estava sempre fazendo coisas malucas quando eu era criança – metendo-se em brigas, por exemplo. E isso me envergonhava. Eu definitivamente não queria fazer o mesmo naquele momento da vida, em que iniciava minha carreira e tentava consolidar minha imagem como um advogado respeitável. A briga foi um mau sinal de que eu, afinal, não era assim tão diferente de meu pai quanto pensava."

Jack não conseguia esquecer o episódio. Foi até a secretaria da ACM e disse que tanto ele quanto Phil deveriam ser suspensos. Depois escreveu uma carta ao presidente da associação, na qual se desculpava e, mais uma vez, sugeria a suspensão, afirmando que "o nível de estupidez demonstrado por nós dois" não deveria ser tolerado e que "coerência e tolerância zero devem ser a marca registrada da conduta da ACM no que concerne a qualquer tipo de briga". O presidente telefonou para Jack no dia seguinte para comunicar-lhe que Phil seria expulso da associação (muitas pessoas já tinham reclamado de sua conduta) e que ele, por coerência, seria suspenso por três meses.

Quase todo grande livro envolve questões morais, pois é impossível separar a moral daquilo que nos move: as emoções. Elas estão na raiz de nossas crenças morais e de nosso comportamento. Se as emoções positivas, como a empatia, a admiração e a afeição, nos impelem à solidariedade e à generosidade, outras, dolorosas, também são vitais para nossa moralidade. Sentimentos como a vergonha, a culpa e o medo protegem a sociedade. Para evitar a vergonha e a culpa, respeitamos os padrões e as normas morais e nos desviamos da violência, da crueldade, da arrogância e da cobiça. Essas emoções também são o motor do aprendizado moral, pois são capazes de gerar crenças morais mais refinadas e complexas. O sentimento de vergonha e de culpa[1] em relação ao ato de brigar levou Jack a perceber melhor aquilo que era essencial para sua integridade e o tipo de conduta mais coerente com seus instintos morais mais elevados. Desse modo, vê-se que, em quantidade moderada, as emoções dolorosas são construtivas. É perigoso, portanto, tentar erradicá-las da vida dos filhos.

Quando, porém, as crianças ou os adultos têm de lidar com grandes doses de emoções negativas e não possuem estratégias construtivas para administrá-las, elas podem tornar-se uma presença constante e destrutiva, que às vezes sufoca os impulsos e as convicções morais. Segundo o psicólogo infantil Jerome Kagan, da Universidade de Harvard, os programas de prevenção[2] que explicam aos jovens as consequências deletérias da violência são inúteis "porque os jovens sabem que a violência é errada. O que não conseguem é controlar a humilhação e os impulsos destrutivos que

---

1 William Damon, *The Moral Child: Nurturing Children's Natural Moral Growth* (Nova York: Free Press, 1988), p. 13.
2 Conversa pessoal com Jerome Kagan, 1996.

alimentam a violência". O problema de Jack não era que lhe faltassem valores ou capacidade de consideração. Ele é uma pessoa muito íntegra e bondosa. O problema é que, de repente, foi tomado pela humilhação e pela raiva (e sabia bem como devia reagir).

No caso de jovens ou adultos como Phil, que parecem encontrar-se em constante estado de fúria, sempre convictos de estarem certos e sempre buscando uma oportunidade para humilhar os outros, a vergonha não raro constitui um aspecto central e persistente do eu. A raiva, para essas pessoas, é uma forma de mascarar as dúvidas que têm com relação a si mesmas e de evitar, quase literalmente, o mergulho num oceano de vergonha. Quando Bill, o jovem de 16 anos mencionado na Introdução, participa da brincadeira com o aparelho que emite sons de peido, sucumbe a uma necessidade de reconhecimento e aprovação. Quando Matt, um jovem de 13 anos, rouba objetos na casa dos amigos porque, conforme explica, não consegue se conformar com o fato de outros meninos terem mais dinheiro que ele, as forças atuantes são a inveja e o sentimento de inferioridade. Quando, para não serem tachadas de dedo-duro, as crianças mentem para os professores a respeito de uma briga que poderá acontecer ou não na hora da saída, o que as move é o medo de serem excluídas pelos colegas.

Além disso, quando os sentimentos negativos mostram-se constantes e excessivos, as crianças podem alimentar crenças morais reprováveis. Por exemplo, a cola, movida por emoções como o temor do fracasso e o sentimento de inferioridade, tornou-se um hábito tão arraigado em muitas escolas (em uma pesquisa[3], quase 75 por cento dos alunos do Ensino Médio admitiram colar) que os jovens que entrevistamos deram todo tipo de desculpa para justificar sua prática: "Vale a pena, para entrar numa boa faculdade", "Se a pessoa souber que você está colando dela, qual é o problema?"; o

---

3 Kevin Ryan, "Character Education: Our High Schools' Missing Link", *Education Week*, publicado na internet, 29 jan. 2003. Disponível em: <www.edweek.org> (citação de um estudo da Universidade Rutgers).

aluno mais velho disse: "Todo o mundo cola." Alguns jovens justificam o furto dizendo que "a sociedade é corrupta" ou que, "no fim das contas, as pessoas só se importam mesmo é consigo mesmas". Outros criam sistemas morais para conseguir lidar com seus sentimentos de vergonha e inferioridade. No complexo código moral das gangues, por exemplo, a morte é explicada como forma de punição pelo desrespeito[4].

Embora sejam muitas as emoções capazes de moldar o desenvolvimento moral da criança, duas delas dolorosas, são particularmente problemáticas: a vergonha, isto é, o sentimento de inutilidade e embaraço; e o medo da desaprovação e do isolamento. Embora essas emoções, em níveis normais, sejam vitais, grande número de jovens lida com altos níveis de vergonha e sente um medo intenso de serem desaprovados. Essas emoções, quando em excesso, podem levar tanto os jovens quanto os adultos a cometerem todo tipo de transgressão. O mais irônico é que os pais, ao se preocuparem cada vez mais com a felicidade dos filhos e fazerem de tudo para preservar seu estado emocional positivo, alimentam justamente, sem se dar conta, essas duas emoções negativas.

Como é que nós, pais e mentores, incitamos esses sentimentos e como podemos parar de fazer isso? Quando nossos filhos experimentam intenso sentimento de vergonha e forte medo de serem desaprovados, como podemos ajudá-los a administrar esses sentimentos?

Primeiro, tratemos da vergonha.

VERGONHA E SENTIMENTO DE INFERIORIDADE

Durante vinte e cinco anos, o psiquiatra e pesquisador James Gilligan trabalhou com presos que haviam cometido crimes graves,

---

4 William Damon defende um argumento semelhante em *The Moral Child*, pp. 17-8.

muitas vezes com grande violência. Embora os motivos desses crimes fossem variados, Gilligan conseguiu encontrar um denominador comum a todos eles: "Ainda estou para ver um ato grave de violência que não tenha sido provocado pela experiência de sentir-se envergonhado ou humilhado." Esses criminosos, em geral, observa Gilligan, "viveram a vida toda submetidos a escárnio e desdém". O medo de sentirem vergonha tornou-se, para eles, pior do que o da morte. Para esses prisioneiros: "Os homens mais perigosos são aqueles que têm medo de serem covardes."[5]

Poucas emoções provam mais destruição do que a vergonha e o sentimento de inferioridade. São incontáveis as guerras e os genocídios desencadeados por uma ofensa real ou imaginária. Hitler foi bastante explícito ao dizer que buscava erradicar a humilhação que a Alemanha sofrera na Primeira Guerra Mundial: a "vergonha de Versalhes"[6]. Mas as violações causadas pela vergonha e pelo sentimento de inferioridade, em sua maior parte, não têm maiores consequências. Quando um adolescente cola numa prova porque tem medo de não ingressar em uma faculdade de prestígio, quando mente aos amigos sobre o emprego do pai, por considerá-lo indigno, ou quando semeia um boato sobre um colega que pensa estar atrapalhando sua popularidade, a vergonha e o sentimento de inferioridade em geral estão na raiz dessas condutas. A disseminação do narcisismo nos Estados Unidos (fenômeno caracterizado por uma problemática mistura de arrogância, sentimento de merecimento e incapacidade de pôr-se no lugar dos outros) já foi tratada por muitos autores, e os psicólogos há muito tempo já reconheceram que tem raízes em experiências de humilhação na infância[7]. O dano causado pelo sentimento de vergonha, como atesta a terrível

---

5   James Gilligan, "Shame and Humiliation: The Emotions of Individual and Collective Violence" (estudo apresentado nas Preleções Erikson, Universidade de Harvard, 23 maio 1991).
6   James Gilligan, "Shame and Humiliation".
7   Ver, por exemplo, Jan Hoffman, "Here's Looking at Me, Kid", em *New York Times*, Sunday Styles, 20 jul. 2005, p. 2.

vingança de Hitler, também costuma espalhar-se como um vírus. Os adultos acometidos pela vergonha muitas vezes mostram aos outros como se sentem (Phil cospe em Jack). Os jovens que sentem vergonha, por sua vez, tendem a envergonhar outros jovens e, mais tarde, os próprios filhos. Algumas das peças de teatro americanas de maior sucesso – como *Longa jornada noite adentro*, de Eugene O'Neill – tratam de famílias destroçadas pela vergonha, cujos membros não conseguem parar de apontar os defeitos uns dos outros e de desenterrar as humilhações alheias, enquanto sonegam a proteção e o amor capazes de apagar as cicatrizes profundas da vergonha.

A razão de a vergonha ser tão perigosa torna-se mais clara ao ser comparada com sua prima, a culpa. Culpa é o sentimento de autorreprovação que experimentamos quando violamos uma norma (ao enganar nosso cônjuge, prejudicar um colega ou deixarmos de denunciar um crime à polícia, por exemplo)[8]. Quando o sentimento de culpa é grande, como no caso de Jack, temos necessidade de retificar o erro. Enquanto não consertamos o estrago, o mundo parece paralisado ou fora do eixo para nós. Em geral, o caminho para corrigir a situação apresenta-se de forma espontânea – a culpa insiste em exigir soluções, e muitas vezes as encontra.

Em relação a esse aspecto, com a vergonha isso não é tão simples. Como observa Robert Karen, um estudioso da vergonha, não costumamos nos envergonhar de um ato, de algo que tenhamos *feito*, mas sim de quem *somos* e, sobretudo, ao percebermos que nossos defeitos foram expostos e podem ser vistos por um público real ou imaginário[9]. De acordo com a famosa psiquiatra Helen Block Lewis: "Dizemos: 'Estou com vergonha de *mim*.' [Porém,] 'Tenho culpa de algo.'"[10] Vergonha e culpa com frequência se mis-

---

8   Parcialmente retirada de Robert Karen, "Shame", em *Atlantic Monthly*, fev. 1992, p. 47.
9   Karen, "Shame", p. 47.
10 Em Karen, "Shame", p. 47.

turam, como aconteceu com Jack, e uma das maneiras de as pessoas aliviarem a vergonha é convertendo-a em culpa. Ao escrever a carta ao presidente da ACM, Jack poderia estar, de modo inconsciente, tentando reparar tanto a culpa por violar uma lei e desrespeitar outra pessoa quanto a vergonha por tê-lo feito publicamente. Porém, como muitas vezes é difícil reparar a vergonha ou convertê-la em outro sentimento, não raro ela aloja-se dentro do eu. Quando a vergonha se acumula, ou quando já se encontra impressa no eu desde cedo (e quando a pessoa não possui muitas estratégias para lidar com ela), são bastante altas as chances de que ela corroa a capacidade de consideração e a motivação moral e de que se expresse de forma destrutiva.

As crianças e os jovens, é claro, sentem muitos tipos de vergonha, e por diversas razões. Para muitas crianças, o panorama da vida é moldado desde cedo pela possibilidade de sentir vergonha, devido a uma deficiência, por exemplo, ou ao contato frequente com estereótipos de raça, etnia ou classe social. Porém, somos nós, na condição de pais, que desempenhamos o papel principal quando se trata de proteger nossos filhos da vergonha. Por exemplo, Marian Wright Edelman, escritora e defensora dos direitos das crianças, chama a atenção para o importante papel que seus pais e outros adultos de sua comunidade desempenharam no confronto com a enxurrada de mensagens racistas que ela, uma menina negra do Sul dos Estados Unidos, teve de suportar[11]. Para piorar, nós, os pais, somos capazes de criar nas crianças as formas de vergonha mais profundas e duradouras. Como observa Karen, podemos predispor indiretamente nossos filhos à vergonha se não ensinamos boas maneiras a eles, se enchemos demais a bola deles ou se não conseguimos enxergar ou censurar suas características indesejáveis[12]. Os pais também podem colocar os filhos no caminho da

---

11 Marian Wright Edelman, *The Measure of Our Success: A Letter to My Children and Yours* (Boston, Beacon Press, 1992), p. 3.
12 Karen, "Shame", p. 43.

vergonha ao lhes proporcionar autonomia demais (quando dão muita autoridade aos impulsos dos filhos ou poder demais para fazerem escolhas que não estão preparados para fazer).

No entanto, jamais avançaremos muito no nosso esforço de mitigar a vergonha se não pararmos de fazer as coisas que a provocam e se não conseguirmos evitar certas formas de humilhação muito difundidas na sociedade moderna. Por muitos anos, como terapeuta, compartilhei com meus colegas uma grande preocupação em relação a certo tipo de humilhação. Era frequente um de meus pacientes, um homem de 40 anos a quem chamarei Sam, regredir a um momento de sua infância (quando tinha 11 anos) em que sua mãe, de propósito, colocara para secar no gramado em frente à casa onde moravam, à vista de todos os coleguinhas do bairro, um lençol molhado de xixi. Mesmo passados trinta anos, essa lembrança provocava nele uma raiva terrível, que descrevia como um estouro da boiada dentro de sua cabeça. Esse sentimento formava como um buraco negro que sugava qualquer empatia que conseguisse ter pela mãe, mesmo depois que ela envelhecera e se tornara enferma. No estudo do desenvolvimento da criança, há muito tempo constatou-se que os pais mais destrutivos são aqueles que sentem vergonha *dos filhos* e demonstram isso a eles, aqueles que criticam não apenas um comportamento, mas alguma característica que define a própria personalidade da criança (como não ser bela ou inteligente o suficiente, ou não ser tão legal quanto o filho ou a filha de um vizinho). Uma amiga minha de 80 anos ainda se sente humilhada ao lembrar um fato ocorrido quando ela tinha 18 anos: seu pai lhe disse que aquela era a primeira vez em que ele se sentia feliz por ela ser menina e não menino, porque não poderia ser recrutada pelas forças armadas.

Não há dúvida de que esse tipo de humilhação pode ser bastante prejudicial para os filhos. Jamais esquecemos as humilhações que sofremos. A vergonha possui uma incrível capacidade de manter-se viva, e, por este motivo, pode interferir em nossa capacidade de respeitar ou perdoar aqueles que, em outros aspectos, agiram de maneira diferente, cuidaram de nós com dedicação (como acontece com o meu paciente e sua mãe). Quando se torna crônico, o sentimento de humilhação pode criar a profunda e duradoura sensação de deficiência e injustiça, além de fazer acumular raivas que comprometem a capacidade de empatia e consideração do indivíduo – como no caso dos prisioneiros entrevistados por Gilligan. E esse tipo de humilhação é comum em certas comunidades. Alguns treinadores esportivos, por exemplo, defendem explicitamente o uso de insultos e afrontas para despertar nos jovens a mais feroz vontade de dar o melhor de si para ganhar.

Embora esse tipo de humilhação preocupe, há indícios de que sua incidência, pelo menos nas comunidades de classe média, diminuiu bastante. Segundo um estudo realizado pela psicóloga Peggy Miller e colegas[13], as mães de classe média norte-americanas, preocupadas com a autoestima dos filhos, condenam com veemência essa conduta. Em uma cultura como a dos Estados Unidos, sempre tão atenta a todo tipo de vulnerabilidade emocional, inclusive a vergonha (nos últimos trinta anos, a discussão sobre psicologia nesse país talvez tenha sido mais intensa do que em qualquer outro lugar no mundo), a própria ideia da humilhação foi estigmatizada. Por ser tão angustiante e viva, a vergonha tornou-se alvo fácil para as fileiras cada vez maiores de especialistas que policiam a vida emocional dos norte-americanos. Pilhas de livros alertam os pais para as barbaridades da humilhação. Gurus da autoajuda, como John Bradshaw, viajam por todo o país implorando aos pais que parem de humilhar os filhos[14]. Além disso, legiões de psicoterapeutas e especialistas de programas de televisão enumeram os males que podem advir quando criticamos as características pessoais das crianças ou fazemos que sintam vergonha na frente dos outros.

13 Conversas pessoais com Peggy Miller; e P. J. Miller, S.-H. Wang, T. L. Sandel e G. E. Cho, "Self-esteem as Folk Theory", em *Parenting Science and Practice* 2, n. 3 (2002), pp. 209-39.
14 Karen, "Shame", p. 54.

Tudo isso, porém, deixa-nos um grande enigma para resolver. Embora a humilhação tenha diminuído, não parece haver um declínio correspondente no número de crianças e jovens que lidam com um forte sentimento de vergonha. Muitos psicólogos afirmam que a humilhação é um fenômeno cada vez mais generalizado[15]. Alguns dizem até mesmo que nunca esteve tão disseminado. A cultura norte-americana parece obcecada pela vergonha. Muitos programas de televisão, como *American Idol, Room Raiders* e *Punk'd* (estes dois últimos da MTV), alimentam-se da humilhação e aproveitam-se, quase de modo indecente, da superexposição das inseguranças mais íntimas das pessoas. A razão pela qual esses programas atraem tantas pessoas talvez seja inconsciente: eles criam uma tensão em torno da ameaça constante de humilhação e brincam, assim, com nosso medo da vergonha.

O fato de a vergonha continuar tão comum resulta certamente de forças sociais complexas, entre as quais podemos citar o número impressionante de crianças abandonadas pelos pais, a crescente concentração em nós mesmos, em detrimento da comunidade, e a crescente obsessão pelo alto desempenho (assuntos que serão abordados em capítulos posteriores). Mas resulta também do fato de que os pais podem envergonhar os filhos de várias maneiras, e com frequência nem os pais nem os filhos têm consciência delas. (A boa notícia, como demonstrado mais adiante, é que há muitas soluções ao nosso alcance para evitar essas formas de humilhação.)

Consideremos, por exemplo, o caso de Jim Starans, um adolescente de 19 anos que vive em uma comunidade rica de Long Island. Desde muito novo, ele se lembra de ter convivido com um estranho sentimento de desarmonia. Seus pais diziam-lhe repetidas vezes que ele tinha tudo de que precisava, e de fato parecia-lhe que isso era verdade. Jim desfrutava de todo o conforto material imaginável, frequentava as mais renomadas escolas e fazia parte de

---

15 Alguns psicólogos com quem conversei fizeram essa afirmação. Segundo Robert Karen, muitos psicólogos acreditam nisso. Karen, "Shame", p. 40.

uma comunidade cujos membros respeitava. Ele era o caçula do segundo casamento da mãe, que lhe disse já ter "aperfeiçoado" suas habilidades para criar filhos quando o teve. Jim admitia não se lembrar de nenhuma vez em que a mãe ou o padrasto (uma pessoa que descreveu como carinhosa e benevolente, embora um tanto distante) tivessem se dirigido a ele de forma grosseira.

Mesmo assim, Jim via-se constantemente acometido pela vergonha e pela insegurança. Sentia-se "morto" de vergonha quando não conseguia estar entre os melhores alunos do colégio e qualquer forma de afronta tendia a mergulhá-lo num oceano de inseguranças. Às vezes, censurava-se por ser ingrato – deveria sentir-se melhor, dizia a si mesmo, pois era uma pessoa de sorte. Tentava falar com sua mãe sobre esses sentimentos. Algumas vezes, ela lhe dava atenção e demonstrava compreender sua situação; em outros momentos, porém, mostrava-se impaciente. O jovem lembra que, certa vez, na escola, assistiu a uma aula de desenvolvimento humano em que o assunto foi a baixa autoestima. Disse então à mãe que enfrentava esse problema, ao que ela retrucou: "Isso é ridículo." Muitas vezes Jim irritava-se com a mãe e tinha brigas bobas com ela, sem saber por quê.

Embora nunca tivesse sofrido nenhuma humilhação de maneira explícita, Jim vivia num ambiente familiar no qual a vergonha era quase inevitável. Quando os pais definem a felicidade de modo restrito e inflexível – por exemplo, em função da satisfação material ou da educação em boas escolas – e passam a saciar todas as necessidades da criança com base nessa concepção, ressaltando para ela quanto fazem para satisfazer essas necessidades, isso pode predispor a criança a sentir-se envergonhada. Muitos tipos de carências, decepções e incertezas podem levar essa criança a achar que há algo de errado com ela.

A criança também pode passar a acreditar que a única explicação para seus problemas está em seus próprios defeitos quando os pais têm uma visão idealizada de família ou quando não expõem as próprias falhas (como faz a mãe de Jim ao afirmar que ele deveria ser feliz porque era criado de maneira "perfeita"). Num mundo apresentado dessa forma, qualquer criança pode sentir-se como um verme ingrato quando experimenta algum sofrimento. Além disso, quando os pais se preocupam demais com algum critério para avaliar o valor da criança – como o desempenho na escola, a popularidade ou o carisma –, ela pode sentir-se envergonhada quando não passa nos testes, sejam estes explícitos ou implícitos.

O tipo de vergonha mais comum e danoso, porém, talvez seja aquele que se manifesta quando os pais sentem-se ameaçados pelos sentimentos e pelas fraquezas dos filhos. Um exemplo seria a mãe de Jim, que repudiou a ideia de o filho ter baixa autoestima. Mas são muitos os pais que sentem dificuldade para tolerar as falhas e os conflitos dos filhos – sua raiva, suas angústias, suas decepções e até suas tristezas. Ao observarmos os pais nos playgrounds, percebemos que eles se afligem com qualquer sinal de angústia ou desapontamento demonstrado pelos filhos e rápido tentam "resolver" o problema. Hoje em dia, existem pais desesperados que levam o filho ao terapeuta ao primeiro sinal de problema. Como me disse recentemente um pai que preside um conselho de pais de alunos de uma escola: "Os professores me dizem que muitos pais querem que seus filhos sejam perfeitos e não aguentam ouvir nenhum tipo de problema ou fraqueza." Se um pai idealizado – isto é, o tipo de pessoa que uma criança quer ser quando crescer – não for capaz de lidar com certos sentimentos ou certas falhas, a criança poderá percebê-los como coisas erradas, como defeitos no seu eu. Então, sentimentos como a cólera, o ciúme e até a própria vergonha podem deixar a criança envergonhada, e "não há nada que dê mais vergonha do que sentir-se envergonhado", conforme observa James Gilligan[16].

São muitos os motivos que podem levar os pais a sentir-se ameaçados pelos sentimentos negativos e pelas fraquezas dos filhos. Alguns morrem de culpa por não se dedicarem mais a eles. Muitas

---

16 James Gilligan, *Violence: Our Deadly Epidemic and its Causes* (Nova York: G. P. Putnam, 1996), p. 111.

vezes, as emoções negativas da criança refletem as próprias angústias não resolvidas dos pais ou então se chocam com aquilo que esperam que ela seja ou com o que idealizam para a família (tomemos novamente o exemplo de Jim e sua mãe). O livro *Gente como a gente* e o filme homônimo são um estudo clássico de uma mãe para quem as inquietações do filho constituem fonte de repúdio e raiva, pois comprometem a imagem idealizada que ela tem da própria família. Para piorar a situação, muitas vezes esses pais fazem de tudo para esconder dos outros os defeitos dos filhos, o que apenas alimenta a vergonha que a criança vincula a seus sentimentos negativos. Pesquisas indicam que as famílias de classe alta tendem a manter seus problemas na esfera privada[17] (em alguns casos, foi justamente a preocupação excessiva com a imagem diante dos outros que estimulou a busca pela riqueza). Além disso, muitas famílias ricas preocupam-se em manter uma imagem de bem-estar, por acreditarem que deveriam ser mais preparadas para lidar com os problemas do que as famílias menos afortunadas[18]. Essas famílias podem mesmo achar que nem deveriam ter tantos problemas.

O mais irônico é que, para muitos pais (como a mãe de Jim), essa falha pode ser um dos aspectos negativos de uma tendência que, em termos gerais, é positiva. Para muitos professores e pais com os quais costumo conversar, grande parte dos pais que se enfurecem diante da menor crítica feita ao modo como criam seus filhos não é, de forma alguma, negligente. Muito pelo contrário, costumam envolver-se ativamente na vida dos filhos, muitas vezes administrando cada detalhe. Embora hoje inúmeras crianças tenham menos acesso aos pais do que as crianças de quarenta anos atrás

---

17 Suniya S. Luthar e Shawn J. Latendresse, "Comparable 'Risks' at the Socioeconomics Status Extremes: Preadolescents' Perceptions of Parenting", em *Development and Psychopathology* 17, n. 1 (2005), p. 224.
18 J. L. Wolfe e I. G. Fodor, "The Poverty of Privilege: Therapy with Women of the Upper Classes", em *Women and Therapy* 18 (1996), p. 80; citado em Suniya S. Luthar e Shawn J. Latendresse, "Children of the Affluent: Challenges to Well-Being", em *Current Directions in Psychological Science* 14, n. 1 (2005), p. 49.

(porque mais mães ingressam no mercado de trabalho e há mais mães solteiras), as crianças de classe média da época atual usufruem mais da companhia dos pais nos momentos de ócio do que as crianças de qualquer outra época da história[19]. Esses pais, como a mãe de Jim, muitas vezes acham que fazem de tudo pelos filhos, e exercem um impacto direto e profundo sobre sua vida emocional. E justamente por fazerem de tudo, isto é, porque sua autoestima está tão ligada à função de criar os filhos, a importância que dão ao sucesso no papel de pais é muito grande. Para algumas dessas pessoas, o menor sinal de que falharam em algum aspecto da criação dos filhos (qualquer expressão de descontentamento, raiva, insegurança ou fraqueza da criança) representa um ataque a sua noção fundamental de competência.

O mais preocupante é que muitos pais continuam expressando desprezo pelos filhos, mas nem eles nem os filhos têm consciência das maneiras como fazem isso. O pesquisador pediátrico Michael Lewis gravou em vídeo as relações de convívio entre algumas mães e seus filhos. Ao assistir às gravações, Lewis observou que as mães pertencentes à classe média tomavam bastante cuidado para não expressar verbalmente qualquer desaprovação aos filhos e buscavam concentrar-se no comportamento deles e não nas características de sua personalidade. O pesquisador descobriu, contudo, que muitas mães, ao criticarem o comportamento dos filhos, também exibiam reprovação pela expressão facial. Karen cita a seguinte passagem de Lewis: "Descobrimos que entre 30 e 40 por cento das proibições das mães são acompanhadas dessas [demonstrações de reprovação]. E isso aconteceu em situações em que as mães sabiam que estavam sendo filmadas [...]. Pensamos ter evoluído porque não punimos mais as crianças, quando, na realidade, talvez estejamos humilhando-as."[20] Essa reprovação, observa o pesquisador, "é

---

19 William Damon, *Greater Expectations: Overcoming the Culture of Indulgence in America's Homes and Schools* (Nova York: Free Press, 1995), p. 28.
20 Em Karen, "Shame", p. 61.

ainda mais eficaz por ser velada. A expressão facial de reprovação se forma e se desfaz muito rápido, e os pais podem negá-la; ou, então, se admitem, podem negar que foi percebida pela criança"[21].

Como muitos de nós levamos uma vida corrida e é comum estarmos estressados e exaustos, necessitamos, muitas vezes, que nossos filhos obedeçam imediatamente, e humilhá-los sem dúvida produz resultados rápidos.

Para piorar ainda mais, muitas vezes deixamos que os outros façam o trabalho de humilhação por nós. Podemos, por exemplo, dar muito mais rédeas do que deveríamos (não raro de maneira inconsciente) à "força-tarefa" da humilhação, isto é, os irmãos, com sua refinada habilidade para detectar e malhar todo tipo de imperfeição. Por exemplo, um pai pode não comentar nunca que o filho está gordo, mas, ao mesmo tempo, não faz nada para conter a enxurrada de piadas feitas pelo irmão. Às vezes, os pais deixam de proteger os filhos das humilhações dos colegas ou até apoiam-nos indiretamente.

Essa é uma área densa e problemática. Se já é difícil recuperar-se da vergonha de uma humilhação pública, pode ser ainda mais difícil para a criança superar uma humilhação de que sequer tenha consciência ou não conhece a origem. Jovens como Jim enfrentam mais dificuldade para lutar contra aquilo que os magoa, desenvolver habilidades para lidar com essas coisas ou dizer aos pais o que os aflige. Nesse caso, mesmo que se esforcem para criar melhor os filhos, os pais podem não saber o que eles estão sentindo. Os filhos podem ficar com raiva dos pais, sem conseguir apontar motivos concretos para isso. Nesse caso, acabam sentindo vergonha também da raiva[22]. Com isso, o relacionamento entre eles e os pais pode piorar, e então ocorrem brigas bobas (como aquelas que aconteceram entre Jim e a mãe) por causa de coisas sem importân-

---

21 Michael Lewis, *Shame: The Exposed Self* (Nova York: Free Press, 1992), p. 111.
    Esse parágrafo também se baseia em uma conversa com Michael Lewis, 2006.
22 Karen defende um argumento semelhante. Karen, "Shame", p. 64.

cia ou erradas. Nesse caso, não somente a criança passa a experimentar níveis destrutivos de vergonha, como também a autoridade moral dos pais se enfraquece.

A solução não é, obviamente, voltarmos a humilhar nossos filhos. A menor exposição à humilhação aberta e direta representa um grande progresso. O que torna a humilhação explícita tão problemática é que pais, professores ou treinadores eficazes *jamais* devem humilhar uma criança de maneira intencional. Quando ela sente respeito por nós, tanto nossos padrões e nossas expectativas morais quanto os limites que impomos terão eficácia e farão a criança sentir um pouco de vergonha, o que é absolutamente saudável e natural. A criança se sentirá envergonhada, por exemplo, se for expulsa da classe por ter batido em um colega. Sem dúvida não devemos deixar de impor limites ou andar pisando em ovos porque nossos filhos podem sentir certa humilhação. Em vez disso, podemos nos comprometer a definir expectativas claras e fazer uso do reforço positivo para reduzir a necessidade de punição[23].

A meta deve ser aperfeiçoarmos nosso desempenho com base no nosso progresso. Nós, pais, podemos fazer muitas coisas para evitar humilhar sem necessidade nossos filhos. Podemos policiar melhor um filho que costuma humilhar o irmão, bem como observar algumas diretrizes de modo objetivo. Sempre que possível, devemos reprimir ou disciplinar nossos filhos em particular (punir ou envergonhar a criança na frente dos outros é algo que pode provocar facilmente uma sobrecarga de vergonha). Além disso, podemos procurar sinais de que nossos filhos se sentem muito envergonhados, como a hipersensibilidade a alfinetadas ou insultos de qualquer tipo. Nossas estratégias de disciplinamento devem guiar-se por esse grau de suscetibilidade. Algumas vezes, apenas levantar a voz já será suficiente para criar uma carga considerável de

---

23 Para reflexões e estratégias em torno da punição eficaz, ver Kazdin, Alan E., *The Kazdin Method for Parenting the Defiant Child* (Boston: Houghton Mifflin, 2008).

vergonha. Podemos também parar e refletir ao percebermos que nossos filhos lutam contra sentimentos difíceis. Em vez de procurar resolver o problema de imediato, podemos começar demonstrando curiosidade e recolhendo informações. A mãe de Jim, por exemplo, poderia ter perguntado a ele por que achava que tinha "autoestima baixa". Ela poderia ter questionado, junto com o filho, o que poderia ter provocado esse sentimento e tentado fazer um esforço em conjunto para descobrirem o que poderia levá-lo a se sentir melhor.

Também podemos evitar, de maneira consciente, transmitir a nossos filhos uma imagem idealizada de nós mesmos como pais, assim como da família. Isso não significa que não devamos apontar, uma vez ou outra, aspectos que nossos filhos possam apreciar em nós ou na família. De modo geral, porém, é importante que os filhos compreendam por si próprios o papel dos pais em sua vida, as forças e fragilidades da família.

Ao mesmo tempo, devemos ter sempre em mente uma mensagem complexa a respeito do desenvolvimento infantil. Muitos pais sentem-se envergonhados ou ameaçados diante dos sentimentos dos filhos (como parece ser o caso da mãe de Jim), por considerarem que todos os problemas deles resultam de suas falhas como pais. Embora o objetivo deste livro seja investigar as muitas maneiras pelas quais os adultos moldam de modo decisivo o desenvolvimento moral da criança, é igualmente essencial que tirem da cabeça a falsa ideia de que existe uma relação simples e linear entre eles, pais, e os problemas de seus filhos. Um comportamento X dos pais nem sempre provoca um comportamento Y dos filhos. Depois de uma grande quantidade de estudos, foi superado o modelo psicodinâmico clássico que atribui aos defeitos dos pais todas as mazelas da infância (por décadas esse modelo humilhou os pais, culpando-os até por doenças infantis graves, como a esquizofrenia e o autismo, que hoje se sabe terem raízes claramente biológicas). Na época atual sabe-se que a influência do temperamento e dos fatores biológicos no desenvolvimento da criança é profunda. Os pais precisam ter em mente um modelo do desenvolvimento da criança que reflita o papel preponderante desempenhado por eles, mas que também leve em conta a interação desse papel com os aspectos biológicos, o funcionamento da família, os colegas, entre outros fatores que contribuem para a formação das forças e fragilidades de seus filhos.

Quando se trata de evitarmos humilhar as crianças e os jovens, porém, o fator mais importante é a autocrítica. Para desenvolvê-la, precisamos, entre outras coisas, ter a coragem de pedir ocasionalmente ao cônjuge ou aos amigos e parentes mais próximos sua opinião sobre o modo como criamos nossos filhos (trato este assunto no último capítulo). Essa pode ser, para alguns pais, a única maneira de saber se estão usando a expressão de reprovação como forma de motivar e controlar os filhos.

Por mais difícil que seja, também é essencial prestarmos atenção a nossos sentimentos negativos com relação a nossos filhos e reconhecermos que nossos medos e nossa vergonha podem fazer que os humilhemos. A maioria de nós enxerga, pelo menos em alguns momentos, uma ameaça nos sentimentos dos filhos, ou tem vergonha deles. Embora nossa tendência seja distinguir os pensamentos e sentimentos conscientes dos inconscientes, a maioria dos pensamentos inconscientes não é reprimida por completo e acaba emergindo na consciência. Esses pensamentos e sentimentos são, em geral, perfeitamente naturais. Fazem parte da vida dos pais.

Mesmo assim, devido ao dano que podem causar quando se tornam crônicos e profundos, é muito importante investigá-los. Muitas vezes, na raiz deles encontra-se alguma atitude ou algum sentimento indesejável que ainda não enfrentamos de maneira efetiva – por exemplo, a tentativa de agarrar-se a uma concepção de felicidade que talvez nem funcione mais para nós, a preocupação com nossa capacidade como pais, o desejo de que uma criança se identifique com uma imagem de sucesso que não faz sentido para ela, nossas ambições frustradas ou mesmo um sentimento de vergonha mal resolvido que insista em nos incomodar. Para certos pais que padecem desse sentimento de vergonha, sentir orgulho do filho é sempre uma batalha árdua. Afinal de contas, como poderiam eles, incompetentes e imperfeitos como são, ter um filho que *não* fosse também incompetente e imperfeito? O estado emocional em que nos encontramos também determina nossa predisposição para sentir vergonha de nós mesmos e de nossos filhos. Por exemplo, a depressão pode levar os pais a uma obsessão pelos defeitos dos filhos. Pesquisas indicam que, quanto mais tempo um pai permanece desempregado, mais tende a ver negativamente os filhos[24].

Com um pouco de autocrítica pode-se ir longe. Segundo William Beardslee, psiquiatra infantil que pesquisa o problema da depressão, a autocrítica e a autocompreensão são vitais para ajudar os pais que sofrem de depressão a lidarem com seus sentimentos negativos e terem maior proximidade com os filhos[25]. Um pouco de autocompreensão também pode nos ajudar a lidar com situações em que ficamos vulneráveis a sentimentos de vergonha em relação a nossos filhos. Uma mãe, por exemplo, contou-me que a mãe dela criticava o neto por ser preguiçoso e que sua primeira reação era dar uma bronca no filho. Em vez de continuar fazendo isso, porém, ela parou para refletir e conseguiu perceber em si mesma uma hipersensibilidade a esse tipo de reprovação da parte da mãe. Decidiu, então, deixar para depois uma possível conversa com o filho sobre o problema, até que tivesse mais "dados" que lhe dissessem se a suposta preguiça era de fato um padrão recorrente em sua conduta.

Como a vergonha compromete muito nossa capacidade de autocompreensão e crescimento pessoal e prejudica demais nosso relacionamento com os filhos, lidar com a humilhação não intencional deixa de ser apenas uma condição para criar melhor os fi-

---

24 Vonnie C. McLoyd, "The Impact of Economic Hardship on Black Families and Children", em *Child Development* 61, n. 2 (1990), p. 328.
25 William Beardslee, *When a Parent Is Depressed: How to Protect Your Children from Depression in the Family* (Boston: Little, Brown, 2003), e conversa pessoal com William Beardslee, 2005.

lhos e torna-se um pré-requisito para o nosso bem-estar. Quando somos capazes de ver a nós mesmos com clareza e generosidade (como pessoas que lutam contra seus demônios e seus defeitos, que podem confundir as próprias falhas com as dos filhos), conseguimos parar de humilhar nossos filhos e passamos a sentir um pouco mais aquela empatia por nós mesmos de que necessitamos para ter mais gratificação no dia a dia. Desse modo, também estaremos muito mais preparados para diariamente agir com firmeza, conquistando a confiança e o amor duradouros de nossos filhos. Sempre que sentimos vergonha de nossos filhos, esse é um sinal de que, em vez de procurar as falhas deles e aumentar o tamanho delas, devemos tentar compreender melhor nossas próprias falhas.

O MEDO DA DESAPROVAÇÃO E A NECESSIDADE DE AJUDAR OS ADOLESCENTES A DEFENDER AQUILO EM QUE ACREDITAM

Em uma noite de sábado, a colega de quarto de Lisa no alojamento do colégio interno levou, sem avisar, duas amigas para o quarto (Katie e Monica), juntamente com os ingredientes necessários para preparar gim-tônica. Katie pagara a uma pessoa para comprar o gim. No quarto, perguntou a Lisa se queria um drinque, mas ela recusou com veemência, pois sabia que era expressamente proibido beber na escola. Mais tarde, naquela mesma noite, a responsável pelo alojamento das meninas encontrou Monica no banheiro, cheirando a bebida e vomitando muito, e relatou o incidente ao conselho disciplinar da escola.

A diretoria da escola tomou de imediato uma série de providências. Inclusive convocou Lisa e outras alunas a comparecerem diante do conselho disciplinar para responder a algumas perguntas. O conselho queria saber quem estava bebendo e quem fornecera a bebida alcoólica.

Até o último momento antes de entrar na sala do conselho, Lisa não sabia se devia contar a verdade. Ela sabia que, se mentisse, a pena seria severa, mas também sabia que, se contasse a verdade, poderia ser condenada ao limbo social da escola, pois Katie era extremamente popular.

Enquanto Lisa esperava no corredor, a diretora pedagógica da escola passou diante dela e disse com sarcasmo, sem nem esperar para ouvir a resposta: "Espero que esteja orgulhosa de si mesma." O comentário funcionou como um interruptor na cabeça de Lisa. "A frase me fez ver que os adultos destqa escola simplesmente não entendem nada. Eles não merecem meu respeito."

Já dentro da sala, logo perguntaram a Lisa quem comprara a bebida. Ela respondeu que não sabia. Mais tarde, porém, Monica disse ao conselho que Katie contara com orgulho a todas as garotas como conseguira obter o gim. Diante da mentira, a diretoria da escola foi implacável e expulsou Lisa da escola.

O pai de Lisa, um homem extremamente íntegro, ficou furioso com a filha. Lisa planejava viajar para esquiar com as amigas no Natal, mas seu pai não queria "recompensá-la" por ter cedido à mentira, por ter sido fraca. A mãe, no entanto, temia que a punição gerasse um distanciamento entre eles e a filha. Ela não queria recompensar Lisa, mas também não queria pôr em risco sua relação com a menina, que já estava ruim. Temia perder o controle sobre Lisa, o que seria muito perigoso. Por isso decidiu tentar "apoiá-la o máximo possível".

Ao ouvir da mãe que o pai não a deixaria viajar, Lisa ficou furiosa. "Vocês querem que eu confie em vocês", disse ela secamente. "Mas eu nunca vou contar nada sobre a minha vida para o papai! Nunca! Vocês podem me mandar voltar para casa, mas eu não vou conversar com ele."

Repetidas vezes os pais me dizem que estão preocupados porque seus filhos são escravos da aprovação dos colegas – que não têm pensamento próprio ou são incapazes de defender aquilo em que acreditam. Não há dúvida de que o medo da desaprovação e do isolamento, assim como a vergonha, é responsável por muitos tipos de problemas. Mas isso não significa que os grupos de colegas sejam sempre destrutivos. Ao contrário do que se pensa, há muitas provas de que podem ter influência positiva sobre a criança e o jovem[26]. Entre outras coisas, podem estimulá-los a estudar mais e obter boas notas, a não fumar e a ajudar os outros. Porém, os atos de estupidez e crueldade gerados pelo culto aos deuses e às deusas da popularidade são um fenômeno generalizado, e o medo da desaprovação e da exclusão pode deixar no indivíduo marcas profundas, que perduram até a idade adulta. É grande a quantidade de adultos que pactuam com a intolerância para não serem estigmatizados socialmente, que preferem violar certos princípios a provocar a ira dos colegas e que ficam presos à mentalidade da coletividade.

A capacidade do jovem para tolerar a desaprovação e ser fiel a suas crenças e padrões morais depende, entre muitos outros fatores, do seu temperamento tímido ou assertivo, de a popularidade ser ou não uma marca de sucesso em sua família, de como sua família, sua cultura e sua comunidade recompensam o comportamento assertivo e a tolerância à desaprovação. Alguns estudos também afirmam que os pais estimulam os filhos a agir de forma independente[27] e a suportar a desaprovação quando respeitam desde cedo sua capacidade de pensar e os mantêm informados acerca das principais decisões tomadas em âmbito familiar[28].

---

26 Ritch C. Savin-Williams e Thomas J. Berndt, "Friendship and Peer Relations", em S. Shirley Feldman e Glen R. Elliot (Orgs.), *At the Threshold: The Developing Adolescent* (Cambridge, MA: Harvard University Press, 1990), p. 297.
27 Essa descoberta é apresentada no estudo de Samuel P. Oliner e Pearl M. Oliner, *The Altruistic Personality: Rescuers of Jews in Nazi Europe* (Nova York: Free Press, 1988), pp. 171-86.
28 A existência dessa relação é afirmada em pesquisas que indicam que crianças com voz ativa nas decisões da família tendem a ter mais autoestima, uma das formas de proteção contra a desaprovação dos colegas. Jacqueline S. Eccles et al., "Development during Adolescence: The Impact of Stage-Environment Fit in Young Adolescents' Experiences in Schools and in Families", em *American Psychologist* 48, n. 2 (1993), p. 98.

Mas essa capacidade de agir de forma independente depende, acima de tudo, do grau de interiorização dos valores morais pelo jovem e da força de seu eu, isto é, de sua capacidade para suportar as adversidades. A criança precisa ser autossuficiente o bastante para enfrentar períodos de solidão e ter uma autoimagem estável o bastante para que o juízo que ela faz de si mesma em determinado momento seja mais importante do que aquele que os outros fazem dela.

Quando a criança entra na adolescência, entretanto, o que os pais observam, angustiados, não é um fortalecimento contínuo do eu e da capacidade para tolerar a exclusão, mas sim a aparente perda desse eu. Sobretudo no caso das meninas, a capacidade de autoafirmação parece "cair abaixo de zero"[29], nas palavras de Carol Gilligan, pesquisadora acadêmica na área do desenvolvimento moral. Para piorar, a maioria das estratégias que, na opinião dos adultos, ajuda o jovem a manter-se fiel aos princípios morais mais importantes parece não surtir efeito, e algumas até provocam um efeito contrário, como no caso de Lisa. Portanto, à medida que vai amadurecendo, a pessoa precisa fortalecer sua bússola interna, o que depende não somente das informações que recebeu ou não quando era mais nova, mas também da forma como passou pela adolescência.

A boa notícia é que já se sabe muito sobre como ajudar os adolescentes a suportar a desaprovação e manter-se fiéis aos princípios mais importantes. Que obstáculos impedem os adultos de facilitar essa passagem pela adolescência? E, acima de tudo, o que o adulto pode fazer para resgatar e construir no adolescente um eu mais forte?

---

29 Lyn Mikel Brown e Carol Gilligan, *Meeting at the Crossroads: Women's Psychology and Girls' Development* (Cambridge, MA: Harvard University Press, 1992).

OS MITOS CONTRADITÓRIOS EM TORNO DO ADOLESCENTE

Às vezes, os adultos tornam-se menos eficazes como mentores para os adolescentes – tornam-se exigentes em excesso – devido a preocupações perfeitamente compreensíveis e até louváveis. Podemos nos tornar duros e exigentes por enxergarmos a adolescência como o período mais importante no que diz respeito ao controle do desenvolvimento moral e também por temermos (o que é natural) que as chances de influenciarmos o caráter de nossos filhos esgotem-se e que essa seja a última oportunidade de instilar-lhes valores morais sólidos antes da idade adulta. Tememos que eles permaneçam dependentes, egoístas e mimados para sempre.

A dificuldade dos adolescentes para agir segundo princípios importantes, porém, costuma ser marcada por dois mitos generalizados entre os adultos (e incoerentes). Em vez de enxergar o comportamento do adolescente como função do estágio de desenvolvimento em que se encontra (como faríamos com os rompantes de temperamento de uma criança de 4 anos de idade), muitos de nós, como os pais de Lisa, ficamos transtornados e com raiva, por acreditarmos equivocadamente que a capitulação do adolescente diante da pressão dos colegas é sinal de insegurança e ausência de caráter. Enxergamos nossos filhos adolescentes como jovens adultos que deveriam assumir a responsabilidade por suas ações e sofrer as consequências. Muitos adultos com frequência embarcam em conversas sobre "o que há de errado com os jovens de hoje?", quando os adolescentes omitem deles que há uma briga marcada para o final das aulas, por exemplo. No musical *Amor, sublime amor* [*West Side Story*], há uma cena famosa em que o policial Krupke desdenha de Riff e sua gangue, os Jets, por não quererem revelar-lhe o lugar onde ocorrerá uma briga de rua entre eles e os Sharks. Quando vemos a capitulação perante os colegas como sinal de fraqueza, muitas vezes nossa primeira reação é pensar que podemos resolver o problema punindo o jovem com firmeza, ou então que conseguiremos convencê-lo do contrário. Uma das pessoas que entrevistamos colocou a questão da seguinte forma: "Não podemos deixar nossos filhos impunes ao vê-los tão preocupados em não dedurar os amigos. Precisamos dizer-lhes que eles devem ser fortes para defender aquilo que é certo."

Entretanto, já faz algum tempo que os psicólogos, depois de muita pesquisa, chegaram à seguinte conclusão: é importante que nós, os pais, defendamos certos princípios, mas, quando desprezamos ou não percebemos com clareza o medo que nossos filhos têm de serem rejeitados pelos colegas, deixamos de enxergar quem na verdade são nossos filhos – equivocamo-nos gravemente quanto à natureza essencial do eu adolescente. Para muitos adolescentes, sobretudo os mais novos, o sentido do eu provém, em grande medida, de como os outros o percebem. O indivíduo que está nessa fase não encontra muito em que se apoiar fora desse eu interpessoal[30]. Desse modo, arriscar a rejeição dos colegas muitas vezes não significa apenas ter de suportar um período de solidão, mas, antes, conforme observa Robert Kegan, psicólogo e pesquisador da adolescência, "uma sensação de estar perdendo o próprio eu". Essa é uma das razões pelas quais Lisa se sente numa sinuca ao ter de decidir se dedura ou não as colegas: a perspectiva de perder o eu, ou seja, de permanecer na escola mas ficar sem amigos, é tão ameaçadora quanto o risco da expulsão, por mais humilhante que seja. Além disso, é provável que Lisa não aceite a raiva do pai porque sente, de modo consciente ou inconsciente, que ele não entende seu conflito mais profundo e que está sendo severamente punida por algo que foge ao seu controle. O pai de Lisa distancia-se dela justamente no momento em que uma forte ligação com ele, pela identificação com seus valores e pelo acesso a sua sabedoria, seria para ela o

---

30 Sobre a natureza interpessoal do eu na adolescência, ver Robert Kegan, *The Evolving Self: Problem and Process in Human Development* (Cambridge, MA: Harvard University Press, 1982); ver sobretudo p. 57. Anotações da preleção de Robert Kegan, Departamento de Pós-Graduação em Educação da Universidade de Harvard, 1982.

principal fator para o desenvolvimento de uma independência moral maior.

A punição de Lisa por parte da escola – uma medida disciplinadora bastante prejudicial, que pode afetar toda a sua vida – é igualmente desproporcional e injusta, pois baseia-se em expectativas pouco realistas com relação às capacidades da menina. Além disso, pesquisas demonstram que as punições têm mais eficácia quando são significativas, mas não excessivamente severas. Quando a severidade é excessiva, a criança pode acabar se concentrando no caráter injusto da pena e nas qualidades negativas do adulto que a prescreveu. Não prestará muita atenção a quaisquer lições ou informações morais contidas no castigo[31].

Mas há outra razão pela qual muitos adultos não conseguem ajudar os adolescentes a encontrar sua própria voz moral. Vários deles, em vez de esperar demais, esperam muito pouco de seus filhos. Sobretudo na medida em que, ao longo das últimas décadas, os pais passaram a se apoiar cada vez mais nos filhos para suprir sua carência afetiva, muitos deixaram de insistir no respeito a padrões e princípios morais elevados, uma falha alimentada por outro mito sobre a adolescência, oposto àquele anteriormente citado. Ao longo das últimas décadas, muitos adultos tomaram aguda consciência de que a adolescência é uma fase bem definida do desenvolvimento do ser humano. Foram influenciados, em parte, por uma nova onda de dados científicos que indicam que os mecanismos básicos do cérebro do adolescente caracterizam-no como um animal diferente dos outros. Costumo ouvir pais que falam dos filhos como se estes fossem uma tribo ou espécie diferente (ferina, totalmente alheia às demais e amoral). Um artigo da revista *Time* de 1988 colocava os fatos da seguinte forma: "Entre a infância e a idade adulta está o território ridículo e traiçoeiro da adolescência, uma região cheia de perigos, impulsos irracionais e fúria

---

31 Damon, *Greater Expectations*, pp. 179-81.

hormonal."[32] Mais recentemente, foi lançado um livro popular sobre a adolescência: *A Tribe Apart* [Uma tribo à parte][33].

Encarar os adolescentes como uma espécie distinta é tão equivocado e arriscado quanto vê-los como versões mais fracas dos adultos ou como clones imperfeitos deles. A ideia de que os adolescentes são estruturalmente diferentes e vagam por um território inexplorado tornou-se uma justificativa fácil para que os pais não precisem entrar em conflito com eles nem ajudá-los a agir segundo padrões morais mais elevados. Por medo de entrar em conflito com nossos filhos, muitos de nós apressamo-nos demais em justificar nossa irresponsabilidade com essa conversa de "fase". A mãe de Lisa, de fato, repete a falha da menina no relacionamento com ela: tem tanto medo de enfurecer ou afastar a filha que é incapaz de afirmar com veemência a sua decepção por ter mentido e posto em risco a segurança da amiga que bebeu em excesso, desrespeitando um importante princípio moral. (A mãe de Lisa também repete uma versão do dilema da filha em seu relacionamento com o marido: é incapaz de enfrentá-lo, mesmo temendo, com razão, que a rigidez dele os distancie da menina.) Quando os pais recusam-se a suportar a fúria dos filhos para incutir neles valores morais mais elevados, deixam de comunicar-lhes muitas mensagens essenciais: que há valores mais elevados do que a popularidade, que os filhos são capazes de lidar com a desaprovação dos pais e que eles próprios, isto é, as pessoas que seus filhos supostamente deveriam idealizar e imitar, são capazes de resistir à raiva e ao desdém.

Parece loucura, mas nós, os adultos, precisamos ser capazes de trabalhar com duas ideias aparentemente contraditórias a respeito dos adolescentes (uma ironia, em sua essência): eles ao mesmo tempo são dependentes dos colegas *e* estão desenvolvendo interna-

---

32 Melissa Ludtke, "Through the Eyes of Children", em *Time*, 8 de agosto de 1988, p. 55.
33 Patricia Hersch, *A Tribe Apart: A Journey into the Heart of American Adolescence* (Nova York: Ballantine, 1999).

mente altos padrões morais. Como cantam os Jets na música "Gee, Officer Krupke": "O problema é que [estamos] crescendo, o problema é que [já] crescemos." Os estudiosos descrevem muitas categorias de eus ou autoimagens adotadas pelos adolescentes[34]. Entre elas, estão o "eu real", isto é, a pessoa que se é agora; o "eu ideal", isto é, o tipo de pessoa que se quer ser; e os "eus que deveriam ser", por exemplo, a pessoa que os pais esperam que o filho seja (a qual pode coincidir ou não com o eu ideal do filho). Muito tempo atrás, a psicanalista Anna Freud reconheceu que por trás da rebeldia adolescente estava, em grande medida, não a falta de consciência, mas uma consciência fortalecida e desperta, e que os adolescentes são impelidos por impulsos que se chocam com princípios e padrões também em processo de fortalecimento[35]. Como costumam ter consciência do que deveriam fazer e possuem um "eu ideal", respeitam e precisam de adultos que sejam capazes de compreender plenamente as situações difíceis nas quais se veem envolvidos pelos colegas e também compartilhem seus próprios padrões morais elevados.

Nesse sentido, os pais de Lisa, além de elogiá-la por não ter bebido, deveriam solidarizar-se com a filha na situação em que se encontra e inferir o raciocínio dela sobre a decisão que tomara. Deveriam ter ressaltado para a menina a importância de dizer a verdade ao conselho disciplinar, ao mesmo tempo reconhecendo que a pena havia sido severa demais. Também deveriam ter perguntado à filha, de maneira receptiva, e não defensiva, por que não pedira ajuda a eles antes de comparecer diante do conselho.

Além disso, as escolas também devem empregar técnicas de disciplinamento condizentes com a realidade do eu adolescente. Po-

---

34 Sobre a autoimagem dos adolescentes, ver Daniel Hart e Suzanne Fegley, "Prosocial Behavior and Caring in Adolescence: Relation to Self-Understanding and Social Judgment", em *Child Development* 66 (1995), p. 1347.
35 Anna Freud, *The Ego and the Mechanisms of Defense* (1937), citado em Robert Coles, *The Moral Life of Children* (Boston: Atlantic Monthly Press, 1986), p. 164.

der-se-ia imaginar, por exemplo, uma diretora pedagógica que se mostrasse compreensiva com relação ao dilema de Lisa e lhe prescrevesse uma pena mais proporcional ao ato de desonestidade, determinando, por exemplo, que ela trabalhasse na biblioteca todas as semanas, durante um semestre inteiro, ou a proibisse de deixar a escola por vários finais de semana. Além disso, a diretora poderia não apenas fazer Lisa tomar mais consciência da importância da honestidade, mas também compreender melhor isso, dizendo-lhe, por exemplo, que as mentiras, ao acumular-se, destroem o tecido social da comunidade escolar. Em vez de dirigir-lhe um comentário sarcástico sobre sua falta de integridade, a diretora poderia ter encorajado Lisa a conversar com ela ou com algum membro do conselho caso se visse novamente em uma situação na qual a ameaça à segurança de uma amiga ou a defesa de algum princípio importante da escola exigisse que ela "dedurasse" alguém. Se tivesse agido desse modo, a diretora lhe garantiria que, dentro de suas possibilidades, faria de tudo para preservar suas amizades em uma situação como essa e que a diretoria da escola ou o conselho disciplinar lhe perguntariam a melhor maneira de agir.

Há ainda outra maneira como nós, adultos, podemos ajudar os adolescentes a desenvolver um núcleo forte de valores morais: podemos nos unir a eles na complexa tarefa de distinguir quais valores devemos defender a qualquer custo e quando devemos fazer isso. Os adultos falam bastante sobre a importância de dar às crianças exemplos de líderes morais que tenham se sacrificado para defender determinados princípios, assim como sobre a necessidade de fazê-las superar a desaprovação dos colegas. Embora seja importante que os adultos passem esses exemplos e essas mensagens, manter-se fiel àquilo que é certo raramente é uma tarefa simples. Mesmo os adultos mais maduros do ponto de vista moral com frequência enfrentam dificuldades para discernir se, quando e como devem defender suas crenças – por exemplo, se devem enfrentar um chefe ou um colega de trabalho que tenha agido de modo injusto, se devem arriscar-se a desagradar a um grande amigo que esteja tratando mal seus filhos ou se devem conversar, e de que modo, com um vizinho racista ou simplesmente grosseiro. Todo o mundo sabe como é difícil, em qualquer idade, ser fiel a si mesmo (o famoso princípio de Shakespeare), por mais atraente que seja essa ideia. Não há nenhuma bússola interna que nos guie por todas as selvas. Exigir dos jovens que defendam seus princípios perante os outros significa tanto ignorar essas complexidades (pois faz parecer que tudo é uma questão de coragem, e não de reflexão cuidadosa e de sabedoria) quanto privá-los da orientação dos adultos.

Nós, os pais, poderemos ajudar muito mais nossos filhos se formos capazes de conversar com eles sobre como equilibrar nossos interesses e os dos outros, sobre quais custos valem a pena e quais não valem, sobre quando devemos nos agarrar àquilo em que acreditamos e quando devemos levar em conta o senso de justiça ou de realidade de outra pessoa, ou, ainda, sobre como julgar se nossas atitudes estão corretas ou se estamos apenas nos deixando guiar pelo medo da desaprovação alheia. Nessas conversas, nossa eficácia, bem como o respeito e a confiança de nossos filhos, aumentam não apenas quando respeitamos seus pensamentos e compreendemos como interpretam essas situações, mas também quando somos capazes de aplicar nossos valores e nossa sabedoria ao contexto das experiências e do mundo deles. Isso nos ajuda a compreender um pouco mais a dinâmica social e as normas que governam a vida interior e exterior de nossos filhos no dia a dia. Assim podemos entender, por exemplo, o poder das panelinhas e as consequências de ser excluído delas. Dessa maneira, podemos ajudar os adolescentes a lidar com os problemas que os afligem, uma forma muito eficiente de conquistar o respeito deles. Como observa Laura Rogers, diretora de uma escola, os adolescentes podem com facilidade perder a noção das proporções, no que diz respeito ao grupo de colegas (podem subestimar ou sobretudo superestimar o perigo da exclusão), e os adultos, ao compreenderem isso, podem ajudá-los a manter os pés no chão e adotar uma perspectiva mais realista e madura sobre essas situações envolvendo a coletividade dos colegas. É por meio dessa delicada integração entre orientação pessoal, troca de perspectivas e postura assertiva – ao mesmo tempo uma conexão autêntica com o eu de cada jovem e a capacidade de entender de que modo ele dá sentido à própria experiência, além da insistência na defesa de padrões morais elevados e na compreensão do mundo da criança (por mais difícil que seja essa integração para muitos adultos) – que se cultivam com mais eficácia as qualidades do eu imprescindíveis à independência moral.

A tarefa de ajudar os adolescentes a superar a pressão dos colegas exige ainda outro tipo de orientação da parte dos adultos: devem incentivar os adolescentes a desenvolver princípios e compromissos morais maiores que eles, que estejam acima da aprovação ou desaprovação dos colegas. São esses compromissos que não apenas tornam os adolescentes menos vulneráveis ao julgamento dos colegas, mas que também podem constituir, na idade adulta, a base de uma identidade moral e o substrato do eu.

Muitos dos mais famosos filmes do cinema americano tratam como os adolescentes e os jovens podem libertar-se dos padrões morais inferiores dos colegas e adotar esses princípios. No filme *Sindicato de ladrões*, da década de 1950, Marlon Brando interpreta o personagem Terry Malloy, um homem ingenuamente submisso à máfia local e, em muitos aspectos, ainda um adolescente. Malloy toma contato com a ideia de integridade, sob a forma de uma ética de responsabilidade para com a comunidade, que lhe é transmitida por um padre – uma moral superior àquela do cada um por si que vigora nas ruas. Terry então testemunha contra a máfia (ou seja, faz da delação um ato honorável) e, com base nessa nova ética, nesse elemento de decência, toda uma nova vida tem início. O personagem finalmente tem a resposta para uma questão que o tortura: saber se ele é "alguém".

Em muitos aspectos, a transformação de Terry Malloy parece ultrapassada. Isso porque, nas comunidades não religiosas dos Estados Unidos, parece ter-se perdido a noção de que a vida pode organizar-se, isto é, adquirir sentido e forma, em torno de princípios e compromissos verdadeiramente sinceros. O exército já não procura atrair os jovens com um discurso baseado no caráter e no idealismo, mas sim promete-lhes a oportunidade de ser "tudo o que você pode ser". Como observa o psicólogo e pesquisador William Damon, acreditar em si mesmo até certa época significava acreditar nos próprios princípios[36]. Hoje, no entanto, significa acreditar nos desejos pessoais mais íntimos e realizá-los. Tendemos a buscar a realização pessoal, e não uma causa que torne obsoleta a própria ideia de eu. Hoje em dia, o adolescente ou jovem que se sente "alguém" por ter compromissos morais é uma figura atípica.

Ao desviarmos a atenção para as necessidades do eu, porém, acabamos colocando nossos filhos em uma situação difícil. Os jovens de hoje são pressionados a defender seus pontos de vista, mas seu eu é frágil. Em vez de concentrar-se somente nos perigos da pressão dos colegas, os adultos deveriam perguntar-se se estão ajudando os jovens a encontrar causas e compromissos que sejam maiores do que o eu e pelos quais valha a pena sacrificar-se. Não estou sugerindo nada específico. Poderia ser uma comunidade maior, por exemplo (Lisa poderia ter reagido de maneira bem diferente à observação sarcástica da diretora se tivesse um compromisso mais forte com a comunidade escolar); um ideal pelo qual valesse a pena sacrificar-se, como o compromisso de pôr fim a uma injustiça; um compromisso religioso de cuidar do próximo; ou simplesmente algum tipo de compromisso interior de ser benevolente, generoso e altruísta. Qualquer um desses fatores pode ser o bastante para munir o jovem de uma noção de eu que transcenda a coletividade dos colegas. Assim, talvez, nos momentos mais delicados, esse jovem deixe de venerar o deus da popularidade e mantenha-se firme em seus princípios. Essa habilidade é vital tanto para a moral da criança quanto para sua saúde psicológica.

Sem dúvida, nada do que estou dizendo aqui é simples ou infalível. Porém, a partir dessas constatações, temos grandes chances

---

36 William Damon, *Greater Expectations*, p. 81.

de conseguir ajudar muitas crianças a se tornarem adultos fortes e justos. Minha abordagem coloca a responsabilidade não somente na criança e nos colegas, mas também em nós mesmos, pais, professores e mentores.

2

A PROMOÇÃO DA FELICIDADE, *MAS TAMBÉM* DA MORAL

São mais ou menos quatro horas da tarde. O céu está nublado e a tarde se esvai suavemente. Estou em uma cidade próxima daquela onde moro assistindo a uma partida de basquete da liga regional com o time de meu filho (o basquete é uma espécie de obsessão na família). Sentado ao meu lado está Mike, um homem amigável e passional de uns 40 anos de idade que conheci em um jogo anterior. O enteado de Mike, Chris, de 12 anos, também está jogando. Chris – magérrimo, alto e muito talentoso – raramente passa a bola. Há semanas vem agindo assim, e os outros meninos já estão visivelmente aborrecidos durante os jogos. Mas o aborrecimento deles parece não ter importância para Mike, empolgado por Chris marcar tantos pontos. Enquanto isso, reflito comigo mesmo: será que eu deveria dizer alguma coisa sobre isso ao meu amigo ou ao treinador? Mike, no entanto, interrompe meus pensamentos e traz a questão à tona. Ele me conta, por simples acaso, que o pai de outro garoto do time queixou-se com ele de que Chris é fominha. Mike revela-se incomodado com o comentário e não o considera fácil de engolir, porém me conta que o enteado possui uma deficiência de aprendizagem e enfrenta muita dificuldade na escola. "Definitivamente, não vou dizer nada a ele", afirma. "O basquete é muito importante para ele. É sua única oportunidade de brilhar."

CONSIDERAÇÃO

Na qualidade de pais e mentores, somos responsáveis por proteger as crianças de sentimentos destrutivos, como a vergonha em demasia. Entretanto, também cabe a nós cultivar nelas certas emoções e habilidades positivas. Uma dessas habilidades, que está no cerne de quase todas as qualidades que consideramos morais, como já mencionado, é a consideração, isto é, a capacidade de conhecer e valorizar as outras pessoas, inclusive aquelas que são diferentes de nós no que se refere aos referenciais e pontos de vista pessoais. A consideração não apenas aniquila os impulsos destrutivos. Ela é um dos fundamentos das habilidades sociais e emocionais que caracterizam a arte de tratar bem as pessoas no dia a dia[1], uma arte sutil da decência e do respeito (o conhecimento instintivo de quando e como se deve elogiar ou criticar, impor respeito ou ouvir, de como se pode ajudar sem ser paternalista). O conhecimento profundo e a valorização também funcionam como estímulo à ação moral, por vezes até impelindo o indivíduo a ela. Quando Huck, no livro *Huckleberry Finn*, desafia os padrões morais de seu tempo recusando-se a entregar o escravo Jim, aquilo que ele vê como uma fraqueza de seu caráter é, na verdade, a força moral da consideração.

Paremos um pouco para tratar o desenvolvimento da empatia, que é a base da consideração. A criança possui uma capacidade inata de reagir com intensidade às manifestações de transtorno dos outros. O bebê, por exemplo, chora quando ouve outro bebê chorar[2]. Não obstante, a intensidade com que essa habilidade se manifesta depende, em grande parte, da capacidade dos pais para

---

1   Para uma valiosa discussão das habilidades sociais e emocionais de que precisamos para tratar bem as pessoas, ver Amelie Rorty, "What It Takes to Be Good", em Gil G. Noam e Thomas E. Wren (Orgs.), *The Moral Self* (Cambridge, MA: MIT Press, 1993), pp. 28-55.
2   Daniel Goleman, *Emotional Intelligence* (Nova York: Bantam Books, 1995), p. 98.

aquilo que alguns psicólogos chamam de "espelhamento" e que o psiquiatra Daniel Stern define como "sintonia"[3]. A empatia surge da prontidão dos pais por serem atenciosos e carinhosos. Quando eles conseguem, com certa regularidade, intuir, detectar e compartilhar os estados de espírito e os sentimentos da criança (sorrindo quando o bebê está alegre, movendo ritmadamente as mãos ou a cabeça em resposta aos ritmos internos dele ou fazendo uma careta de cumplicidade quando se frustra), ela começa a perceber uma conexão empática profunda e fortalecedora.

Com a orientação adequada dos adultos, a capacidade de empatia da criança começa a transformar-se, sobretudo durante os primeiros anos da pré-escola e do Ensino Fundamental, na habilidade mais complexa da consideração. As crianças precisam de adultos capazes de lhes oferecer sua constante consideração e também que lhes ensinem a avaliar os outros e as orientem a prestar atenção neles, incluindo aquelas pessoas que talvez nem estejam em seu campo de visão. Paul, de Chicago, lembra que ensinava a filha de 4 anos a assumir a perspectiva dos garçons nos restaurantes: "Eu queria que ela entendesse que aquelas eram pessoas de verdade e que tentavam fazer seu trabalho. Minha intenção era ensiná-la a respeitá-los e ajudá-los a fazer seu trabalho."

É também recebendo a consideração deles que as crianças aprendem a considerar. Não que devamos fazer de nossas necessidades o foco das atenções. Refiro-me a exigir das crianças que façam coisas básicas, como dizer obrigado quando somos generosos com elas, reconhecer nossa existência em público, expressar um mínimo de interesse pelos acontecimentos mais importantes de nossa vida e estar cientes dos ônus ou riscos em que incorremos potencialmente. É importante que um estudante universitário de 18 anos, por exemplo, perceba os riscos, em termos jurídicos, em que colocará os pais se for a uma festa e um amigo levar bebida alcoólica. Outra coisa importante é nunca, em hipótese alguma,

---

3 Goleman, *Emotional Intelligence*, p. 100.

deixar que nossos filhos nos tratem como figuras insignificantes ou como capachos. Um pai com quem conversei observou: "Muitas vezes vejo adolescentes tratarem os pais como lixo na frente dos outros. E os pais simplesmente aceitam. É impressionante."

A criança precisa de adultos que a façam sentir-se útil, seja pedindo-lhe que tome conta do irmão mais novo, que vá buscar as compras para um vizinho ou cuide de afazeres domésticos do cotidiano. Exigir que a criança seja útil não apenas faz que ela se torne solidária, como ainda torna natural a disposição para prestar atenção nos outros. Além disso, a criança também precisa de pais que lhe ensinem as regras básicas de comportamento. "Eu era pai no final da década de 1960. Naquela época, nós pensávamos que ensinar boas maneiras aos filhos era coisa de burguês", disse-me um pai mais velho. "Sabe de uma coisa? Aprendi na marra que, se você não ensinar bons modos aos seus filhos, eles não vão aprender sozinhos."

Muitos pais ainda fracassam na tarefa de desenvolver a empatia dos filhos quando estes são novos ou de incutir-lhes a habilidade para a consideração quando estão mais velhos. Certos pais são tão narcisistas que se mostram incapazes de fazer qualquer tipo de "leitura" das experiências do filho, ou então interpretam-nas totalmente em função dos próprios referenciais. Outros pais estão ocupados ou distraídos demais para entrar no mundo da criança ou fornecer-lhe orientações firmes e concretas. Outros, ainda, receberam uma educação tão deficiente que não aprenderam a expressar empatia ou criar expectativas razoáveis (modelos de ação e reação que se encontram enraizados em muitos adultos e aparecem quase magicamente quando eles se tornam pais). Pais como esses não raro têm de lutar contra seus próprios automatismos para conseguir criar bem os filhos. Muitos conseguem aperfeiçoar suas habilidades pedagógicas, porém quase sempre precisam de algum tipo de terapia, educação parental ou ambas as coisas.

UMA NOVA ARMADILHA PARA OS PAIS

As pesquisas que realizamos sugerem, no entanto, outra razão pela qual os pais (e, paradoxalmente, muitos dos mais dedicados entre eles) fracassam na hora de incutir nos filhos a capacidade de consideração. Cada geração de pais cria para si determinada missão pedagógica. No caso da geração atual, essa missão é a felicidade. (Esse foco de concentração não é totalmente inédito. Muitos pais, nas décadas de 1920 e 1930, também viam a felicidade dos filhos como prioridade.)[4] Essa busca pela felicidade encontra-se tão arraigada na mentalidade dos norte-americanos que esquecemos o quão ridícula e artificial ela pode parecer para as pessoas em muitos outros países.

Não há nada de errado, obviamente, em zelarmos pela felicidade de nossos filhos. Porém, ao fazer dela um fator tão essencial, podemos prejudicar de muitas maneiras seu desenvolvimento moral. Fica evidente que alguns pais, como Mike, exageram. Estão tão preocupados em promover a felicidade dos filhos que os impedem de desenvolver uma capacidade básica: a de se sintonizar com os outros. O problema, no entanto, não se restringe apenas a um pequeno grupo de pais obcecados com a felicidade. Apesar de bem-intencionados, muitos de nós, de forma sutil, com frequência nos preocupamos demais com a felicidade de nossos filhos e nos esquecemos de sua responsabilidade para com os outros. A pretexto de promover a felicidade, costumamos alimentar certos hábitos que tendem a tornar nossos filhos menos virtuosos e, ironicamente, infelizes (como monitorar o tempo todo seu humor e tentar regulá-lo, organizar nossa vida em torno deles e elogiá-los demais).

A boa notícia é que há certos atributos essenciais, no longo prazo, tanto para a felicidade quanto para diversos tipos de ação mo-

---

4 Steven Mintz, *Huck's Raft: A History of American Childhood* (Cambridge, MA: The Belknap Press, da Harvard University Press, 2004); ver sobretudo p. 219. Além disso, contato pessoal com Steven Mintz, 2008.

ral. Ao desempenharmos o papel de pais, devemos nos concentrar nesses atributos. Em muitos aspectos importantes, não precisamos escolher entre a moralidade e a felicidade.

De que forma, então, podemos evitar o excesso de preocupação com a felicidade de nossos filhos, em detrimento de sua bondade? Que qualidades encontram-se na raiz tanto da felicidade quanto da moralidade e como podemos promovê-las com maior eficiência?

VAMOS PULAR FORA DA CAMPANHA PELA FELICIDADE

Os dados levantados em nossas pesquisas sugerem que pais e filhos pertencentes à ampla gama de culturas e classes sociais nos Estados Unidos enxergam a felicidade como o objetivo principal do desenvolvimento e atribuem-lhe mais importância que a outros valores de peso. A felicidade abarca enorme variedade de estados emocionais (o tipo de felicidade que experimentamos ao cantarolar uma canção boba ouvida no rádio é bem diferente da gratificação que sentimos quando nosso filho faz uma grande amizade). Além disso, podem-se escrever livros e mais livros sobre as relações entre as diversas formas de felicidade (gratidão, orgulho, otimismo, satisfação, sentimento de competência, paixão, admiração) e os diferentes aspectos da moralidade.

Para termos uma noção do peso que os jovens e os pais atribuem à felicidade diante dos demais valores, em nossa pesquisa pedimos tanto aos estudantes quanto aos pais que comparassem a importância de ser feliz à de ser uma "boa pessoa que se importa com os outros", de exibir alto desempenho nos estudos e no trabalho e de construir uma carreira de prestígio. A felicidade venceu com folga. Cerca de dois terços dos jovens consideram-na mais importante do que a bondade. (Pedimos aos estudantes que a definissem, e eles usaram frases como "Sentir-se bem", "Ser otimista" e "Sentir-se satisfeito".) Também pedimos aos jovens que tentassem imaginar o peso que seus pais dariam à felicidade, em relação a esses outros aspectos. Mais uma vez, predominou a opinião de que a felicidade ficaria em primeiro lugar, e aproximadamente dois terços dos estudantes afirmaram que a felicidade deles era mais importante para os pais do que sua bondade. Outro indício bastante significativo dessa tendência é que, segundo o órgão responsável pelo censo norte-americano, em 1970 a maioria dos calouros universitários declarava ter como prioridade a construção de uma filosofia de vida plena de sentido; já em 2005, essa prioridade era outra, uma versão da felicidade: "Ser rico o bastante para levar uma vida confortável."[5]

Uma parcela pequena mas significativa de jovens com quem falamos pode ser considerada símbolo do paganismo vazio apontado por alguns adultos como prova de que os Estados Unidos estão indo para o buraco. Eles não parecem importar-se com nada além da própria felicidade: "Felicidade é tudo", "Se você não é feliz, nada mais importa", "Ser uma pessoa feliz abrange tudo aquilo que se quer conquistar", "Não há sentido em ser bom quando não se é feliz."

Verificamos, porém, que a maioria dos pais e estudantes entrevistados mostraram-se consideravelmente comprometidos tanto com a felicidade quanto com o bem. Além disso, percebem uma tensão entre suas necessidades e seu bem-estar e as necessidades e o bem-estar dos outros. A maneira como resolvem essa tensão é muito reveladora. Alguns pais e jovens dizem a si mesmos que a felicidade levará à bondade. Há estudantes que definem a felicidade como uma condição para terem motivação e energia para serem bondosos. Outros apresentam uma filosofia de vida que pode ser superficialmente definida da seguinte forma: "Não se preocupe em dar nada a ninguém agora. Apenas entre numa boa faculdade, ganhe bastante dinheiro e conquiste a segurança financeira. Assim você será feliz e estará em condições de fazer caridade." Esse raciocínio tem semelhança com as instruções de uso da máscara de oxigênio

---

5   Constatação do órgão responsável pelo censo norte-americano, citada em Jim Holt, "You Are What You Expect", *New York Times Magazine*, 21 jan. 2007.

nos aviões: "Primeiro ponha a sua máscara (encha-se de bens) e *só depois* ajude a pessoa ao lado." Seguem-se algumas frases ditas pelos estudantes: "Meus pais veem isso como uma questão de causa e efeito. Se eu for uma pessoa feliz e entrar numa boa faculdade, conseguirei arranjar um bom emprego e exercerei uma influência positiva sobre o mundo." "Acho que serei mais feliz se entrar numa boa faculdade. Se eu for uma pessoa bem-humorada, me preocuparei mais com os outros." "Eu gostaria de mudar o mundo, mas antes tenho de garantir um lugar ao sol. Se meu nível de vida me permitir ajudar os outros, espero poder aproveitar essa oportunidade."

Entre os pais e estudantes entrevistados, um número relativamente pequeno deles considera a bondade ou a virtude como a chave para alcançar a felicidade (ideia comumente associada a dois filósofos da Grécia antiga, Epicuro[6] e Aristóteles). Alguns jovens e pais, por seu turno, talvez defendam a causa da felicidade por encararem a infelicidade como fator de destruição completa da moralidade (que transforma as pessoas em "miseráveis", como afirmou um dos estudantes), e talvez alguns jovens simplesmente não vejam nenhum benefício moral no sofrimento. Faz pouco tempo, um professor de inglês que leciona há trinta anos no Ensino Médio disse-me o seguinte: "Os alunos para quem dou aula hoje são legais e muito inteligentes, mas não conseguem suportar nenhum tipo de sofrimento. Tento ensinar a eles lições sobre a peça *Rei Lear* ou a 'Carta da prisão de Birmingham' [de Martin Luther King, Jr.], mas eles simplesmente não querem pensar sobre a dor no sentido concreto da palavra."

Enquanto há quarenta anos muitos estudantes universitários costumavam celebrar o próprio sofrimento, desdenhando da felicidade como algo superficial[7], hoje uma das disciplinas mais pro-

---

6 Ver Mihaly Csikszentmihalyi, "If We Are So Rich, Why Aren't We Happy?", em *American Psychologist* 54 (out. 1999), pp. 821-2.

7 Maureen Dowd também afirma isso. Maureen Dowd, "Happiness Is a Warm Gun", em *New York Times*, 25 mar. 2006.

curadas na Universidade de Harvard (com mais de oitocentos alunos) tem como tema a natureza da felicidade. O estudo da felicidade tornou-se uma disciplina acadêmica séria, sobretudo no contexto da psicologia positiva, capitaneada por Martin Seligman, da Universidade da Pensilvânia. Os mais jovens tendem a ver muito mais a felicidade do que o sofrimento como uma das raízes da moral. A felicidade já não é uma coisa superficial.

Esse forte enfoque na felicidade deve-se em parte a outra tendência. Nos últimos trinta anos, os norte-americanos deixaram-se embriagar pelo poder da autoestima. Depois de ser defendida em dúzias de livros sobre como criar os filhos, alardeada como uma "vacina social" por uma comissão do estado da Califórnia em 1990 e abordada por muitos professores em sala de aula, a autoestima hoje é amplamente vista como sustentáculo da felicidade e resposta para quase todos os problemas sociais e morais deste mundo. Os aspectos mais pitorescos dessa tendência provocaram uma onda de reações adversas. Tanto nas páginas da revista *Commentary* quanto nos quadrinhos de *Doonesbury*, a obsessão com a autoestima é satirizada como uma ameaçadora mistura de condescendência liberal e psicologia barata[8]. Não obstante, o apego à ideia é feroz. Em minhas conversas com pais e professores Estados Unidos afora, com frequência percebo uma crença quase religiosa nos poderes da autoestima. A ideia da autoestima é por demais cativante, não somente por sua simplicidade e seu aparente poder explanatório, como também pela sensação instintiva de que, quando nos sentimos bem com nós mesmos, somos capazes de qualquer coisa, inclusive de ajudar mais os outros.

Essas noções não são infundadas. Sentimentos positivos podem tornar as pessoas menos frágeis em situações de conflito e desaprovação. Podem gerar esperança e mais energia para cuidar dos ou-

---

8 Alfie Kohn, "The Truth About Self-Esteem", em *Phi Delta Kappan* 76 (dez. 1994), p. 272; Chester E. Finn Jr., "Narcissus Goes to School", em *Commentary*, jun. 1990, p. 40.

tros. Todos nós, decerto, conseguimos nos lembrar de momentos em que recebemos uma boa notícia ou uma dose de bons sentimentos, que nos fez mais generosos. Por outro lado, há angústias que, sobretudo quando subconscientes, dificilmente geram o bem. A sensação de desamparo e o desespero são sentimentos em particular opressores e podem alimentar todo tipo de comportamento destrutivo.

Uma coisa, porém, é dizer que estados de humor positivos podem gerar a generosidade. Outra, claramente diferente, é ver a felicidade ou a autoestima como fundamentos morais de longo prazo. É importante pararmos para refletir sobre a peculiaridade dessa crença. O fato de muitos pais transmitirem aos filhos a ideia de que a felicidade ou a autoestima conduzem à moralidade parece inédito na história dos Estados Unidos e, possivelmente, em toda a história da humanidade.

Essa ideia, no entanto, reflete uma visão confusa e pobre da moral. A verdade é que simplesmente muitas qualidades morais essenciais (entre elas, fortes princípios de honestidade e justiça, a capacidade de resolver problemas morais, a consideração, certas disposições morais profundamente interiorizadas, os hábitos de cuidar dos outros e preocupar-se com o próximo, as habilidades emocionais necessárias para tratar as pessoas com educação) não derivam da felicidade nem da autoestima. Nós, na qualidade de pais e mentores, não podemos nos omitir. Precisamos cultivar essas qualidades em nossos filhos de forma intencional e diligente, assegurando-nos de que as cultivem dia após dia.

O problema, além disso, não está apenas em pais como Mike. Muitos de nós, devido ao forte impulso que sentimos (absolutamente natural) de promover a felicidade de nossos filhos, podemos de modo involuntário colocá-la acima de sua consciência da existência dos outros – e isso através de muitas condutas sutis que fazem criar hábitos e reflexos difíceis de superar.

Alguns anos atrás, entrevistei um casal de Chicago que começou a brigar no meio da entrevista. A mãe deixara a filha faltar ao treino de futebol porque ela não estava com vontade de jogar e pensava em abandonar o time. O pai, por sua vez, estava furioso e argumentava que a permanência no time era importante para o currículo universitário da menina. Em determinado momento, porém, percebi que nenhum dos dois passava sequer perto de outra questão: se a filha faltasse ao treino ou abandonasse o futebol, quais seriam as consequências disso para o *time*?

É comum os pais falharem na hora de fazer os filhos perceberem sua responsabilidade para com a comunidade. Com frequência, nós, os pais, não transmitimos a nossos filhos a noção de que eles têm obrigações com comunidades como o time, o coral da escola ou um grupo de dança. Quantos de nós ao menos dizemos a nossos filhos que a escola não é apenas um lugar de aprendizagem, mas também uma comunidade, ou que um bairro é uma comunidade que implica obrigações?

Preocupados com a felicidade dos filhos, muitas vezes nos omitimos quando eles deixam os colegas na mão. Quando meus filhos eram mais novos, às vezes eu percebia que havia sido muito condescendente com eles em diversos momentos, como quando dispensavam um amigo que consideravam chato, não retornavam as ligações dos amigos, não davam crédito a outras crianças pelas suas conquistas ou não se aproximavam de crianças que não tinham amigos quando estavam no playground. Já cansei de ver filhos falarem demais ou ficarem tempo demais em frente à televisão, seja com os amigos, seja na companhia de adultos, e não serem chamados à atenção pelos pais. Todos nós já vimos pais transformarem o *playground* em um campo de batalha onde se disputa quem ganha mais atenção, deixando que seus filhos, muitas vezes, ignorem as outras crianças. Recentemente, eu estava em um *playground* e vi uma criança de 3 anos pegar repetidas vezes a bola com a qual um grupo de crianças mais velhas jogava. A mãe continuou deixando isso acontecer por muito tempo, até que essas crianças, compreensivelmente, deixaram de achar graça naquelas interrupções.

Para piorar, estados de humor positivos podem até gerar *danos*, e bem reais. Sem consciência e motivação morais, bem se sabe que a satisfação e a autocomplacência podem semear a indiferença. Os torcedores não fazem baderna quando seu time perde um jogo, mas sim quando *ganha*.

Da mesma forma, embora a definição e os métodos de mensuração da autoestima sem dúvida sejam problemáticos, inúmeros estudos chegam à mesma conclusão: a autoestima, habitualmente definida como a avaliação favorável do indivíduo sobre si mesmo, não previne a violência, o uso de drogas, entre outros problemas morais, nem estimula a conduta virtuosa. Pelo contrário, estudos mostram que líderes de gangues, crianças dominadoras, criminosos violentos e delinquentes em geral costumam ter uma autoestima bem elevada e que o alto conceito que têm de si mesmos pode fazê-los ignorar por completo o sofrimento de suas vítimas[9]. A autoestima pode vir, em parte, do sentimento de poder. Ora, os líderes de gangues e as crianças dominadoras (ou os jogadores do time da escola que abusam sexualmente da namorada) podem sentir-se muito poderosos ao controlar e denegrir os outros. (Conforme discutirei adiante, o mal que acomete os líderes de gangues e as crianças dominadoras pode ser a fragmentação e a imaturidade do eu, mas autoestima e maturidade do eu são duas coisas bem diversas.)

Entretanto, a concentração excessiva na felicidade e na autoestima apresenta ainda outro problema: tende mais a tornar as crianças infelizes do que felizes. A relação entre a felicidade e a moral é, sem dúvida, bastante complexa. Pessoas egocêntricas e antiéticas não apenas podem ter elevada autoestima como também podem ser bem felizes, pelo menos por um tempo. Quando, porém, pais

---

9 Roy Baumeister, Laura Smart e Joseph Boden, "Relation of Threatened Egotism to Violence and Aggression: The Dark Side of High Self-Esteem", em *Psychological Review* 103, n. 1 (1996); e Elizabeth Svoboda, "Everyone Loves a Bully", em *Psychology Today*, mar./abr. 2004, p. 20, citando um estudo da psicóloga Jaana Juvonen, da Universidade da Califórnia, em Los Angeles.

como Mike põem a felicidade dos filhos acima da consciência da existência do outro, impedem-nos de desenvolver habilidades sociais e morais essenciais para certos tipos de bem-estar duradouro. Crianças como essas não aprendem a colocar-se no lugar dos outros, o que é crucial para a construção de relações saudáveis e duradouras, nem aprendem a ser bons cônjuges, pais, amigos ou mentores. Essa é uma das razões pelas quais a busca direta da felicidade leva à infelicidade. Para John Stuart Mill, "são felizes somente aqueles que conservam a mente fixada em outro objeto que não a sua própria felicidade"[10]. Muitos pais norte-americanos estão pagando por uma aposta displicente e irresponsável que fizeram no passado. Como observa Darrin McMahon em um livro recente sobre a história da felicidade, uma das grandes frustrações dos adultos de hoje é que renunciaram à nobreza (nossa cultura já não celebra a virtude), mas não conseguiram alcançar a felicidade que esperavam substituí-la[11].

Cabe ainda uma última observação sobre o dilema da felicidade. Conforme observei, dentre os pais e jovens que entrevistamos, uma quantidade pequena mas significativa mostrou-se mais convencida de que a bondade leva à felicidade (como pensava Aristóteles) do que o inverso. Conversei com professores e treinadores que pregam a ideia de que quem semeia bondade, colhe felicidade. Há até um livro recém-lançado, *Why Good Things Happen to Good People* [Por que coisas boas acontecem para pessoas boas], que defende a ideia de que ser uma boa pessoa é a chave para a saúde e a longevidade[12].

---

10 Alex Beam, "The Secret to Happiness? Who Knows?", em *Boston Globe*, 20 maio 2008.
11 Harvey Mansfield, resenha do livro de Darrin M. McMahon, *Happiness: A History* (Nova York: Atlantic Monthly Press, 2006), em *New Republic*, 3 jul. 2006, p. 32.
12 Stephen Post e Jill Neimark, *Why Good Things Happen to Good People: The Exciting New Research That Proves the Link Between Doing Good and Living a Longer, Healthier, Happier Life* (Nova York: Broadway Books, 2007).

Embora dizer que a felicidade leva à bondade seja simplista e equivocado, afirmar o inverso também é simplificar demais a questão e pode até implicar consequências perniciosas. Pessoas de bem podem, obviamente, ser infelizes. Defender os princípios mais importantes e os grandes amigos, por exemplo, pode render sofrimento e ostracismo para o indivíduo. Esperar que a moralidade nos traga felicidade e dizer aos filhos que, se fizerem o bem, serão felizes, vai contra um dos aspectos essenciais da moral: o caráter incondicional de nossa obrigação para com os outros e a responsabilidade de fazermos aquilo que é certo, independentemente de sairmos beneficiados ou prejudicados. Portanto, embora devamos dizer a nossos filhos que certos tipos de bondade podem trazer recompensa, não devemos mandá-los praticar o bem e agir corretamente apenas porque isso os fará felizes. O que precisamos dizer-lhes é que devem agir corretamente porque é ético, porque é vital para o bem da coletividade e porque o bem-estar dos outros é tão importante quanto o deles.

"Certo dia percebi, repentinamente, que ser mãe é uma tarefa moral", disse-me com ar de severidade uma mãe de Chicago, e acrescentou: "e que o dever de ser mãe de uma boa pessoa é mais importante do que fazer meus filhos gostarem de mim ou mantê-los felizes em determinado momento. Percebi então que, se quisesse ver meus filhos se tornarem boas pessoas, não poderia acudi-los toda vez que chorassem nem agir sempre como uma solucionadora de problemas. Teria de fazer-lhes exigências concretas."
Há muitas coisas que podemos fazer para evitar essa concentração excessiva sobre a felicidade. Alguns dos pais e mães que entrevistamos mostraram-se abertos a questionar sua demasiada preocupação com a felicidade. Muitos de nós, quando questionados sobre o que desejamos para nossos filhos, respondemos de modo automático que queremos que eles sejam felizes. Quando, porém, pede-se aos pais que justifiquem esse ponto de vista, alguns começam a questionar se a felicidade é mais importante do que a bonda-

A promoção da felicidade, mas também *da moral*

de ou se fizeram dela um fator demasiado importante na criação dos filhos. Uma das mães entrevistadas enviou-me posteriormente um *e-mail* dizendo que mudara de opinião: "Depois que você foi embora, pensei na sua pergunta e percebi que a felicidade dos meus filhos não é o mais importante para mim. O mais importante para mim é que eles sejam ponderados em tudo o que fazem, isto é, que pensem, reflitam e sejam responsáveis." Assim como essa mãe, outros pais passam por momentos nos quais percebem que a felicidade dos filhos é incompatível com seus princípios mais elevados e conseguem aproveitá-los. Ora, é possível aumentar o número de pais atentos a esses momentos. Também nós podemos perceber que o surgimento de uma tensão entre as necessidades de nossos filhos e as necessidades dos filhos dos outros, por exemplo, num playground ou no time da escola, não é algo ruim. Tampouco é ruim que nossos filhos tenham esse sentimento. Essa tensão, na verdade, está no cerne do agir moral.

Em vez de seguir o instinto de repetir a nossos filhos a frase "só queremos que vocês sejam felizes", também não custa nada valorizarmos explicitamente a gentileza deles, tanto quanto valorizamos a felicidade. (Diz-se que William James, no leito de morte, afirmou que há apenas três coisas importantes na vida: gentileza, gentileza e gentileza.) Também podemos procurar assegurar que nosso próprio desejo de felicidade não comprometa a moralidade de nossos filhos. Ao investir tanto no bom desempenho de Chris no basquete, Mike talvez estivesse apenas protegendo a própria felicidade, a expensas da moralidade e da felicidade de Chris.

De maneira geral, porém, o maior desafio para nós, pais, é repensar as metas básicas que devemos perseguir ao criarmos nossos filhos e concentrarmo-nos em qualidades que promovam tanto a felicidade quanto a moral, assunto que retomarei adiante, neste capítulo.

O POLICIAMENTO DO HUMOR E A FEBRE DO ELOGIO

Há alguns anos, fui a um piquenique da escola de meus filhos e por acaso comecei a conversar com uma mãe que se apresentou como Nancy. Em determinado momento da conversa, comentei que era psicólogo, e ela então passou a relatar todas as preocupações que tinha com a filha de 5 anos, Shana. A menina, aparentemente, tinha dificuldade para brincar com outras crianças e possuía poucos amigos. Ela esperava que as outras crianças se aproximassem dela e se interessassem pelas mesmas coisas que lhe interessavam. Perguntei a Nancy se a filha parecia feliz em casa. Ela respondeu que, como Shana tinha dificuldade para fazer amizades, fazia de tudo para que ela não experimentasse nenhum tipo de contrariedade em casa. Mais adiante, Nancy contou-me, rindo e meio envergonhada, que chegara atrasada ao trabalho naquele dia porque tivera de voltar ao quarto duas vezes para mudar de roupa: "Shana não gostou da roupa que eu estava vestindo."

Muitos pais colocam a felicidade e a autoestima dos filhos antes de seu desenvolvimento moral. Esse é um fato preocupante. Porém, tão prejudiciais quanto essa atitude para o crescimento moral e emocional dos jovens são as práticas que os pais, com base nesses valores, passaram a adotar na criação dos filhos. Para certos adultos, como Nancy, a melhor maneira de garantir a felicidade e a autoestima dos filhos é não apenas resguardá-los do sofrimento, mas também atender a todas as necessidades deles e eliminar de sua vida até mesmo as mínimas responsabilidades. Muitos de nós, de formas mais sutis, costumamos superproteger nossos filhos ou agir como escravos deles (eu, pelo menos, procuro sempre me policiar para não fazer isso).

Não pretendo com isso simplesmente juntar-me ao coro dos intelectuais que denunciam a condescendência dos pais (há até um novo nome para esses pais: *dimpies*[13], sigla que significa "pais mo-

---

13 Scot Lehigh, "Parents, Behave!", em *Boston Globe*, 28 mar. 2006.

dernos e desajuizadamente condescendentes"*). Muito do que se costuma chamar de condescendência é absolutamente inofensivo para a criança ou até mesmo benéfico. Por exemplo, os pais *não* são condescendentes com os filhos quando lhes dão o direito de opinar sobre decisões que afetem sua vida, quando respeitam sua opinião ou põem as necessidades deles em primeiro lugar. O problema não está em dar muita atenção aos filhos. É muito difícil ser condescendente com uma criança de um ano de idade. Que cada vez mais pais estejam agindo assim, este é um fato positivo da pedagogia familiar moderna.

Por outro lado, quando pais como Nancy organizam toda a sua vida em torno dos filhos, com o intuito de resguardá-los de qualquer tipo de desconforto (pondo as preferências mais banais dos filhos à frente de necessidades importantes deles, como chegar ao trabalho na hora certa), fazem que essas crianças esperem cada vez mais que os outros também organizem a vida em torno delas. Da mesma forma, quando temos como hábito fazer pequenas coisas para facilitar a vida de nossos filhos (quando limpamos a sujeira que fizeram, levamo-os de carro a lugares aonde poderiam ir a pé, preenchemos formulários para eles, pagamos suas despesas de estacionamento ou constantemente tentamos resolver seus problemas com os colegas, os professores e os treinadores), corremos o risco de torná-los mais frágeis, prepotentes e egocêntricos. Diane, por exemplo, a mãe de uma caloura de faculdade que não quer dividir o quarto com nenhuma colega, sugere à filha que minta à diretoria da faculdade, alegando ter uma doença respiratória que na verdade não existe. Ao fazer isso, Diane não apenas mostra que dá pouco valor à honestidade, como também atribui importância demais aos sentimentos da filha, mostra-se maternalista para com ela e, em última instância, não a ajuda a entender como esse tipo de egoísmo destrói as bases da vida em comunidade. Os esforços hercúleos – e já célebres – despendidos pelos pais de hoje

---

* *Doting indulgent modern parents*, no original em inglês. (N. da T.)

para poupar os filhos de qualquer tipo de frustração, rejeição e perda (seja a perda de um jogo, a não aceitação em algum clube ou time de prestígio ou a rejeição por parte de um amigo) são atitudes que podem fazer a criança ter cada vez menos cuidado com tudo aquilo que não seja ela mesma.

Entre as atitudes que os pais costumam adotar para assegurar a felicidade da criança, há ainda outras que são positivas, se usadas com moderação, mas podem se tornar exageradas e prejudicar o crescimento moral. Alguns pais, por exemplo, estão sempre tão preocupados em entreter os filhos que podem poupá-los de quaisquer obrigações, como ajudar nas tarefas de casa ou auxiliar os vizinhos[14]. Pesquisas indicam que nossa geração de pais é, entre todas as outras na história da humanidade, aquela que mais esforço despende para manter os filhos entretidos praticamente vinte e quatro horas por dia, desde o nascimento até os 18 anos.

Muitos pais, para garantir o bem-estar dos filhos, estão sempre lhes perguntando como se sentem e sondando seu estado de humor. Um pai que age assim, quando tiver de dizer ao filho que é hora de deixar a piscina e ir para casa, falará: "Sei que você vai ficar chateado." Essa atitude também é positiva e promissora em muitos aspectos. Esses pais, ao contrário daqueles das gerações anteriores, preocupam-se com a capacidade dos filhos (sobretudo os garotos) de identificar e expressar os próprios sentimentos. Muitas vezes, esses pais e essas mães sabem, observando seus próprios pais, que um indivíduo corre um risco considerável de perder a sanidade mental quando reprime seus sentimentos ou ignora-os e que o conhecimento e a expressão apropriada dos próprios sentimentos são algumas das marcas registradas de maturidade nos relacionamentos e da participação efetiva em qualquer grupo ou comunidade. Conheci pais que realizam essas sondagens de estado de humor e perguntam aos filhos o que estão sentindo de maneira perfeita-

---

14 William Damon, *Greater Expectations: Overcoming the Culture of Indulgence in America's Homes and Schools* (Nova York: Free Press, 1995), pp. 109-10.

mente saudável. Por outro lado, conheci pais que, num intervalo de duas horas, perguntam diversas vezes aos filhos como estão se sentindo ou não param de fazer observações sobre seu estado de humor. "Você deve estar cansado." "Isso deve ser frustrante para você." "Isso deve deixá-lo triste." Com esse tipo de monitoramento constante, atribuem importância demais aos sentimentos transitórios das crianças, além de ser irritante, intrusivo: é como tirar o curativo de uma ferida a cada cinco minutos para ver se ela está cicatrizando ou puxar uma planta para cima a cada cinco minutos para ver se ela cresce mais rápido. Esses comentários recorrentes costumam criar distanciamento e comprometer a influência emocional e moral dos pais sobre os filhos.

Não raro também encontro pais que, a pretexto de assegurar a felicidade dos filhos, tratam os sentimentos deles como se estivessem, a todo momento, sujeitos a riscos. Pais como esses temem, por exemplo, que qualquer insulto ou traição prejudiquem de modo permanente o sentimento de confiança do filho, ou que ser temporariamente excluído de uma turma de amigos destrua sua autoestima. Essas preocupações, no entanto, também exercem influência paternalista sobre a criança, transmitindo-lhe uma avaliação negativa de suas capacidades. O excesso de atenção pode levar a criança a dramatizar os próprios sentimentos, por considerá-los, observo mais uma vez, excessivamente importantes. A criança, nesse caso, passa a ficar tão envolvida com seu próprio teatro interior e tão ocupada perguntando a si mesma o que está sentindo que ignora a existência de outras crianças.

Outra prática generalizada entre os pais é elogiar os filhos para alimentar a felicidade e a autoestima deles. Esse hábito também traz benefícios consideráveis. Pesquisas demonstram que os elogios são muito benéficos ao desenvolvimento das crianças e dos jovens quando são sinceros e referem-se a conquistas específicas[15]

---

15 Po Bronson, "How Not to Talk to Your Kids", em *New York Magazine*, 12 fev. 2007, p. 5, citando estudo de Carol Dweck, Universidade de Stanford.

(por exemplo, em vez de ficar repetindo para a criança que ela é inteligente, mais vale elogiar um bom desempenho obtido em um trabalho ou teste). Elogiar atos morais também pode ser positivo. Toda criança ou jovem também pode beneficiar-se de elogios que não estejam ligados a conquistas específicas, mas reflitam uma percepção mais ampla de quem são. De vez em quando, é preciso dizer ao filho que ele é "ótimo" ou "sensacional".

Os elogios, entretanto, também podem tornar-se excessivos. Elogios constantes já se tornaram a trilha sonora de incontáveis *playgrounds* de bairros de classe média. Pouco tempo atrás, fiquei observando um pai brincando com o filho. Ele jogava uma bola para o menino pegar e o elogiava cada vez que conseguia fazer isso e jogava a bola de volta (quando a criança deixava a bola cair, muito descaradamente ele dizia: "boa tentativa"). Programas escolares com o objetivo de promover o desenvolvimento social, emocional e moral dos estudantes também costumam recorrer intensamente ao elogio. Um programa de educação moral esportiva para crianças (bastante respeitado e conhecido) recomenda aos pais que encontrem algum motivo para elogiar os filhos *cinco* vezes cada vez que os criticarem – uma abordagem um tanto exagerada e demasiadamente mecânica que ignora as nuanças das circunstâncias e a utilidade do ato de elogiar[16].

As crianças também sabem quando realmente fizeram algo digno de ser elogiado ou não. Portanto, elogios incondicionais em demasia, ou frequentes por pequenas conquistas[17], podem gerar insegurança ou cinismo em relação aos adultos, enfraquecendo o seu papel como mentores. Muitas vezes, a criança começa a se perguntar por que os adultos precisam incentivá-la constantemente. Como observa o psicólogo William Damon: "As crianças são perfeitamente capazes de fazer a si mesmas as mesmas perguntas

---

16 Positive Coaching Alliance. Disponível em: <http://www.positivecoach.org>, 2007.
17 Damon, *Greater Expectations*, p. 74.

que faríamos a nós diante da bajulação gratuita: 'Por que as pessoas acham que devem supervalorizar tudo o que faço? O que há de errado comigo que as pessoas precisam esconder? O que estão tentando provar com essas histórias sobre mim?'" O psicólogo e pesquisador Wulf-Uwe Meyer descobriu que a criança, a partir dos 12 anos, costuma ver os elogios recebidos de um professor como sinal de falta de habilidade e como indício de que, para esse professor, ela precisa de um estímulo adicional[18]. Outras pesquisas sobre o ato de elogiar indicam que crianças excessivamente elogiadas tornam-se mais conscientes de sua imagem, mais competitivas e mais propensas a rebaixar os outros[19]. Quando recebe elogios o tempo todo, a criança também pode sentir-se avaliada o tempo todo – pode achar que sua competência está sempre à prova, o que a torna vulnerável ao sentimento de vergonha, entre outros sentimentos negativos de autoavaliação. Além disso, elogios em demasia podem transformar a criança em uma escrava deles. Ela pode passar a exigir doses cada vez mais altas de aprovação e sentir que há algo errado com ela quando não está sendo bombardeada de elogios.

O excesso de elogios genéricos (por exemplo, quando se diz constantemente à criança que ela é "ótima" ou "sensacional") também gera riscos[20]. Esse tipo de elogio pode levar a criança a pensar que a totalidade de seu valor é que está em jogo em diversas situações. Como seu eu está sempre em jogo, tende a superdimensionar sua importância, tanto para o lado positivo quanto para o negativo. Nesse caso, o eu recebe créditos e responsabilidades falsos. Essa criança, como observa o psicólogo Robert Karen, pode desenvolver tanto uma imagem distorcida e narcisista de seu próprio valor quanto alta vulnerabilidade ao sentimento de vergonha.

---

18 Citado em Po Bronson, "How Not to Talk to Your Kids", p. 6.
19 Po Bronson, "How Not to Talk to Your Kids", p. 6, novamente citando estudo de Carol Dweck, Universidade de Stanford.
20 Robert Karen, "Shame", em *Atlantic Monthly*, fev. 1992, p. 62.

Em todos esses exemplos, os adultos, embora acreditem que quanto mais elogios fazem e quanto maiores eles são, melhor as crianças se sentem (tratam o eu como um tanque que deve ser enchido até a boca), na verdade provocam um esgotamento dos recursos internos da criança. Mais uma vez, a ironia é que todo esse trabalho de reforço da autoestima e da felicidade torna as crianças não apenas menos capazes de agir moralmente (mais centradas em si mesmas, menos capazes de dedicar-se aos outros, mais frágeis e menos aptas a defender os valores mais importantes), como também mais propensas a achar que não são atraentes, competentes ou importantes para os outros, ou seja, mais propensas à preocupação e à infelicidade.

Há muitas coisas que podem evitar essas armadilhas. Podemos nos esforçar para não tratar de modo preocupante as frustrações cotidianas de nossos filhos. Podemos evitar interceder junto a um colega, professor ou treinador e deixar que nossos filhos resolvam eles próprios seus problemas e conflitos e cumpram sozinhos as tarefas que lhes cabem. Algumas regras práticas podem ser úteis. Embora às vezes seja importante orientar as crianças mais novas em questões que envolvam os coleguinhas, não se deve intervir nesses assuntos se não houver solicitação da criança quando ela tiver mais idade, exceto quando estiverem envolvidos danos físicos ou atos explícitos de crueldade, ou quando a criança já tiver um histórico de problemas com os colegas. Da mesma forma, é importante que os pais somente intercedam para resolver conflitos de seus filhos com professores e treinadores quando forem muito sérios e estiver claro que seus filhos são incapazes de resolvê-los sozinhos. Em geral, não faz sentido intervir, por exemplo, quando uma criança sente-se ocasionalmente tratada com injustiça por um professor ou treinador, ou acha que não é tão estimada quanto as outras crianças por essas pessoas. Mas sem dúvida será adequado envolver-se na questão quando a injustiça estiver se repetindo há muito tempo, quando for frequente o conflito da criança com esses adultos ou quando eles estiverem claramente colocando as próprias necessidades à frente das necessidades das crianças. Quando meu filho estava no Ensino Médio, eu não intercedia, por exemplo, quando uma professora vez ou outra criticava seus trabalhos de um modo que me parecia tolo e indelicado. No entanto, intercedi prontamente quando essa professora criticou meu filho e outros alunos por falarem dela pelas costas e procurarem o orientador pedagógico para conversar sobre as brigas que tinham com ela em sala de aula. Esse era um claro exemplo de um professor que se protegia à custa dos alunos.

Se queremos que nossos filhos consigam expressar os sentimentos que os angustiam, não precisamos nomear cada sentimento a cada vez que se manifesta. Em vez disso, devemos ajudá-los a identificar esses sentimentos e a expressá-los ao se manifestarem por mais tempo e se nossa opinião for solicitada. Também é útil termos claro que tipos de sentimentos a criança é capaz de nomear nas diferentes etapas de seu desenvolvimento e como os garotos vivenciam e expressam suas emoções de maneira diferente das meninas. Devemos dar-lhes exemplos de como expressar esses sentimentos. Por exemplo, como minha filha de 12 anos e eu temos angústias semelhantes, esforço-me para conversar com ela sobre minhas preocupações, mas somente quando isso parece importante e significativo para ela e de uma maneira que a ajude a lidar com essas preocupações. Digo-lhe, por exemplo, que o ato de preocupar-se possui fortes raízes biológicas (não é, portanto, sinal de fraqueza) e compartilho com ela estratégias que uso para administrar a ansiedade. Na maioria dos casos, também é importante, quando os filhos ficam temporariamente com raiva de nós, não agirmos ao mesmo tempo como pais (um alvo legítimo de raiva) e como terapeutas (alguém que "nomeia" ou analisa os sentimentos de cólera). Como observa a psicóloga Janina Fischer, quando nós, pais ou mães, assumimos esses dois papéis ao mesmo tempo, isso pode confundir a criança e impedi-la de superar por conta própria sua raiva em relação a nós.

Para pôr fim à febre do elogio, é útil os pais usarem elogios genéricos apenas ocasionalmente, quando se tratar de conquistas específicas. Também é importante perceber como cada criança, em particular, encara a experiência do elogio. Algumas crianças, instintivamente, veem-no como paternalismo, enquanto outras são verdadeiras máquinas de receber elogios. As crianças do primeiro tipo podem precisar de ajuda para aprender a aceitar elogios, enquanto as do segundo tipo podem precisar de ajuda para aprender a viver sem eles.

O fator mais importante para diminuir os elogios quando se tornam prejudiciais, porém, talvez seja os pais se esforçarem para refletir *por que*, efetivamente, estão sempre elogiando os filhos. Na cultura altamente psicologista que caracteriza os Estados Unidos, são muito exageradas nossas preocupações com a vulnerabilidade emocional de nossos filhos (e, em alguns casos, a percepção aguda das maneiras como fomos enganados, em termos emocionais, quando éramos crianças). Talvez esse exagero alimente nosso hábito de elogiar. Além disso, como podem gerar dependência, os elogios atendem à necessidade de alguns pais de ter proximidade e controle sobre os filhos. Os constantes elogios aos filhos também representam, para alguns pais, um atalho ou substituto aparentemente fácil para sua incapacidade de dar atenção suficiente às crianças. Para estas, entretanto, o tempo e a dedicação dos pais possuem uma importância diferente daquela que atribuem a um elogio ("tempo é a maneira como você gasta o seu amor", escreve a romancista Zadie Smith[21]). Às vezes, pais solitários e carentes de reconhecimento também podem projetar nos filhos sua necessidade de serem reconhecidos e elogiados. Reconhecer essas motivações é, muitas vezes, o primeiro e mais importante passo que podemos tomar para nos dedicar mais a nossos filhos e elogiá-los de forma mais saudável.

---

21 Zadie Smith, *On Beauty: A Novel* (Nova York: Penguin Press, 2005), agradecimentos.

UMA NOVA META PARA OS PAIS

Por mais importantes que sejam essas medidas, o fundamental realmente é que nós, pais, mudemos nossas metas pedagógicas. Certas qualidades tendem a promover o bem-estar. Além disso, algumas qualidades morais essenciais – as quais costumam escapar ao nosso radar – devem estar no centro de nossas atenções educativas. Entre elas, estão a capacidade de equilibrar e coordenar nossas necessidades com as necessidades dos outros, refletir e ter autocrítica (ou seja, avaliar nosso comportamento de maneira justa e generosa), receber críticas construtivas e mudar de comportamento com base naquilo em que nós e os outros constatamos. Essas qualidades também incluem, como ressaltei no capítulo anterior, a capacidade de lidar com os sentimentos negativos. É graças a essas habilidades que as crianças e os adultos são capazes de gostar dos outros, apesar dos conflitos de interesses e das diferenças de opinião, manter-se fiéis aos princípios mais importantes e engajar-se em relacionamentos e projetos mais sérios e interessantes, que gerem uma percepção duradoura de dignidade. Essas características são os ingredientes daquilo que chamamos de *maturidade* e refletem a força e a integridade do eu. É importante ressaltar que autoestima e integridade ou maturidade do eu são coisas bem diferentes. Não obstante, constantemente são confundidas uma com a outra, isso porque o vocabulário referente ao eu encontra-se extremamente empobrecido. A linguagem que usamos para tratar essas questões é muito crua e vaga. Embora algumas crianças agressivas tenham elevada autoestima, o eu, nesse caso, é imaturo, não tem consciência de si mesmo e é incapaz de sentir empatia, de integrar as necessidades dos outros às próprias necessidades e de controlar sentimentos intensos.

Na qualidade de pais, cultivamos a maturidade de nossos filhos de muitas maneiras diferentes. Mas as práticas principais são as seguintes:

1. O eu se fortalece e amadurece mais por ser *conhecido* do que por ser elogiado. Daí a importância de que nossas interações com nossos filhos deixem claro que sabemos como eles são. Esse conhecimento deve expressar-se quando escolhemos uma atividade para eles, conversamos com eles sobre como foi seu dia ou os ajudamos a resolver um problema pessoal. É importante também que, em certos momentos, sejamos capazes de dizer-lhes algo sobre quem eles são – não uma torrente incessante de observações, mas uma ou outra observação ocasional e pertinente sobre alguma característica em particular. Podemos prestar atenção, por exemplo, nas tarefas que desempenham com facilidade, nos desafios que parecem evitar ou nas coisas que despertam o seu interesse ou os aborrecem.

2. As crianças aprendem a fazer autocrítica e a ter uma personalidade reflexiva quando as incentivamos a fazerem observações sobre si mesmas e quando representamos para elas modelos de pessoas que refletem de maneira honesta sobre si mesmas. É lidando de maneira criativa e franca com nossos defeitos que damos aos nossos filhos a permissão e apresentamos para eles o caminho para refletirem sobre suas características pessoais que lhes parecem problemáticas. Conheço um pai que conversava com os filhos sobre sua característica de ser excessivamente crítico em relação aos outros. Com isso, conseguiu fazer seus filhos se sentirem menos embaraçados ao falar sobre uma fraqueza, alertou-os sobre uma característica em relação à qual *não* pretende ser um modelo para eles e encorajou-os a refletir se as avaliações que fazem das outras pessoas são justas ou padecem do mesmo defeito.

3. Quando conseguimos deixar de ter um comportamento problemático por meio da autorreflexão ou devido a críticas

A promoção da felicidade, mas também *da moral* 73

feitas por outras pessoas, damos exemplo de um aspecto vital da maturidade. Também expressamos, com essa atitude, respeito pelos nossos filhos e familiares, muitas vezes as pessoas mais atingidas por esse tipo de comportamento. Beth, mãe solteira, contou-me que certa vez, após um dia longo e estressante, sua filha de 10 anos quebrou um copo enquanto punha a mesa. Beth, ao ver o que havia acontecido, virou os olhos e soltou um suspiro. Sua filha então começou a chorar e disse: "Você é sempre tão má quando está preparando o jantar!" Ao ouvir isso, a mãe, com remorso, disse à filha que estava passando por dificuldades no trabalho (seu novo chefe era perfeccionista e cobrava muito dela) e que havia percebido que isso estava deixando-a mais irritável e levando-a a repetir com a filha o comportamento do chefe, de cobrar demais. Beth pediu desculpas à filha, disse-lhe que sua crítica era coerente e "prometeu-lhe que deixaria o perfeccionismo a cargo do chefe".

4. Uma das maneiras de ensinar os filhos a lidar com sentimentos como a frustração e a raiva é dando-lhes exemplo ao expressarmos de modo adequado essas emoções e não deixarmos que nossa própria frustração e raiva abalem nosso relacionamento com eles. Quando estou com raiva de meus filhos, às vezes deixo que esse sentimento fique cozinhando em banho-maria. Esforço-me por falar sobre minha raiva de maneira simples e clara e procuro restabelecer rapidamente algum tipo de ligação com eles (do mesmo modo como Beth agiu com a filha), depois de expressar minha raiva ou de uma briga.

5. Outra maneira como as crianças aprendem a controlar sentimentos de hostilidade, assim como ajustar suas necessidades às dos outros, como explico no Capítulo 6, é desenvolvendo a habilidade de colocar-se no lugar do

outro, isto é, de ver a relação de fora. Podemos, mais especificamente, perguntar à criança como ela lidaria com uma situação difícil se tivesse de dar "o melhor de si", ou pedir-lhe que imagine como uma pessoa de quem ela gosta lidaria com a mesma situação.

A HUMANIDADE DE NOSSOS FILHOS

Pode haver até mesmo algo além do eu, algo mais essencial e profundo, que nem sequer passa pela cabeça de muitos pais norte-americanos. Se estamos preocupados com a moralidade de nossos filhos, devemos prestar muita atenção em sua humanidade. Refiro-me à profunda experiência de vitalidade, sentido e compaixão gerada pela consciência de que somos expressões distintas de raízes comuns ao longo do tempo e do espaço, isto é, de que estamos intimamente conectados aos outros seres humanos, tanto os vivos quanto os mortos. Não é por acaso que muitos de nossos grandes pensadores temeram o advento de uma moral desvinculada de um sentimento maior de humanidade ou fé. No livro *Os irmãos Karamázov*, de Dostoiévski, há uma passagem famosa em que Ivan Karamázov observa que, se Deus não existe, tudo é permitido. Esse senso de humanidade nos carrega de responsabilidade, isto é, nos faz perceber aquilo que devemos não apenas aos vivos, mas também àqueles que viveram antes de nós e aos que viverão depois de nós. Nas comunidades não religiosas, porém, poucos pais cultivam o humanismo dos filhos por meio de um diálogo sobre os mortos e esforçando-se em ajudá-los a vincular suas experiências àquelas de outras crianças, de outras culturas, e a refletir com eles sobre a responsabilidade que têm para com as gerações futuras. Para muitos de nós, pais, pode parecer difícil e estranho conversar sobre essas coisas fora de um contexto religioso. Mas a criança é capaz de desenvolver esse tipo de sensibilidade de muitas maneiras – quando, por exemplo, fazemos perguntas respeitosas e profundas sobre indivíduos de outras culturas na frente dela, quando lemos e refletimos sobre literatura junto com ela ou a ajudamos a entender os acontecimentos do presente a partir de lições da história.

Parece pedir demais mudar nossas metas como pais, alterar essas concepções elementares sobre o eu ou cultivar em nossos filhos uma percepção abrangente da humanidade. Vale ressaltar, entretanto, que a adulação do eu é um fenômeno tipicamente moderno, que ocupa muito pouco espaço em nossa história. Foi apenas no século XIX que a percepção do eu ganhou real importância[22], e apenas nos últimos trinta anos, aproximadamente, é que o apreço do indivíduo pelo próprio eu tornou-se um valor em si mesmo. As metas dos pais na criação dos filhos variaram muito, por vezes de maneira drástica, ao longo da história. A questão, portanto, não é se essas metas podem mudar, mas sim se somos capazes de reunir a sabedoria e a disciplina necessárias para dirigir essa mudança e em quanto tempo somos capazes de fazê-lo.

---

22 Damon, *Greater Expectations*, p. 68.

3

O VERDADEIRO PERIGO DA FEBRE DO DESEMPENHO

É INÍCIO DE NOITE, e eu falo para um grupo de aproximadamente quarenta pais em uma escola particular muito forte e respeitada, com um impressionante histórico de ex-alunos que ingressaram em universidades de prestígio. O assunto da palestra é o desenvolvimento moral, e uma das razões por que fui chamado foi o temor, tanto do corpo docente quanto dos pais, de que a intensa concentração no desempenho acadêmico, por parte da escola, tenha desviado a atenção sobre outros aspectos cruciais da vida das crianças e dos jovens. Após uns quinze minutos de palestra, um pai levanta a mão e faz a seguinte observação: "Concordo com você. É importante que nossos filhos sejam boas pessoas. Mas sejamos realistas, você pede que nos concentremos em fazer de nossos filhos boas pessoas, só que isso não vai ajudar meu filho a entrar numa universidade como Harvard." Outro pai brinca: "Você pode mudar a Universidade de Harvard para que um dos critérios de avaliação do processo seletivo deles seja a bondade dos candidatos?" A maioria dos pais presentes está um pouco nervosa, mas ri da piada. Alguns, no entanto, parecem não se conter na cadeira. Querem saber o quanto devem preocupar-se com a bondade de seus filhos e se isso vai ajudá-los a ingressar em uma universidade prestigiada.

Nos últimos anos, venho escutando cada vez mais histórias de alunos de escolas particulares e de classe média alta perigosamente viciados em desempenho acadêmico e de pais que os trazem no cabresto. A maior parte dessas histórias reduz-se a um único e típico fenômeno: alguns pais fazem troça dos outros pais, exacerbando os defeitos deles para fazer parecer que a maneira deles de criar os filhos é melhor do que a dos outros e que seus filhos são, de algum modo, mais puros e melhores do que os filhos dos outros. Além disso, os pais ricos são alvos fáceis, é claro, pois parecem ter poucas desculpas e poucos defensores.

Encontrei em escolas como essa muitos pais que tinham uma atitude perfeitamente saudável em relação ao desempenho dos filhos. Eles estão apenas tentando desvendar o mistério de descobrir o que desperta o interesse de seus filhos e os faz crescer. Também encontrei muitas crianças gentis, centradas e emocionalmente saudáveis nessas escolas. Os estereótipos que representam os jovens ricos como imbecis desajuizados que têm a vida garantida graças à renda dos pais e dirigem Porsches de maneira imprudente pelas ruas comuns no ambiente cultural são tão equivocados quanto aqueles que representam os jovens pobres das comunidades negras e latinas como vagabundos imbecilizados pelas drogas que andam pelas ruas armados à procura do que roubar.

Uma coisa, no entanto, é verdade: muitos pais, hoje, são simplesmente obcecados por desempenho acadêmico. O fato de pais fazerem comentários como os que mencionei em uma palestra aponta o caráter generalizado dessa preocupação com o desempenho acadêmico em certas comunidades.

Nas comunidades ricas e em muitas comunidades de classe média, os pais são capazes de tudo para lançar seus filhos, desde o nascimento, nesse projeto do desempenho acadêmico. Jogos e programas em vídeo que buscam preparar o cérebro dos recém-nascidos e das crianças pequenas com *slogans* como "Transforme as horas de diversão em horas de aperfeiçoamento intelectual" proliferam-se com rapidez (um terço das crianças, nos Estados Unidos, já viu um vídeo da série *Baby Einstein*)[1]. Alguns pais não apenas transformam-se em ditadores quando a questão é garantir vagas em boas instituições pré-escolares para os filhos, como ainda contratam professores particulares[2].

Quando a época de entrar na universidade se anuncia no horizonte, entretanto, é que começa a verdadeira loucura. Como se lê em um recente artigo da *Atlantic Monthly*, "*milhões* de famílias encontram-se em estado de colapso nervoso iminente diante do processo seletivo para a universidade". Fileiras e fileiras de jovens temem que, se não entrarem em uma universidade de primeira linha, sua vida estará "arruinada" (para usar o termo empregado por um profissional especializado em prestar consultoria no que se refere ao processo de seleção para a universidade)[3]. Na pesquisa que realizamos em escolas particulares, cerca de 40 por cento dos estudantes consideraram mais importante entrar em uma "boa faculdade" do que ser uma "boa pessoa", e quase metade disse ser mais importante para seus pais eles ingressarem numa boa faculdade do que serem boas pessoas. Quando apresentei os resultados a membros da escola particular onde dava a palestra, alguns professores protestaram com veemência. Consideraram os números muito *baixos*: "Os alunos estão mentindo para você. A única preocupação dos pais, aqui, é que seus filhos entrem numa boa faculdade." "A pressão por sair-se bem está em alta, e a pressão por fazer o bem está em baixa, muito em baixa", anuncia um artigo recente publicado no *New York Times*, "sobretudo se esse bem é do tipo que não aparece no processo de seleção para a faculdade."[4] A obsessão dos

---

1 Alissa Quart, "Extreme Parenting: Does the Baby Genius Edutainment Complex Enrich Your Child's Mind – or Stifle It?", em *Atlantic Monthly*, jul./ago. 2006.
2 Marek Fuchs, "Tutoring Gives Pupils an Edge... for Preschool", em *New York Times*, 31 jul. 2002.
3 Gregg Easterbrook, "Who Needs Harvard?", em *Atlantic Monthly*, out. 2004, p. 128.
4 Judith Warner, "Kids Gone Wild", em *New York Times*, 27 nov. 2005.

pais com as notas altas tornou-se tão gritante que já existe um mercado de adesivos e broches com frases que fazem troça do fenômeno, como: "Meu filho vende trabalhos para o seu filho tirar notas altas"[5], "Meu filho deu porrada nos destaques da turma" e "Meu filho é um retardado que estuda na Lincoln School."

No entanto, por mais tentador que seja culpar os pais obcecados pelo desempenho, o problema mais generalizado é muito mais sutil. A questão não é simplesmente "eles". Se formos honestos com nós mesmos, muitos de nós descobriremos que alimentamos fortes sentimentos acerca do desempenho de nossos filhos na escola, os quais ainda não enfrentamos de modo direto. Alguns de nós, de forma discreta, organizamos o relacionamento entre nós e nossos filhos em torno do desempenho deles na escola e fazemos de suas notas altas o foco principal, embora velado, do seu desenvolvimento. Esse foco, porém, pode preparar o terreno para torná-los infelizes e ameaçar exatamente as qualidades do eu fundamentais à consideração, à integridade e à solidariedade.

Mais ainda, muitos de nós transmitimos inadvertidamente a nossos filhos todo tipo de mensagens ambíguas sobre a importância de tirar notas altas (por exemplo, dizemos a eles que tirar notas altas não é importante, ao mesmo tempo que passamos a eles, de milhares de maneiras veladas, a ideia de que o desempenho é muito importante). Já ouvi incontáveis vezes, em coquetéis, conversas em que os pais revelaram-se angustiados com a perspectiva de serem hipócritas e esconderem dos filhos o fato de terem experimentado drogas quando tinham a idade deles. Mas nunca vi pais conversarem sobre como evitar mensagens contraditórias acerca de uma questão muito mais profunda e abrangente: como sermos autênticos ao conversarmos com nossos filhos sobre seu desempenho na escola e na vida.

A questão não é, obviamente, os pais pararem de pressionar os filhos para que tenham bom desempenho. É perfeitamente possí-

---

[5] Stephanie Rosenbloom, "Honk If You Adore My Child Too", em *New York Times*, 5 jan. 2006.

vel um jovem tirar notas altíssimas e, ao mesmo tempo, levar uma vida íntegra e de compaixão. Como podemos, então, lidar com os próprios sentimentos (às vezes confusos, outras vezes irracionais) acerca do desempenho de nossos filhos, para conseguirmos conversar com eles de forma honesta e construtiva? Como podemos fazê-los enxergar o desempenho não como o critério maior pelo qual seu valor deve ser medido, mas sim apenas como um dos temas que integram o cenário maior da vida?

OS DANOS EMOCIONAIS E MORAIS

"Certos pais, aqui, fazem um acordo com os filhos", conta Dan Shawn, orientador pedagógico de uma escola de Ensino Médio. "O acordo tácito é o seguinte: 'Se você tirar notas altas, não me importarei com o que você fizer. Pode ir a todas as festas, beber e dar festinhas quando eu não estiver em casa.' E estes são os jovens que acabam aparecendo na minha sala. São eles os problemáticos."

"Quando conheci Sara", conta-me o seu terapeuta, "ela tinha 22 anos e nenhuma ideia de quem era. A menina sempre fora uma máquina de tirar notas altas. Seus pais, aparentemente, angustiavam-se com o que poderia acontecer se ela não se saísse bem em tudo o que fizesse. Mas creio que Sara jamais conseguiu descobrir o que queria da vida. Ela era irascível, desorientada e fútil sem saber por quê. O trabalho de terapia vem ajudando-a, lentamente, a começar tudo de novo e descobrir quem ela é e o que quer. Ela teve de voltar atrás e criar um eu."

Uma pesquisa realizada recentemente pelos psicólogos Suniya Luthar e Shawn Latendresse, da Universidade de Columbia, revela algo surpreendente e preocupante: embora as crianças pobres enfrentem muitas dificuldades, os adolescentes de família rica padecem tanto quanto elas de problemas emocionais e morais. Sem dúvida, as causas desses problemas são muito diferentes nas comunidades ricas e pobres, como também as consequências. Mesmo assim, entre os jovens de família rica, verificam-se altos índices de incidência de problemas comportamentais, delinquência[6], uso de drogas (inclusive as mais fortes), ansiedade e depressão. Entre as garotas que vivem nos bairros ricos de subúrbio, é em média quatro vezes maior a probabilidade de ocorrência de depressão em nível clínico[7].

Não há uma explicação única para esses problemas. A falta de contato de algumas crianças com os pais nas comunidades de alta renda, a inexistência de laços comunitários em muitos bairros ricos e a condescendência dos pais – tudo isso pode influir. Esses problemas podem agravar-se pelo fato de que, como observei anteriormente, muitas famílias ricas preocupam-se com sua imagem pública. Essa preocupação leva-as a enterrar os problemas e a esquivar-se de buscar ajuda. Além disso, alguns professores e outros profissionais que lidam com essas crianças costumam não levar os problemas delas a sério, de modo que ficam sem o apoio e a compreensão de que necessitam. Como me disse um professor: "Trabalhei em escolas de gente pobre e depois em escolas de gente rica. Quando comecei a trabalhar em escolas ricas, via jovens entrarem em colapso o tempo todo. Eles choravam em sala de aula por causa de coisas insignificantes. Lembro que pensava: 'Que dificuldades vocês têm na vida?' Aquilo tudo parecia exageradamente dramático."

A relação entre esses problemas e a pressão por desempenho é, segundo os pesquisadores, clara e forte. Crianças e jovens com "anseios perfeccionistas muito intensos (aqueles que veem os problemas de desempenho como falhas pessoais)" aparentemente cor-

---

6 Suniya S. Luthar e Shawn J. Latendresse, "Children of the Affluent: Challenges to Well-Being", em *Current Directions in Psychological Science* 14, n. 1 (2005), p. 3.
7 Suniya S. Luthar e Bronwyn E. Becker, "Privileged but Pressured?: A Study of Affluent Youth", em *Child Development* 73, n. 5 (2002), p. 1593.

rem mais risco de enfrentar todos esses problemas[8]. Isso parece acontecer também com crianças e jovens que obtêm conquistas que pais supervalorizam, em detrimento dos aspectos que dizem respeito ao caráter da criança.

Parte da culpa por esses problemas é das próprias escolas dos bairros afastados de classe alta e das escolas particulares em geral. Nelas, a pressão e a competição podem ser brutais. Algumas crianças sentem-se à vontade num ambiente de intensa pressão competitiva, enquanto outras necessitam de pressões externas para cumprir tarefas acadêmicas desafiadoras. Nos milhares de livros em que se condena a pressão por resultados acadêmicos e a competição na escola, ignora-se, muitas vezes, tanto a complexidade do tema da motivação nos estudos quanto as enormes diferenças na maneira como os jovens encaram a competição. Em algumas escolas, porém, essa pressão já está totalmente fora de controle. Em uma das escolas particulares que pesquisamos, escutamos relatos comoventes de estudantes que lutam para ser honestos, generosos e solidários, para ver os outros como algo mais do que meros obstáculos à consecução de seus objetivos. "Tenho que mentir para meus colegas sobre a minha nota média para admissão na universidade [que é baixa], para que eles não me tratem com desprezo." "Fico tão estressado e me irrito tanto com toda a pressão que fazem aqui para que tiremos notas altas, que às vezes me sinto um idiota." "Os caras aqui dizem que, para ajudar um colega, abririam mão de estudar tanto. Mas eles estão mentindo." "Quando tiro uma nota boa, minha primeira reação é virar para o cara ao lado e contar vantagem, em vez de ajudá-lo a entender a matéria."

Mesmo assim, não há dúvida de que, na hora de buscar motivação para tirar notas altas (e, sobretudo, ter uma compreensão do que é o bom desempenho e por que é importante), a criança é influen-

---

[8] Luthar e Becker, "Privileged but Pressured?", p. 1605; e Luthar e Latendresse, "Children of the Affluent", p. 2.

ciada sobretudo pelos pais. Hoje está claro que muitos pais transmitem aos filhos mensagens sobre desempenho acadêmico que são prejudiciais ao crescimento moral deles. Alguns casos são óbvios demais, como quando alguns pais dizem aos filhos, de forma explícita ou velada, que cumprir seus objetivos e entrar em uma boa faculdade é mais importante do que ser uma boa pessoa, ou então que, se tirarem notas altas, poderão "cair na gandaia". Certos pais, cegados pela ambição irracional com relação ao sucesso dos filhos, não apresentam a eles exemplos básicos de equidade e justiça. Entrevistamos os pais de uma aluna do Ensino Fundamental de uma escola do entorno de Nova York que confessaram ter fundado uma escola técnica em um país da América do Sul em parte para que sua filha pudesse dizer, na entrevista de seleção para a faculdade, que fundara uma escola num país em desenvolvimento. Ouvi falar de pais que pagam quantias absurdas em dinheiro (vários milhares de dólares por ano), desde a *quinta* série, a profissionais que preparam seus filhos para passar no teste de aptidão acadêmica (SAT). Não é raro, nas comunidades de classe alta, os pais conseguirem que um psiquiatra emita um diagnóstico falso dizendo que seu filho tem DDA (distúrbio de déficit de atenção), porque os portadores desse distúrbio dispõem de mais tempo para fazer o SAT. Como disse um dos pais que entrevistei (extremamente exigente quanto ao desempenho dos filhos): "O mundo lá fora é inacreditavelmente competitivo e não quero que meu filho fique para trás."

No entanto, os danos desse tipo são menos disseminados do que aqueles que ocorrem quando os pais promovem fortemente a mentalidade do desempenho de forma mais discreta e inconsciente.

Já afirmei aqui que a criança aprende a respeitar os outros e a se importar com eles, bem como a defender os princípios mais importantes, quando os pais não apenas defendem esses princípios, mas também conhecem e valorizam seus filhos, inclusive em suas características singulares. É esse tipo de consideração que fortalece o eu e ajuda o jovem a amadurecer, incluindo a capacidade de distinguir suas necessidades daquelas dos outros, de valorizar pensamentos e sentimentos diferentes dos dele, a formar e afirmar opiniões próprias. Mas quando os pais, como no caso de Sara, concentram-se exclusivamente no desempenho ou colocam o desempenho acadêmico na frente dos outros valores (pressionando os filhos de modo sutil a fazerem cursos e participarem de atividades extracurriculares pelas quais não têm interesse, por exemplo, porque isso os ajudará a entrar numa boa faculdade; organizando constantemente atividades pensadas para melhorar o desempenho dos filhos; ou incitando-os a candidatar-se a vagas em faculdades prestigiadas, onde provavelmente não se sentirão à vontade nem crescerão como pessoas), os filhos podem não ser reconhecidos ou valorizados pelas qualidades que prezam em si mesmos. Uma criança pode ser sociável, extremamente leal, honesta, divertida, determinada, solidária, criativa ou vivaz (entre muitas outras características possíveis) e jamais vir a valorizar essas qualidades ou enxergá-las como próprias do seu eu, de algum modo. Em circunstâncias como essas, também é mais provável que a criança enxergue os outros em função das conquistas deles e como adversários, ou então como ameaças às conquistas dela. Sua percepção dos outros é limitada, assim como a percepção que tem de si mesma.

Alguns jovens também acabam achando que a admiração e afeição dos pais estão condicionadas a seu bom desempenho e que falhar significa perder o amor deles. "Há crianças aqui que simplesmente sofrem por acharem que seu desempenho não está bom o suficiente", foi o que me contou o diretor responsável pelo Ensino Médio de uma escola particular de primeira linha. "Seus pais farão qualquer coisa por elas (contratarão psiquiatras e professores particulares, arranjarão atividades extracurriculares de todo tipo), mas não dirão aquilo que elas mais querem ouvir: 'Eu te amo, seja qual for o seu desempenho.'" Como escreve Alice Miller em seu clássico sobre as exigências dos pais, *O drama da criança bem-dotada*[9], nessas circunstâncias as crianças aprendem a esconder com cuidado

---

9 Alice Miller, *The Drama of the Gifted Child* (Nova York: Basic Books, 1981).

seus sentimentos, certas de que seus pais não tolerariam sentimentos que podem ser prejudiciais ao seu desempenho, como a ansiedade, a raiva e a tristeza. Crianças como essas têm menos capacidade de identificar os próprios sentimentos e os dos outros. Além disso, tendem muito mais a desconfiar dos próprios sentimentos, a padecer de uma carência crônica e de uma sensação de deficiência (a que Luthar e Latendresse chamam "percepção exígua do eu"[10]), o que dificulta o relacionamento com os outros e reduz a imunidade aos caprichos irrefletidos dos colegas. O que mais escuto dos professores e orientadores das escolas de classe média e alta não é que os alunos são maliciosos, mas, acima de tudo, que são obedientes demais, que cumprem cegamente o dever e estão sempre ansiosos por agradar. Quando a criança precisa esconder seus sentimentos, por vê-los como indesejáveis e ilegítimos, e quando teme a reprovação dos pais se falhar ou simplesmente não se destacar, a vergonha, tal como a defini no Capítulo 1, também pode tornar-se uma característica fundamental e persistente do eu. Além disso, alguns jovens, como Sara, internalizam de modo tão profundo a pressão por desempenho que podem ficar com vergonha e raiva dos pais sem saber por quê – e acabam com vergonha dos próprios sentimentos de vergonha e raiva. O psicólogo Charles Ducey, que dirigiu por muitos anos uma clínica de orientação pedagógica na Universidade de Harvard, contou-me que sempre "via estudantes [...] que simplesmente se odiavam por não conseguirem obter sucesso, por não tirarem notas altas em uma disciplina, e eles não tinham a mínima ideia de por que exigiam tanto de si mesmos".

QUEM ESTAMOS TENTANDO ENGANAR?

Há alguns anos, eu conversava com Jim Martin, um jovem de 16 anos muito equilibrado e prático que mora no meu bairro e cujos

---

10 Luthar e Latendresse, "Children of the Affluent", p. 4.

pais respeito muito. Jim diz ter uma relação aberta e honesta com os pais, exceto quando o assunto são as expectativas deles acerca de seu desempenho nos estudos. "Meus pais vivem me dizendo que entrar numa das melhores faculdades não é muito importante, que estão mais interessados na minha educação e só querem que eu seja feliz na faculdade que escolher. Mas continuam pagando cursos de preparação para o SAT e orientadores caros para me ajudarem a preparar o material para apresentar às faculdades. O fato é que meus pais não precisam dizer o quanto isso é importante para eles, porque sempre vou sentir muita pressão para entrar numa dessas universidades. Eles mesmos estudaram em grandes universidades e sabem que todos os meus primos mais velhos passaram em universidades como Stanford e Princeton. Eles só dizem a si mesmos que não estão me pressionando porque sabem que já sinto pressão suficiente."

Em minhas conversas com dezenas de estudantes do Ensino Médio, universitários e bacharéis ao longo de muitos anos, deparei com outra ameaça que a pressão por desempenho impõe ao crescimento moral da criança. Muitos jovens simplesmente não engolem as mensagens relativas ao desempenho nos estudos transmitidas por seus pais e professores. Na verdade, esses jovens são, como Jim, observadores bastante astutos do "papo" dos pais e dos outros adultos sobre esse tema e enxergam no comportamento deles hipocrisia e duplicidade. Em pelo menos um aspecto os jovens que têm essa postura crítica diante das pressões por desempenho da parte dos pais encontram-se em melhor situação que os demais. Como observa Charles Ducey, eles exibem, com isso, "uma capacidade de ver as coisas de uma maneira que permite uma percepção mais desenvolvida do eu". Essa lucidez, no entanto, pode criar grandes lacunas na confiança que depositam nos pais e professores como seus mentores morais.

Aos olhos de alguns jovens, há um abismo entre aquilo que muitos professores e diretores de escolas dizem e o que fazem. Esses estudantes reclamam que os professores e diretores – para usar as palavras de um aluno de uma escola de Ensino Médio de alto nível que entrevistei – com frequência "vêm com todo aquele papo" de princípios morais, "mas, na hora do vamos ver, eles só se importam mesmo é com as nossas notas". Para vários alunos de uma prestigiada escola particular com quem conversei (e, nesse caso, eles até tinham certa razão), os diretores falavam muito sobre caráter, mas só tomavam providências práticas – como dar lições de responsabilidade moral ou "enfiar na cabeça [dos alunos] que não se pode dirigir bêbado" – quando temiam alguma calamidade que pudesse terminar em um processo na justiça.

Mas a questão de que mais ouvi falar foram as várias formas de hipocrisia dos pais. Alguns jovens simplesmente consideram que seus pais os enganam no que se refere à importância que atribuem ao desempenho acadêmico. Outro entrevistado contou-me que, quando entrou na faculdade, costumava torturar os pais (os quais viviam dizendo que não se importavam com seu desempenho) omitindo deles suas notas: "Eu ficava mudo de propósito no telefone, até que eles me perguntassem sobre minhas notas." Na edição anual da *U.S. News & World Report*, que traz o *ranking* das faculdades norte-americanas, um estudante do Ensino Médio de nome Ariel Karlin observa: "Minha mãe se diverte fazendo piada das atitudes ridículas das 'mães neuróticas', que é como ela chama as mães excessivamente preocupadas com a faculdade que os filhos vão cursar. Essa foi a maneira que ela encontrou para dizer a si mesma que não é tão pirada quanto essas mulheres."[11]

Muitos jovens, como Jim Martin, podem achar que seus pais enganam a si mesmos dizendo que não são paranoicos com o desempenho acadêmico porque a comunidade em que vivem ou o restante da família já exercem o trabalho de pressão por eles. Outros estudantes contam que, muitas vezes, o pai assume uma pos-

---

11 Ariel Karlin, "The Parent Paradox", em *U.S. News & World Report*, America's Best Colleges, 29 ago. 2005, p. 23.

tura e a mãe, a postura oposta, ou os pais hesitam muito entre defender o desempenho e menosprezá-lo; ou, ainda, que os pais estão "angustiados de verdade" e "deixam suas emoções transparecer" acidentalmente. Outros alunos recebem dos pais mensagens com o objetivo de aliviar a pressão, mas não aliviam de maneira alguma. Uma das mães que entrevistamos disse, sem a mínima intenção de ironizar, que, embora achasse importante os filhos cursarem boas faculdades, seu marido pensava diferente: ele ficaria feliz se os filhos entrassem em uma faculdade como Swarthmore (muito disputada e de excelente qualidade), "que é uma boa faculdade, mas não é nenhuma Ivy".

Muitos pais tentam resolver o conflito recorrendo a máximas simples, mas também podem parecer hipócritas aos olhos dos filhos. Na qualidade de pais, podemos dizer, por exemplo, que insistimos no desempenho acadêmico de nossos filhos porque queremos que eles tenham uma ampla gama de opções de carreiras profissionais. Esse é um impulso natural. Muitos de nós queremos que nossos filhos cursem faculdades de elite para que tenham maiores chances de tornar-se médicos, advogados ou líderes empresariais. Sabemos que empregos bem remunerados e prestigiados podem angariar várias vantagens que uma criança não é capaz de enxergar.

Os jovens, porém, podem questionar quais serão realmente as suas opções se tiverem de frequentar faculdades nas quais a cultura do desempenho acadêmico é poderosa. Alguns sentem que não têm a opção de escolher todo um leque de carreiras (como as de professor, engenheiro florestal, marceneiro ou bombeiro) que talvez estejam mais de acordo com seus anseios. Uma das mães que entrevistei, pertencente a uma família com tradição de alto desempenho e a uma comunidade também conhecida pelo alto desempenho de seus membros, relatou-me o seguinte. "Eu disse a minha filha que achava que ela deveria fazer faculdade porque assim teria mais opções de trabalho quando fosse adulta. E ela respondeu: 'Por acaso eu tenho a opção de trabalhar em um salão de beleza?'" Segundo Ariel Karlin, seus pais sempre lhe disseram que ela poderia ser o que quisesse. "Mas duvido que meus pais ficariam entusiasmados se eu lhes dissesse que minha verdadeira vocação é ser um criador de alpacas no Peru. É claro que, se eu pedisse para fazer uma caríssima oficina de técnicas de liderança em criação de alpacas no Peru, eles me inscreveriam tão rápido no curso que nem daria tempo de pronunciar a palavra 'enlouquecidos'. Vale tudo para enriquecer o currículo escolar."[12]

Alguns pais, conforme indica nossa pesquisa, caem em outro tipo de contradição capaz de abalar a confiança dos filhos neles. Dizem querer apenas que seus filhos "maximizem suas capacidades" ou "realizem seus potenciais". Ao mesmo tempo, enfatizam que a felicidade dos filhos é o mais importante para eles. Embora pareça razoável querermos que nossos filhos usem ao máximo suas habilidades, em algum momento o jovem pode atinar com o fato de que isso talvez não o faça feliz – isto é, que nós, os pais, não estamos falando de trabalhar em algo de que ele goste e em um ritmo adequado para ele. Da mesma forma, quando os pais pressionam com insistência os filhos para que se destaquem em áreas acadêmicas para as quais possuem certo talento, mas de que não gostam (seja a matemática, as ciências naturais ou a arte), eles podem acabar descobrindo que sua felicidade não é realmente o objetivo principal. Mais uma vez, repito: em algum momento, muitas crianças acabam tomando consciência do hiato que separa aquilo que seus pais dizem daquilo que realmente esperam delas.

Não quero dizer, no entanto, que nós, pais, devamos nos condenar por sermos hipócritas. É muito difícil saber qual a melhor forma de falar com os filhos sobre desempenho, e muitos pais lutam de forma clara e honesta (sei disso porque também luto) para evitar passar mensagens contraditórias aos filhos. De todas as perguntas que faço aos pais, aquela sobre como conversam com os filhos acerca do alto desempenho nos estudos é a que os deixa mais

---

12 Karlin, "The Parent Paradox", p. 23.

nervosos. Esta é, acima de tudo, uma questão que mexe com os sentimentos mais contraditórios e recônditos das mães. Quando perguntei a um pai o que dizia ao filho sobre desempenho acadêmico, ele ficou incomodado, começou a rir com sarcasmo e disse: "Você primeiro!", como se eu tivesse lhe perguntado sobre sua vida sexual ou se ele usava drogas. Depois acrescentou: "Não sei nem mesmo o que *eu* penso sobre desempenho nos estudos. Como posso transmitir aos meus filhos mensagens úteis sobre esse assunto?". Outros pais, por outro lado, estão cientes do conflito que existe entre concentrar-se no alto desempenho escolar e ao mesmo tempo dizer que a felicidade é o mais importante: "Meu comportamento nesse aspecto é verdadeiramente esquizofrênico. Muitas vezes sinto que, se meus filhos não obtiverem sucesso no que fazem, então que sucesso eu terei obtido? Vivemos numa comunidade na qual todo mundo procura mandar os filhos para universidades de primeira linha. Às vezes sinto-me fracassado por não ter pressionado mais meus filhos e, por isso, eles não entraram numa dessas instituições. Mas depois penso: se meus filhos estão felizes, então que importância tem isso? Além disso, quem sabe o que o futuro trará? Essa é uma área muito delicada e complicada para mim e também para meu marido." Outros pais, por sua vez, têm plena consciência das discrepâncias entre o que dizem e sentem: "Um dia dizemos aos nossos filhos que só queremos que eles ingressem numa faculdade onde sejam felizes, outro dia dizemos que eles devem entrar na melhor faculdade possível." Alguns pais ficam perturbados com aquilo que fizeram com seus filhos: "Outro dia percebi que minha filha defende as pessoas dizendo que elas são 'espertas' – não que são boas, mas que são espertas, como se ser esperto fosse a coisa mais importante do mundo. Então comecei a me perguntar: o que será que eu e minha mulher fizemos para que ela valorize a esperteza tanto assim? E o que está acontecendo com nossa sociedade?" Outro pai me contou o seguinte: "O ídolo da minha filha agora é a personagem de Elle Woods em *Legalmente loira*, que investiu no sucesso e é implacável. Ela trabalha sete dias por semana, doze a quatorze horas por dia. Eu queria que ela levasse uma vida normal, mas ela é muito competitiva. Ela costuma dizer: 'Dei uma olhada no trabalho da fulana para ver se o meu estava melhor e vi que estava. Sei que estou ganhando.' O que é que ela está ganhando, isso eu não sei. É assustador." Quando a questão é falar sobre desempenho, alguns pais também não sabem se a honestidade é, de fato, a melhor estratégia: "Não acho bom mandar mensagens contraditórias, mas também não acho certo ser franco o tempo todo. Se eu disser a meu filho que para mim é realmente importante que ele entre numa boa faculdade, isso por acaso o ajudará?"

Em parte, o que torna tão difícil esse diálogo sobre o desempenho nos estudos é que na raiz da atitude desses pais diante do tema encontram-se forças culturais conflitantes. Pais que hoje têm entre 30 e 40 anos cresceram em uma era centrada na criança e na psicologia. Alguns percebem com muita clareza todas as maneiras pelas quais foram forçados a seguir o programa de exigências de seus pais com relação aos estudos e procuram não repetir esse padrão com os próprios filhos. Muitos preocupam-se com as vulnerabilidades e a autoestima dos filhos e têm medo de pressioná-los demais. Ao mesmo tempo, porém, angustiam-se profundamente diante da possibilidade de que seus filhos não consigam cursar as mesmas faculdades que eles cursaram, de que não gozem das mesmas vantagens ou, ainda, de que não alcancem os mesmos níveis de desempenho e sucesso. Para a socióloga Arlie Hochschild: "Os pais anseiam por repassar aos filhos as condições de que desfrutam na vida. Em uma meritocracia, eles não podem fazer isso dando-lhes terras ou dinheiro. Isso é conseguido através das capacidades da criança."[13] Esse tipo de tensão é típico nos Estados Unidos.

---

13 Em Stephanie Rosenbloom, "Honk If You Adore My Child Too", em *New York Times*, 5 jan. 2006.

UMA ABORDAGEM SAUDÁVEL DO DESEMPENHO

Não há uma abordagem única no que concerne a promover de forma saudável o bom desempenho da criança nos estudos. Isso porque a visão dos pais acerca do desempenho baseia-se em ideias muito variadas em relação ao valor do dinheiro, do prestígio e do sucesso. Vê-se claramente, porém, que muitos pais de classe média e alta precisam tirar o pé do acelerador. Certas formas de pressão por desempenho são implacáveis e inescrupulosas, e a pressão que geram não tem a mínima chance de surtir os efeitos desejados. Pesquisas indicam que crianças sujeitas a intensa pressão dos pais por alto desempenho nos estudos não se saem melhor do que as outras[14]. Além disso, há muitos indícios de que a concentração excessiva no desempenho torna os adultos frágeis e vulneráveis à depressão e à ansiedade[15]. Alguns pais precisam reduzir a pressão pelo bom desempenho escolar dos filhos e aumentar o interesse deles por outras áreas da vida e incentivá-los a participar delas. O que parece particularmente pernicioso para as crianças ricas é a combinação pais negligentes (que passam pouco tempo com os filhos e não acompanham os momentos importantes da vida deles) e pressão por bom desempenho[16]. Um dos fenômenos que podem surgir nessas circunstâncias é o da delinquência juvenil. Mais ainda, os pais, assim como os professores, precisam conhecer suficientemente bem as características pessoais de cada criança para saber quando reduzir ou aumentar a pressão por desempenho.

Muitos de nós, pais, precisamos ser bem mais vigilantes em relação às mensagens subliminares que transmitimos aos nossos filhos acerca do sucesso, não apenas nas escolas e comunidades

---

14 Luthar e Becker, "Privileged but Pressured?", p. 1603.
15 Suniya Luthar e Shawn J. Latendresse, "Comparable 'Risks' at the Socioeconomic Extremes: Preadolescents' Perceptions of Parenting", em *Development and Psychopathology* 17, n. 1 (2005), pp. 208-9.
16 Constatei isso ao conversar com professores nas escolas. Ver também Luthar e Becker, "Privileged but Pressured?", p. 1603.

onde vivemos, mas também no que diz respeito às coisas a que dedicamos nosso tempo, àquilo que admiramos e criticamos nos outros e que nos estimula ou desanima. Repetidas vezes, ouvi pais dizerem com todas as letras que para eles não importa a faculdade em que os filhos ingressarão, desde que se sintam felizes, e ao mesmo tempo afirmarem uma verdade: "Há pelo menos duas centenas de boas faculdades, e as pessoas têm de parar de concentrar-se em um pequeno grupo seleto delas." Mas a realidade é que a quantidade de pais que tentam empurrar os filhos para um pequeno número de instituições de ensino de prestígio cresce a cada dia. Ora, essa hipocrisia não passa despercebida pelos jovens. Nas muitas conversas entre pais que testemunhei, quantas vezes não os vi se mostrarem visivelmente desanimados ou fingirem satisfação (de uma maneira impossível de não ser percebida pelos filhos) enquanto tentavam justificar para si mesmos o fato de seus filhos cursarem faculdades de pouco prestígio, ou então vibrarem ao contar aos outros pais que seus filhos estudavam em instituições renomadas[17].

Qual seria então a abordagem mais adequada? É essencial que os pais ajudem a criança a descobrir as coisas que dão sentido à vida dela (esse é o principal fator para o desenvolvimento de um eu forte e maduro), para que assim ela não tire notas altas só por tirar ou para agradá-los. Segundo o psicólogo Charles Ducey, quando um estudante universitário oprimido pela exigência de tirar notas altas descobre o que é importante para ele, o sofrimento causado por essa exigência costuma cessar. "Nosso trabalho com esses alunos revela que a depressão tende a sumir quando eles encontram uma paixão, algo que seja importante para eles."

A criança descobre quem é e quais são seus interesses, em parte, quando os adultos são capazes de escutá-la de modo espontâneo e sereno (sem um objetivo específico em mente), respondendo-lhe com suas reflexões e compartilhando com ela o conhecimento que

---

17 Andrew Hacker defende um argumento semelhante em "The Truth about Colleges", em *New York Review of Books*, 3 nov. 2005, p. 51.

possuem do mundo. Antes que a vida de nossos filhos se encha de atividades voltadas para a construção do currículo escolar, devemos deixar fluir essas conversas, que podem ser maravilhosas tanto para nós quanto para eles. Alguns pais também podem ter de enfrentar com honestidade o medo desse tipo de diálogo. Um dos pais entrevistados em uma escola particular de classe alta vai direto ao ponto: "Alguns desses jovens não sabem o que querem. Tudo o que fazem foi planejado por nós. Os adultos não admitiriam, mas acho que alguns deles têm medo de ajudar os filhos a descobrir o que desejam. Querem apenas que eles cumpram o programa."

Para ajudar os jovens a descobrir o que é importante para eles, nós, como pais, também precisamos participar da complexa coreografia da liderança, incentivando-os a realizar atividades e viver experiências que podem despertar seu interesse e prestando atenção em suas reações. Podemos também questioná-los menos sobre seu desempenho nos estudos e mais sobre as coisas de que gostam ou não na escola. Nessas conversas, poderíamos falar menos sobre nossas conquistas no trabalho e mais sobre aquilo que nos estimula e desperta nosso interesse.

Ao mesmo tempo, é importante fazermos do bom desempenho apenas mais uma dentre uma rica gama de experiências de vida e possibilidades, uma dentre muitas formas de produção de sentido e de gratificação, uma dentre as várias formas de mensuração do valor do indivíduo. Isso é particularmente importante porque muitas crianças não possuem talento natural para os estudos ou têm dificuldades de aprendizado. Muitas delas jamais terão um desempenho escolar tão bom quanto o dos colegas. Uma das maneiras de ajudarmos nossos filhos a ter uma percepção mais ampla do que é importante para eles é buscar intencionalmente as muitas formas de gratificação não relacionadas ao desempenho acadêmico, bem como valorizar as diversas experiências que a vida oferece. Alguns pais, ao visitar as faculdades com os filhos, não ficam apenas bombardeando os funcionários com perguntas sobre o processo seletivo. Perguntam também sobre diversos aspectos da vida universitária, como as oportunidades intelectuais, o espírito de comunidade, a possibilidade de fazer amigos, e conversam de modo profundo e amplo com seus filhos sobre essas coisas.

REFLEXÃO PESSOAL SINCERA

Para muitos de nós, não é fácil fazer os filhos perceberem que o desempenho é apenas um entre os muitos aspectos da vida, nem nos manter vigilantes aos muitos sinais contraditórios que enviamos a eles sobre esse assunto. Para isso talvez tenhamos de mergulhar na matéria obscura que compõe nosso eu e fazer as pazes com nossos próprios sentimentos com relação ao desempenho. Nunca passou pela cabeça de muitos pais que sua visão do desempenho dos filhos está ligada à maneira como os pais deles lidavam com essa questão, nem que forças irracionais podem levá-los a influenciar os filhos. Entre essas forças está não apenas o medo de que os filhos tenham um nível de vida inferior ao seu, ou a esperança de que realizem seus sonhos ou compensem seus fracassos. Também estão as dúvidas angustiantes sobre seu próprio valor no mundo, a crença de que as conquistas de seus filhos são uma clara demonstração pública de seu sucesso como pais, as preocupações com seu *status* social, seu sentimento de competição com relação aos outros pais e, finalmente, a ideia que lhes foi incutida na cabeça quando eram crianças de que o sucesso é a única maneira de garantir o amor – um tipo de condição que pode passar de geração a geração de diversas maneiras e com consequências trágicas. Outros pais podem não levar em conta que o desempenho é um meio de ter uma direção clara e um pouco de certeza diante de todas as imprevisibilidades e precariedades do futuro de uma criança: um bom desempenho é o bote salva-vidas no rio de ansiedades que é a vida. Como observa Alissa Quart, outros pais, ainda, simplesmente se horrorizam diante da possibilidade de seus filhos serem pessoas comuns[18]. "Meu marido acha que nosso filho é um deus e o pressiona mais e mais para que um dia ele se torne o deus do mundo", conta-me uma mãe de Chicago. No fim das contas, só resta a certos pais "lamentar" – usando as palavras de um deles – que seus filhos não seguirão os mesmos caminhos que eles seguiram e não medirão o próprio desempenho pelos critérios deles, que não ingressarão em faculdades de elite, não conseguirão bolsas em faculdades renomadas nem seguirão carreiras de grande sucesso.

Esse tipo de introspecção revela-se ainda mais difícil diante dos tantos bons motivos que temos para nos concentrar no alto desempenho de nossos filhos: queremos que eles tenham boas condições financeiras, conquistem certo reconhecimento e sejam membros produtivos da sociedade. É fácil justificarmos para nós mesmos nossas exigências por desempenho e convencermo-nos de que somos guiados por essas boas intenções, escondendo de nós mesmos os motivos irracionais.

Ao mesmo tempo, porém, em certos momentos podemos detectar em nós mesmos sentimentos fortes e perturbadores com relação ao desempenho. O sinal de alerta deve soar quando nossa autoestima despencar porque um filho saiu-se mal em uma prova importante ou foi rejeitado por uma escola particular de elite, quando as interações com nossos filhos se reduzirem a conversas sobre seu desempenho na escola e quando nos flagrarmos avaliando o grau de competitividade deles (perguntando-lhes quais alunos da classe tiram as melhores notas ou em que faculdade se inscreveram e questionando com insistência para descobrir em que faculdade ingressaram), jogando cartões didáticos de memorização sobre a mesa de jantar, dizendo que "*nós* vamos nos candidatar" a ingressar em determinada faculdade ou, ainda, bombardeando os funcionários da instituição com questões sobre o processo de

---

18 Alissa Quart, *Hothouse Kids: The Dilemma of the Gifted Child* (Nova York: Penguin Press, 2006), citado em Tsing Loh, "The Drama of the Gifted Parent", p. 116.

seleção, enquanto nossos filhos ficam parados com cara de tédio ao nosso lado. Um sinal claro de que passamos do limite é quando a criança dá sinais de estresse como resultado das pressões escolares de uma forma que comprometa sua infância. O psicólogo Wendy Mogel conclama os pais a respeitarem a regra dos vinte minutos: não gaste mais de vinte minutos por dia "pensando na educação do seu filho ou preocupando-se com ele, e ponto final"[19]. Exceto quando se tratar de um problema acadêmico ou emocional mais sério, essa é uma boa regra.

Em último lugar, para muitos pais pode ser útil parar com o excesso de diplomacia e conversar mais abertamente com os filhos sobre o tema do desempenho. Isso não significa que devamos sempre dizer a verdade aos nossos filhos. As crianças não precisam tomar conhecimento de todos os nossos desejos neuróticos de momento nem de nossos conflitos e sentimentos irracionais em relação ao sucesso. Lembremo-nos daquele pai que perguntou: "Se eu disser a meu filho que para mim é realmente importante que ele entre numa boa faculdade, isso por acaso o ajudará?" Ora, essa não é uma pergunta boba. É difícil, porém, encontrar boas justificativas para enganar nossos filhos sobre o que pensamos acerca de seu desempenho nos estudos quando já são adolescentes. Muitos pais talvez subestimem o quanto seus filhos se sentiriam aliviados (e o quanto isso seria bom para aliviar a vergonha que sentem, torná-los mais maduros e garantir seu respeito e sua confiança) se eles parassem de se esquivar e trouxessem à tona esses sentimentos, inclusive os irracionais.

Quando um pai se sentir muito triste porque seu filho não passou em nenhuma faculdade renomada, deve dizer abertamente a ele que, quando estiver mais maduro, saberá que isso não é o mais importante, que a faculdade em que ingressamos é apenas um aspecto da nossa vida e que a frustração que sente é algo que precisa

---

19 Em Emily Bazelon, "So the Torah Is a Parenting Guide?", em *New York Times Magazine*, 1º out. 2006, p. 67.

trabalhar melhor. Os pais também podem contar os aspectos positivos e negativos de como sua família lidava com o problema do desempenho. Isso não apenas ajuda o filho a entender melhor os pais e a confiar neles, como também pode auxiliá-lo a detectar formas irracionais de pressão por desempenho e sentir menos vergonha e raiva por causa dessa pressão. Pode ainda ajudá-lo a descobrir se quer ser igual a seus pais ou diferente deles.

É difícil dizer no que exatamente pode reverter essa moda da pressão por desempenho. É uma espécie de doença contagiosa que se propaga em progressão geométrica – alguns pais reforçam os sentimentos dos outros pais numa escalada sem fim. Esse é um problema coletivo, que precisa ser tratado coletivamente. A questão, em certo sentido, é de saúde pública, sobretudo se considerarmos o caráter generalizado e a seriedade dos problemas morais e emocionais que gera nas comunidades ricas. Para a jornalista Sandra Tsing Loh, os próprios estudantes universitários podem acabar se rebelando contra essa pressão: "O manifesto cultural de que essa geração precisa poderia muito bem ser um ato público em que jovens incendiassem alegremente o *ranking* de faculdades da *U.S. News & World Report* [...]."[20]

Mas não seria melhor se nós, adultos, tomássemos providências sérias antes de isso acontecer? As universidades podem ajudar defendendo com maior afinco as muitas qualidades do caráter e concedendo maior peso a elas no processo seletivo. Embora algumas universidades incluam em seu processo de seleção alguns critérios de avaliação do caráter, em uma jornada que fiz recentemente com meu filho por várias universidades verifiquei que a maioria dos profissionais responsáveis pelo processo de seleção de candidatos mal falavam sobre as qualidades morais que desejavam encontrar nos estudantes. Quando perguntei a um deles que tipo de pessoa estava procurando, respondeu, simplesmente: "Pessoas que espalhem o nome desta universidade mundo afora." Em outra uni-

---

20 Tsing Loh, "The Drama of the Gifted Parent", p. 118.

versidade, a pessoa me disse: "Pessoas que venham a ter muita influência em seu campo de atuação." Um número bem grande de universidades adotou a perigosa postura de satisfazer as vontades e necessidades neuróticas dos pais.

Isso significa que nós, pais, também temos um importante papel a cumprir. Conseguimos, com imenso sucesso, que nossos filhos aderissem à ideia da ética do desempenho. Esse é um incrível tributo a nosso poder como pais. Mas será que é dessa maneira, em particular, que queremos usar esse poder? Se é para levar a sério tanto a felicidade quanto a moral de nossos filhos (e praticamente todos os pais dizem valorizar essas coisas acima de todas as outras), então temos de admitir que contraímos uma espécie de febre. Nesse caso, podemos esperar que os jovens ponham um fim a essa epidemia, ou então podemos tentar nos curar.

4

QUANDO A APROXIMAÇÃO COM OS FILHOS É UM TIRO PELA CULATRA

VIVEMOS HOJE um momento da história dos Estados Unidos em que os pais estão envolvidos em um enorme experimento social. Estamos buscando um novo tipo de intimidade com nossos filhos. Milhares de pais procuram, ao contrário do que fizeram os pais deles, envolver-se muito mais na vida cotidiana dos filhos, sintonizar-se com seus problemas e compartilhar com eles as próprias esperanças e vulnerabilidades.

Como a quantidade de mães que trabalham fora é cada vez maior, o número de pais que ajudam a tomar conta dos filhos também é maior. Em 2002, 26 por cento dos maridos de mulheres que trabalhavam fora tomavam conta de pelo menos uma criança de menos de 15 anos enquanto a esposa estava no trabalho e 9 por cento dos maridos eram os principais responsáveis por cuidar dos filhos[1]. Por terem consciência de como se sufocavam os problemas em sua família, tanto os pais quanto as mães estão buscando formas inéditas de honestidade e abertura no relacionamento com seus filhos (inclusive quanto ao sexo e às drogas). Aparentemente,

---

1   Julia Overturf Johnson, "Who's Minding the Kids? Child Care Arrangements: Winter 2002", em *Household Economic Studies, Current Population Reports*, U.S. Census Bureau (out. 2005), p. 19.

os pais de hoje buscam, mais que em qualquer outra época, a companhia dos filhos – lembremo-nos de que os pais de classe média despendem mais tempo para ficar com os filhos hoje do que em qualquer outra época da história. Hoje, há pais que, ao contrário daqueles das gerações passadas, vangloriam-se da intimidade que têm com os filhos. Alguns até se gabam de que eles são seus "melhores amigos".

É verdade que há fortes tendências movendo-se exatamente na direção oposta. Quantidades absurdas de pais abandonam a esposa e somem da vida dos filhos. Pesquisas indicam que, depois de muitos anos, cerca de um terço das crianças nascidas fora do matrimônio ou cujos pais se divorciam perde contato com o pai[2]. Depois de muitos anos, apenas cerca de um quarto delas ainda vê os pais uma vez por semana ou mais. Além disso, ao longo dos últimos trinta anos, à medida que as mulheres foram entrando aos batalhões no mercado de trabalho, muitas crianças passaram a conviver menos com as mães. Mesmo diante dessas tendências, porém, está claro que muitos pais tentam adaptar-se a uma era diferente e buscam descobrir uma nova forma de convívio com os filhos, que é muito promissora para o desenvolvimento deles.

Por mais promissoras que sejam, porém, essas novas formas de aproximação entre pais e filhos também trouxeram quase todo tipo de riscos para o desenvolvimento da criança. O que mais preocupa é que muitos de nós, ao contarmos com os filhos para suprir certas necessidades emocionais básicas, estamos privando-os inadvertidamente de certas experiências essenciais para o seu crescimento moral. Para amadurecer, ter respeito pelos outros e ideais, a criança precisa, em determinados estágios de seu desenvolvimento, idealizar os pais (essa é uma das principais maneiras pelas quais

---

2   Judith A. Seltzer, "Child Support and Child Access: Experiences of Divorced and Nonmarital Families", em *Child Support: The Next Frontier*, J. Thomas Oldman e Marygold S. Melli (Orgs.) (Ann Arbor: University of Michigan Press, 2000), p. 73.

ela internaliza as qualidades morais deles) e, em outros estágios, deve afastar-se deles. Mas muitos de nós, sem querer, tornamos mais difícil para nossos filhos, de diferentes maneiras, o esforço de se apoiarem em nós e, *ao mesmo tempo*, se afastarem de nós. Lutamos bravamente para nos "desvencilhar" de nossos filhos. Muitos de nós impedimos que eles nos idealizem, em parte porque os idealizamos.

O problema, no entanto, não é tentar voltar atrás no tempo, a uma época em que nem sequer passava pela cabeça dos pais buscar uma aproximação maior com os filhos. O fato é que entramos nesse grande experimento sem um mapa e sem um caminho claro em mente. Precisamos saber que tipos de intimidade são benéficos ou maléficos para as crianças. Por que muitos de nós temos dificuldade para nos desvencilhar dos filhos e como podemos administrar essa dificuldade? Como podemos nos envolver mais na vida de nossos filhos, passando mais horas de tranquilidade e diversão com eles, e, *ao mesmo tempo*, promover seu crescimento moral e emocional?

O PROBLEMA

Ned Waters, um homem de 45 anos, belo, bem-disposto e um tanto reservado, cresceu com três irmãos nas proximidades de Hartford, Connecticut, no seio de uma família que descreve como "altamente competitiva" e "nada sentimental". Embora tenha conseguido manter-se bastante próximo de um dos irmãos ao longo dos anos, seu relacionamento com os outros dois é frágil e tenso, em parte porque a mãe sempre os jogou uns contra os outros. Quanto aos pais, ele os vê uma vez por mês, mesmo assim, quando está irritado, costuma atacá-los verbalmente, o que o faz sentir-se culpado. Outras vezes, fica exaurido de tanto conter a raiva que sente deles. Nos últimos dez anos, sua relação com a esposa foi de muita intimidade, mas também de turbulência. Para Ned, ela dedica quase todo o seu tempo a cuidar dos filhos e da mãe, que sofre de uma doença crônica, e ele acaba tendo de lutar por um mínimo de atenção.

Já seu relacionamento com Jim, o filho primogênito, era surpreendentemente bom. "Meu pai não me conhecia realmente. Por isso, eu queria ter uma relação de muito mais proximidade com meu filho, e por muito tempo parecia que nossa relação era perfeita. Adorávamos fazer coisas juntos. Acho que nunca ninguém teve tanta afeição por mim."

Porém, quando Jim atingiu a adolescência, tudo começou a mudar. "À noite líamos juntos ou ele se sentava no meu colo para assistir à televisão. Hoje, chego em casa e ele está sempre conversando com alguém no computador ou jogando *videogame* com os amigos, e simplesmente me ignora. É como se eu fosse invisível para ele. Uma vez tive de viajar a trabalho por duas semanas e mal recebi um abraço quando voltei. Ultimamente, em certas ocasiões, nem tenho vontade de vê-lo. Costumo passar um tempo com meu filho de 10 anos, Jack, mas no fundo sempre penso que, quando ele chegar à adolescência, também vai me dispensar. Como isso pode ter acontecido? Ninguém nunca me disse nada sobre isso. É uma coisa muito triste, e eu achava que estava fazendo tudo direito!"

Ao longo da última década, foi grande o estardalhaço em torno do problema dos pais que, por serem escravos da aprovação de seus filhos, tratam-nos com permissividade e condescendência. Os próprios pais, nas entrevistas que fazemos, reclamam muito dessa tendência: "No bairro onde moro, ser pai é ser mole", desabafa um deles. "Os pais estão sempre preocupados em saber se seus filhos gostam deles." Isso é mesmo bastante preocupante. Quando dependem demais da afeição e aprovação dos filhos, os pais podem perder a firmeza. Nesse caso, sua tendência é satisfazer todas as necessidades deles, e tremem diante de qualquer demonstração de raiva por parte da criança ou do jovem. Quando isto acontece, os padrões morais elevados e a disciplina vão por água abaixo. Para piorar, essa dependência em relação aos filhos pode estar comprometendo o desenvolvimento moral das crianças de maneiras sutis, mas muito mais profundas e danosas.

Muitos pais investem bastante no relacionamento com os filhos e criam uma profunda harmonia, um verdadeiro vínculo simbiótico com eles durante os primeiros anos de vida e ao longo da infância. A pré-adolescência, período em que os filhos têm entre 7 e 12 anos de idade, é uma fase em que eles são uma companhia fácil, divertida e adorável, como era para Ned.

Muitas vezes essas relações de proximidade são maravilhosas tanto para os filhos quanto para os pais. Alguns pais, como Ned, que tiveram um relacionamento problemático com os próprios pais e irmãos, podem encontrar nessa intimidade exatamente aquilo que sempre desejaram: outro ser humano que lhes conceda atenção integral, que os cubra de afeição e ignore ou perdoe facilmente suas falhas. De fato, é difícil exagerar a profunda sensação de plenitude (a sensação de que o mundo por fim entrou nos eixos) que alguns pais sentem quando recebem esse amor acrítico e inequívoco pela primeira vez. Não é de surpreender que muitos acabem idealizando os filhos e seu relacionamento com eles (uma idealização que pode tornar-se crucial para sua sensação de segurança e plenitude).

Para a criança, porém, essa idealização pode ter consequências bem diferentes, prejudicando seu desenvolvimento em direção à independência e a uma estruturação moral saudável. Os adolescentes adquirem personalidade própria[3] e certas qualidades morais essenciais em parte observando como os pais os veem e como eles mesmos se veem e comparando com a maneira como são vistos por outros adolescentes e adultos. O mundo se transforma em uma espécie de laboratório, como observa Erik Erikson, em que a criança se classifica e reclassifica repetidas vezes. Uma adolescente

---

3 Sobre o desenvolvimento da identidade na adolescência, ver Erik H. Erikson, *Identity, Youth, and Crisis* (Nova York: Norton, 1968). Ver, sobretudo, p. 87.

pode, por exemplo, transitar por diversas turmas de amigas ou afeiçoar-se a diferentes mentores observando com atenção quais relacionamentos trazem à tona seu "verdadeiro" eu. Ao longo do tempo, o adolescente saudável consegue definir a si mesmo ou perceber seu próprio eu de uma maneira que consolide tanto os papéis antigos quanto os novos, que integre as expectativas morais dos pais e expresse, de algum modo, a percepção de quem são em sua essência. (Contrariamente à crença popular, a identidade não se torna imutável desse momento em diante. Há, porém, mais organização e maior percepção de unidade no eu adulto. Embora também possam ter múltiplas autoimagens, sentir que são pessoas diferentes, de acordo com a situação, e experimentar transformações de identidade, os adultos desenvolvem um tipo de narrativa, uma história sobre si mesmos que organiza essas diferentes noções de eu[4].)

É essa percepção do eu coesa e bem definida que está no cerne da moral no adulto. Graças a ela, os jovens, ao atingirem a idade adulta, são capazes de reconhecer os outros como indivíduos independentes e distintos; de estabelecer relacionamentos maduros e recíprocos com outros adultos, inclusive seus pais; de se doarem aos outros de verdade e de assumir responsabilidades para com outras pessoas ao longo do tempo.

Separações problemáticas, em compensação, podem prejudicar de muitas maneiras o desenvolvimento moral. Algumas crianças, por se sentirem sobrecarregadas pelas necessidades dos pais, procuram desvincular-se deles e passam a depender demasiadamente dos padrões e das expectativas dos colegas. Algumas debatem-se com sentimentos de obrigação em relação aos pais que parecem estranhos e impositivos. Outras se fecham, inibindo sua capacidade para estabelecer relacionamentos saudáveis e afetuosos. Como terapeuta, lembro-me de ter conhecido uma garota de 14 anos que

---

4   Susan Harter et al., "The Development of Multiple Role-Related Selves during Adolescence", em *Development and Psychopathology* (9 dez. 1997), p. 850.

era tão fortemente ligada aos pais que ainda tinha dificuldades para se relacionar com as colegas. Ela esperava que as outras crianças se sintonizassem rápido com suas necessidades, como faziam os pais, e sentia-se desconfortável diante das provocações costumeiras dos outros adolescentes (seus pais desaprovavam essas brincadeiras). A menina então foi ficando cada vez mais impopular e tornou-se o maior alvo das piadas das colegas. Sua reação foi assumir uma postura muito moralista e arrogante (ou seja, adulta), o que apenas a distanciava ainda mais das colegas.

Para que as crianças se afastem dos pais de maneira saudável, portanto, estes também têm de se afastar delas. Nosso desafio consiste em renunciar à gratificação e ao poder de influenciar a maneira como a criança se vê, bem como à satisfação narcísica de ser o centro do mundo dela. Embora devamos manter altas nossas expectativas morais, também temos de nos relegar a um papel de coadjuvantes na consciência da criança (mesmo que com isso nos sintamos desprezados ou invisíveis para ela) e, ao mesmo tempo, deixar que os colegas e outros adultos exerçam influência no processo de autodefinição dela e que se tornem o foco de sua vida. O mais difícil é abrir mão dessa influência, mesmo quando nossos filhos parecem estar se transformando em estranhos para nós ou ficando diferentes daquilo que esperávamos. Além disso, conforme observa a psicóloga e pesquisadora Donna Wick, os pais muitas vezes sentem ter dado "o melhor de si" (sua generosidade, seu amor e sua flexibilidade) em seu relacionamento com os filhos e precisam renunciar penosamente a essa autoimagem gratificante à medida que eles se tornam adolescentes[5].

Mesmo para os pais mais lúcidos e nas melhores circunstâncias possíveis, essa separação dos adolescentes não costuma ser simples. Muitos pais, ao lidarem com essa situação, podem sentir-se enxotados do Nirvana ou como bebês expelidos do útero. Os psicólogos já falam da luta dos pais para enfrentar o distanciamento

---

5 Contato pessoal com Donna Wick, 2006.

de seus filhos adolescentes. Um psiquiatra de Boston afirma, em tom um tanto jocoso, que os pais hoje sofrem do "distúrbio do desvencilhar-se". Muitas vezes, eles sentem uma mistura de rejeição, desprezo e inadequação. Alguns pais, como Ned, acham-se despreparados: "Ninguém nunca me disse nada sobre isso!" Uma de nossas entrevistadas, uma mãe de 50 anos muito reflexiva, disse-me o seguinte: "Eu e meu marido somos muito unidos. Mas a união entre mim e minha filha era ainda maior. Nunca tive um relacionamento mais fácil e menos ambivalente, até que ela fez 13 anos e de repente virou as costas para mim. Foi simplesmente terrível. Foi uma perda enorme, e eu não fui capaz de antevê-la. Foi a experiência mais dolorosa que já tive."

Na maioria dos casos, esses sentimentos em torno da separação são temporários, controláveis e inofensivos aos filhos. Porém, a história pode ser diferente quando a criança é idealizada, ou tornou-se uma "grande amiga", ou quando pais como Ned usam esse relacionamento para preencher lacunas de outros relacionamentos importantes em sua vida ou curar velhas feridas de infância.

Nessas circunstâncias, é muito maior a probabilidade de os pais se retraírem, se ressentirem e se desiludirem ("Eu estava fazendo tudo direito", protestou Ned). Alguns pais, mergulhados em um mar de raiva e mágoa, perdem a capacidade de se pôr no lugar dos filhos e perceber que eles mudaram. Um pai descreveu a experiência da seguinte forma: "Quando meu filho começou a separar-se de mim, fechei-me tanto em mim mesmo que foi como se um muro nos separasse e eu não conseguisse vê-lo do outro lado." Para evitar que a situação se agrave ainda mais, esses pais magoados podem reduzir suas expectativas morais. "Quando meu filho começou a se distanciar de mim, passei a pensar duas vezes antes de brigar com ele, pois não queria prejudicar ainda mais nosso relacionamento", contou-me uma mãe. "Eu ficava fula da vida por ele não tratar melhor meus amigos, mas relutava em exigir isso dele. Olhando em retrospectiva, acho que eu deveria ter feito isso." Outros pais magoados reagem com excessiva intensidade às provocações e irritações diárias, aos milhões de alfinetadas que um adolescente é capaz de infligir. Pais desse tipo se enraivecem com facilidade ou, como Ned, retraem-se com facilidade. Em ambos os casos, a criança vê-se privada de um porto seguro e do acesso aos ensinamentos morais dos pais. Conversei com pais que, como Ned, lidam com sentimentos particularmente delicados que podem atrapalhar a separação. Eles tentaram estabelecer com os filhos uma relação de maior proximidade do que aquela que tiveram com seus pais e acham que fracassaram nesse projeto de vida quando os filhos chegam à adolescência. Às vezes também lhes falta o próprio referencial do desvencilhamento (cujo modelo seriam seus próprios pais).

Outros pais, ainda, criam obstáculos à independência dos filhos ao monitorarem e controlarem com rigidez cada minuto de seu tempo livre. Esses são os abomináveis pais "abelhudos", sempre xeretando e se intrometendo na vida dos filhos para evitar contrariedades. Alguns pais fazem de tudo para evitar essa separação. Uma nova iniciativa, o Projeto Mãe-Filha[6], convida as mães a participarem de oficinas com as filhas a partir dos 7 anos para antecipar futuras tensões no relacionamento entre as duas e evitar atos de rebeldia da filha.

Esse tipo de resistência dos pais também pode acontecer em fases em que a criança se torna mais independente, anteriores à adolescência. Isso também compromete a separação, vital ao crescimento moral. A pesquisadora e psicóloga Wick conta a história de uma mãe que não aguenta ficar longe de seu bebê[7]. Ela diz que tem ciúmes das babás e que "odeia", mas ao mesmo tempo "adora", quando o bebê "chora desesperadamente" quando ela não está junto

---

6 Ver SuEllen Hamkins e Renée Schultz, *The Mother-Daughter Project: How Mothers and Daughters Can Band Together, Beat the Odds, and Thrive through Adolescence* (Nova York: Hudson Street Press, 2007).
7 Donna Wick, "Reflective-Functioning and Self-Awareness: A Longitudinal Study of Attachment and Caregiving Representations in Three Mothers" (tese de doutorado, Departamento de Pós-graduação em Educação, Universidade de Harvard, 2004), ver, sobretudo, pp. 77, 99 e 106.

dele, pois isso é sinal de que ele é muito dependente dela. Quando os filhos entram na pré-escola, alguns pais começam a lutar contra sua independência. Por isso o acampamento de verão já não é mais como era antes: esses pais não apenas mantêm contato constante com os filhos por *e-mail*, como chegam a dar-lhes *webcams* para poder acompanhar suas atividades[8]. Além disso, espiam o celular dos filhos (violando assim as regras dos escoteiros) e incomodam constantemente os funcionários do acampamento em busca de informações sobre eles[9].

Hoje em dia, porém, os problemas em torno da independência dos filhos não terminam na adolescência. Muito se tem falado atualmente sobre o número de estudantes universitários e jovens em geral que permanecem excessivamente dependentes dos pais.

Dos universitários formados em 2007, quase 50 por cento afirmaram que pretendiam morar com os pais pelo menos por certo tempo depois de formados[10]. Já 80 por cento dos jovens com idade entre 18 e 25 anos afirmaram ter conversado com os pais no dia anterior a essa solução[11]. Isso representa uma incrível transformação na experiência da juventude. Não pretendo apenas juntar-me aos especialistas da moda que adoram criticar em público os jovens superprotegidos. Muitos deles continuam morando com os pais depois de formados simplesmente porque não conseguem se sustentar por conta própria, devido ao contexto econômico atual. Outros passam por uma fase em que se sentem confusos e indecisos, motivo pelo qual podem beneficiar-se muito do apoio dos

---

8   Judith Warner, "Loosen the Apron Strings", em *New York Times*, 20 jul. 2006.
9   Ver Tina Kelley, "Dear Parents: Please Relax, It's Just Camp", em *New York Times*, 26 jul. 2008.
10 Pesquisa da Monster sobre o mercado de trabalho.
11 Ann Hulbert, "Beyond the Pleasure Principle", em *New York Times Magazine*, 11 mar. 2007, p. 15. Citando Pew Research Center for the People & the Press, *A Portrait of "Next Generation": How Young People View Their Lives, Futures and Politics* (Washington, DC: Pew Research Center for the People & the Press, 9 jan. 2007).

pais. É errado também ver como patológico o desejo dos jovens de se manterem fortemente ligados aos pais enquanto cursam a faculdade. Em muitos países, que não os Estados Unidos, não é tão comum os jovens saírem de casa quando entram na universidade, e a maioria deles é perfeitamente capaz de manter um relacionamento forte e profundo com os pais e, ao mesmo tempo, conservar certo afastamento.

Em alguns casos, no entanto, os jovens não conseguem separar-se dos pais porque estes os infantilizaram desde novos e são incapazes de fazer as coisas por conta própria. Um estudo realizado pelo psicólogo Jerome Kagan revela como uma criação sufocante e angustiada, nos primeiros anos de vida, pode tornar a criança frágil, depressiva e facilmente influenciável[12]. Alguns professores universitários hoje temem que os estudantes, com o auxílio da tecnologia, estejam por demais envolvidos com os pais de muitas maneiras[13] – os quais são tanto causa quanto reflexo dessa profunda dependência – e que a única coisa que os pais não façam com os filhos, antes de estes irem para a faculdade, é implantar um grampo neles. "Meu filho nunca telefona!", queixou-se para mim um dos pais entrevistados. "Só converso com ele a cada dois dias." Alguns pais tentam imiscuir-se em quase todos os aspectos da vida universitária dos filhos. Numa visita que fiz a uma universidade recentemente com meu filho, ouvi um pai perguntar quantos boxes havia no banheiro. Outro perguntou se existia um cronograma para uso dos chuveiros e um terceiro questionou: "As máquinas de lavar roupa funcionam com moedas ou com cartão?" "Queria que meus pais tivessem outro *hobby* que não fosse eu", um jovem comentou certa vez com o psicólogo David Anderegg[14]. Os diretores e orientadores pedagógicos das faculdades até já inventaram nomes para os estu-

---

12 Em Hara E. Marano, "A Nation of Wimps", em *Psychology Today*, nov./dez. 2004, p. 7.
13 Ver, por exemplo, Bridget Booher, "Helicopter Parents", em *Duke Magazine*, jan./fev. 2007, p. 26.
14 Citado em Marano, "A Nation of Wimps", p. 5.

dantes dependentes e frágeis que se desestruturam quando longe de casa: "crianças de porcelana" e filhos "sucrilhos"[15].

No que se refere à criação dos filhos, existem diversas posturas e diretrizes (conforme exporei adiante neste capítulo) que podem ajudar os pais a estabelecer fronteiras saudáveis em seu relacionamento com os filhos. Gostaria de ressaltar apenas algumas delas. Embora seja importante estabelecer momentos que nos permitam manter contato constante e proveitoso com nossos filhos (pesquisas enfatizam o valor dos jantares em família, por exemplo[16]), fora desses momentos é crucial dar-lhes a oportunidade de decidir quando e com que frequência desejam nossa companhia. "Um conselho que dou a mim mesma e que considero muito útil é simplesmente seguir as pistas que meu filho dá", comenta uma mãe e educadora de pais de Cleveland. "Há períodos em que nosso filho nos telefona da faculdade com frequência e outros em que ele quase nunca telefona. Isso reflete, em grande parte, as necessidades dele. Esse é o seu jeito de buscar a independência. Se eu for capaz de confiar nele e entendê-lo, acho que conseguirá atingir a independência de modo saudável."

Também podemos perguntar com regularidade a nós mesmos se não estamos, de maneira inadvertida, deixando nossos filhos mais dependentes. A mãe que reconheceu que se sente ameaçada pela intimidade da babá com seu filho recém-nascido demonstra ter bastante autocrítica. À medida que nossos filhos se separam de nós, também devemos pôr na cabeça que esse desejo de separação é sinal de um relacionamento forte e pouco conflituoso entre nós e eles (e não de um relacionamento angustiante e problemático), que aquilo que para nós é uma perda de proximidade pode não ser as-

15 Emily Bazelon, "So the Torah Is a Parenting Guide?", em *New York Times Magazine*, 1º out. 2006, p. 64, citando a psicóloga clínica Wendy Mogel.
16 Suniya Luthar e Shawn J. Latendresse, "Children of the Affluent: Challenges to Well-Being", em *Current Directions in Psychological Science* 14, n. 1 (2005), p. 3.

sim por eles e que os jovens talvez vejam a intimidade de maneira diferente da nossa. Já vi pais falarem com satisfação que com frequência conversam com os filhos ou lamentarem o fato de conversarem pouco com eles. Ora, essa frequência, conforme atesta a mãe citada do bebê, na verdade não serve para medir o grau de proximidade entre pais e filhos, pois o contato de caráter esporádico pode, tanto quanto o contato frequente, ser sinal de uma relação de proximidade e segurança.

A IMPORTÂNCIA DA IDEALIZAÇÃO

Há uns dois anos, eu estava a bordo de um avião rumo a Chicago e comecei a conversar com um homem mais ou menos da minha idade sentado ao meu lado. Em certo momento, começamos a falar de nossos filhos. Ele então, com muita alegria e carinho, confessou o quanto valorizava a relação de proximidade que tinha com seu filho de 17 anos. A partir daí, ambos falamos sobre como esse relacionamento marcado pela proximidade era diferente daquele que tínhamos com nossos pais.

Depois disso, no entanto, ele me disse algo chocante. De repente, percebi que na verdade não falávamos do mesmo tipo de proximidade: "Eu simplesmente adoro sair com meu filho e os amigos dele. De verdade. É como se fôssemos todos iguais, como se não houvesse diferença nenhuma entre mim e eles. Nós nos divertimos muito juntos."

Quando nós, pais, tornamo-nos excessivamente dependentes de nossos filhos para conquistar intimidade, isso pode prejudicar outro processo essencial para o desenvolvimento moral: a idealização. É natural, para a maioria das crianças, idealizar os pais ao longo da infância e, por vezes, até durante a adolescência (elas veem os pais como pessoas calmas, infalíveis e onipotentes). Essa idealização é uma importante forma de desenvolvimento da maturidade e de interiorização de valores e ideais. Como observou o lendário psicanalista Heinz Kohut, o eu se desenvolve não apenas espelhando-se nos adultos, mas também internalizando as expectativas, os valores e os ideais de confiança deles, temporariamente endeusados[17].

Pais que idealizam os filhos ou querem desempenhar o papel de amigos deles podem distorcer de muitas formas o processo de idealização. Para a criança, é sem dúvida muito mais difícil idealizar-nos quando a tratamos como "igual", como faz o pai mencionado, ou quando deixamos de representar nosso papel de autoridade diante dela. Isso porque, nesse caso, ela não tem incentivo para tornar-se como nós (pois a mensagem que estamos passando é que ela já é como nós), e o mundo pode ser simplesmente aterrorizante para uma criança que não nos considera mais sábios ou dotados de mais autoridade, em termos morais, do que ela.

A criança também não nos idealiza naturalmente quando sente, com frequência, que precisa tomar conta de nós ou lidar com nossas vulnerabilidades. Ora, é enorme, na época atual, a quantidade de crianças tratadas pelos pais como irmãs ou companheiras. Pede-se que ajudem a cuidar dos irmãos ou até mesmo, de certo modo, dos pais. Isso ocorre nos mais variados tipos de ambientes domésticos – seja nos lares pobres, onde muitas vezes mães solteiras ou separadas são submetidas a alto grau de estresse, seja em lares ricos, onde os pais são emocionalmente frágeis.

Outro grupo de pais que as crianças podem sentir dificuldades para idealizar é o daqueles que estão sempre xeretando e controlando a vida dos filhos. É difícil para a criança respeitar pais que estão sempre servindo a ela e, ao mesmo tempo, mostram tão pouca confiança nela. Além disso, a criança precisa nos interiorizar,

---

17 Heinz Kohut, *The Restoration of the Self* (Nova York: International Universities Press, 1977). Para um resumo útil, ver P. J. Watson, Tracy Little e Michael D. Biderman, "Narcissism and Parenting Styles", em *Journal of Psychoanalytic Psychology* 9, n. 2 (1992), p. 232.

absorver as habilidades e qualidades morais que admira em nós. Ora, pais controladores dão poucas oportunidades ou razões para que ela faça isso. A criança precisa experimentar aquilo que Kohut chama de "nível de frustração ideal"[18] (precisa passar por momentos em que não atendamos a suas necessidades) para que, assim, tenha tanto as oportunidades quanto os estímulos para aprender a viver com independência e adotar as características que admira em nós.

O DILEMA DA PROXIMIDADE

"Criar os filhos é uma tarefa muito mais indefinida para mim do que foi para os meus pais", conta-me Sylvia, uma mãe de São Francisco. "Para eles estava muito claro que eles eram os pais e que seu papel não era o de dialogar, mas sim o de ensinar-me certas coisas. Eu, porém, quero estar muito mais próxima de minha filha, quero saber o que acontece na vida dela e que se sinta à vontade para me dizer o que está pensando e sentindo. Mas também sei que sou o adulto da relação e devo esperar ser tratada como tal. Quero que Debbie me diga quando a irrito. Por outro lado, quando ela me diz: 'Mamãe, você está agindo como uma idiota', penso comigo mesma: 'Eu jamais falaria assim com meus pais.' Descobrir como lidar com tudo isso é a coisa mais difícil que já fiz na vida."

Embora alguns pais não tenham consciência de como a proximidade com os filhos pode prejudicá-los, muitos de nós tentamos conscientemente combater dilemas bem reais (que têm sérias implicações no desenvolvimento moral de nossos filhos), derivados dessa relação de proximidade. Por exemplo, alguns pais, como Sylvia, titubeiam de maneira desproposital entre o papel de autoridade e o de amigo. Querem que seus filhos fiquem à vontade do

---

18 Kohut, *The Restoration of the Self*, conforme resumido em Watson, Little e Biderman, "Narcissism and Parenting Styles", p. 232.

lado deles e se sintam no direito de criticá-los, por exemplo, ou então desejam que seus filhos adolescentes façam com eles o mesmo tipo de brincadeiras e gozações que fazem com os amigos da mesma idade. Porém, quando recebem essas críticas ou se veem incluídos nessas brincadeiras, às vezes acham que os filhos passaram dos limites (os quais muitas vezes parecem aleatórios e misteriosos para as crianças e os jovens) e desafiaram sua autoridade. Eu mesmo já passei por essa experiência. Quantas vezes não me juntei aos meus filhos para criticar um comentário idiota de um professor e, no minuto seguinte, ressaltei o quanto era importante eles respeitarem seus professores – um tipo de inversão que pode parecer-lhes confusa e hipócrita, o que inclusive eles não hesitam em me dizer.

Outros pais que mantêm uma relação de proximidade com seus filhos simplesmente se sentem perdidos diante de complexos dilemas morais que não sabem como solucionar, muitas vezes envolvendo questões de sigilo. Por exemplo, Owen, de 13 anos, disse à mãe que iria contar-lhe um segredo. O menino confessa-se preocupado com seu amigo John, que se droga todo dia depois da aula. No entanto, diz à mãe que, se ela contar alguma coisa aos pais ou ao professor de John, ele, Owen, virará um pária na escola. Como está no papel de confidente, a mãe do menino tem de pensar muito antes de ligar para os pais de John. Ela precisa descobrir uma maneira de ajudar John e, ao mesmo tempo, evitar que Owen seja excluído pelos colegas. Outro exemplo é o de Shira, cuja relação com os pais também é próxima. Uma das amigas de Shira lhe revela, em segredo, que está deprimida e não vai mais falar com os pais. Os pais de Shira têm então que descobrir se, e como, devem intervir. Outra jovem, Maria, confessa ao pai que mentiu a ele sobre onde estava certo sábado à noite (não queria que o pai soubesse que estava numa festa onde se serviam bebidas alcoólicas) e ele não consegue decidir se deve puni-la ou aplaudir sua honestidade. O pai orgulha-se de ser próximo da filha e sempre diz a ela que valoriza, acima de tudo, a honestidade no relacionamento com as pessoas.

A proximidade dos pais com os filhos pode ameaçar de duas outras maneiras o desenvolvimento moral deles. Outra mãe com quem conversamos diz-se perfeitamente consciente de que, "por compreender seu filho e saber por que ele faz o que faz", ela às vezes perdoa comportamentos que deveriam ser punidos. Certos pais, por outro lado, deixam-se enfeitiçar pela intimidade que têm com os filhos e podem superestimar o quanto os conhecem e o quanto podem confiar no julgamento deles. Isso os faz ignorar os riscos ao desenvolvimento que mencionei. Eles não exigem que os filhos lhes digam onde estão, deixam que voltem para casa muito tarde e nada fazem para protegê-los dos amigos que possam colocá-los em situações de risco. Os pais se equivocam, por exemplo, quando dizem que deixam os filhos sozinhos em casa no final de semana para, como disse um deles à jornalista Melissa Ludtke, "mostrar-lhes o quanto confiamos neles"[19].

UMA INTIMIDADE SAUDÁVEL COM OS FILHOS

Não há soluções fáceis para esses desafios e quebra-cabeças que envolvem a criação dos filhos. Mesmo nas melhores circunstâncias, muitos de nós, pais, tentamos assumir tarefas que às vezes parecem contraditórias. Procuramos transmitir a ideia de responsabilidade para com o próximo e ainda assim desempenhar o papel de confidentes; ser vulneráveis e honestos em relação a nossas falhas e mesmo assim idealizáveis; respeitar o julgamento e a liberdade de nossos filhos e ao mesmo tempo saber quando afirmar nossa autoridade e exigir obediência; e, finalmente, manter uma relação de ternura e proximidade com nossos filhos (preenchendo assim necessidades que são importantes para nós), mas que seja flexível, suporte a separação e os lance em direção ao mundo lá fora.

---

19 Melissa Ludtke, "Through the Eyes of Children", em *Time*, 8 ago. 1988, p. 57.

Embora não haja nenhuma fórmula ou receita para sermos pais desse tipo, existem algumas referências que podem ser usadas.

Podemos, para começo de conversa, livrar-nos dos estereótipos que fazem parecer que as duas únicas possibilidades para os pais são aproximar-se muito dos filhos ou manter a atitude tradicional de imposição de autoridade. Muito mais útil é conversarmos uns com os outros para descobrir, de acordo com a situação, quando devemos compartilhar o ponto de vista da criança e quando devemos exigir-lhe obediência, quando devemos dizer a ela que não podemos guardar um segredo, quando e como devemos revelar nossas falhas, quando e como devemos agir com intimidade, quando e como devemos impor nossa autoridade. Se compreendemos quando e como devemos impor autoridade, isso nos ajuda a entender, por exemplo, como as crianças e os jovens veem seu relacionamento conosco em certas situações. Quando a filha chama Sylvia de "idiota", é importante que ela não avalie a atitude em função daquilo que significaria no contexto de sua relação (a de Sylvia) com a mãe, mas sim que compreenda o significado específico desse comentário em função da história de seu relacionamento com a filha. Nesse contexto, o comentário é uma forma de intimidade ou um ato de desrespeito? Já para decidir se telefonamos para os pais do amigo de nosso filho que se droga todo dia depois da aula, precisamos colher mais informações e pesar muitos fatores. Se trairmos a confiança de nosso filho, o que isso significará para ele? Será que a traição o levará a se afastar completamente de nós, eliminando qualquer chance de que ele nos conte quando alguém estiver correndo um risco ainda maior? O pai ou a mãe para quem pensamos em telefonar provavelmente reagirão de forma construtiva ou destrutiva? Embora seja necessário fazer alguma coisa, não seria melhor ligar para um orientador pedagógico ou entrar em contato com outro adulto em melhor posição para abordar a família do menino? Será que o orientador pedagógico protegerá o sigilo do informante (nosso filho)?

O que talvez seja mais importante compreendermos, no entanto, é que vivenciamos experiências pedagógicas decisivas junto com nossos filhos e precisamos construir um conhecimento acerca de como enfrentar esses desafios e cumprir essas tarefas. Embora os psicólogos tenham estudado detidamente os mecanismos através dos quais a criança idealiza e "desidealiza" os pais, é pequena a bibliografia sobre as formas como os pais idealizam os filhos ou sobre como lidar com a perda dessa idealização, um tipo bem específico de desilusão. Enquanto nos preocupamos muito em saber se os filhos se distanciam dos pais de forma construtiva, é raro pensarmos se os pais se distanciam dos filhos de maneira positiva, tampouco pensamos em como orientá-los nesse processo de separação.

Além da necessidade de mais estudos nessa área, é particularmente importante reconhecermos que não estamos apenas desempenhando papéis de modo automático nem funcionando como meros modelos de conduta. Sofremos perdas que tendem a fazer ressurgir desejos reprimidos e mágoas de todo tipo. É importante também percebermos que sair de férias sem nossos filhos ou mandá-los ao acampamento de verão pode ser muito importante não apenas para que eles conquistem sua independência, mas também para conquistarmos a nossa, pois temos de nos esforçar para dominar as angústias e vulnerabilidades geradas por essas separações. Também pode ser útil nos concentrarmos especificamente em nossa relação com nossos pais, para descobrir se não estamos buscando em nossos filhos algum tipo de apoio emocional que nossos pais não nos deram e quais padrões podemos estar repetindo, sem perceber, com eles. Há pouco tempo conversei com uma mãe chamada Pam. Refletir sobre o relacionamento que tinha com os pais e compreendê-lo melhor ajudou-a a separar-se com mais facilidade de sua filha de 5 anos. Pam tinha raiva da filha porque ela era muito "faceira". Porém, como ela mesma disse: "Minha raiva era, de certo modo, maior que o problema de comportamento de minha filha. Eu ficava enlouquecida com a insolência com que ela às vezes me tratava. Mas então descobri do que eu tinha raiva [...]. Eu sentia muita tristeza e raiva por minha filha estar crescendo e se tornando mais independente e autossuficiente (no bom sentido) na vida do que eu jamais fora [...]. Minha mãe não lidava bem com minha independência. Vi então que a independência de minha filha, de forma irônica, poderia ser resultado do fato de eu ser melhor mãe do que foi a minha. Quando me dei conta disso, passei a ter muito mais compaixão por minha filha e a sentir-me mais confiante como mãe." Também é interessante repararmos se o relacionamento de proximidade com nossos filhos não está enfraquecendo ou desgastando nossos laços com adultos que estimamos e poderiam nos ajudar a desempenhar melhor a função de pais. Uma ampla pesquisa realizada nos Estados Unidos indica que os pais hoje possuem menos confidentes do que os pais de vinte anos atrás[20].

Nosso sucesso ou fracasso nesse gigantesco experimento social de intimidade afetará muitas gerações vindouras. Na qualidade de pais, sempre temos de nos perguntar: que aspectos de nossa conduta como pais a próxima geração adotará e que aspectos mudará? Será que esses pais desejarão reproduzir no relacionamento com seus filhos o tipo de proximidade que buscamos com os nossos? Ou será que verão essa intimidade como um problema a resolver ou até a considerarão perigosamente ingênua e buscarão desempenhar um papel mais claro de autoridade, bem como traçar uma linha mais nítida de separação entre eles e os filhos?

A resposta depende de como administraremos a proximidade com nossos filhos. Espero que jamais voltemos àquele tempo em que os pais nem pensavam em se aproximar dos filhos, um tempo em que a criação das crianças era vista não como um relacionamento profundo e multifacetado, mas, antes, como um conjunto de tarefas, como quer que sejam definidas. Pais mais disponíveis emocionalmente e mais presentes trazem inúmeros benefícios para as crianças. Porém, só devemos buscar essa proximidade se esti-

---

20 Isso se funda em uma pesquisa da General Social Survey que mostra claramente que os adultos tinham, em 2004, menos confidentes do que em 1985. Anne Hulbert, "Confidant Crisis", em *New York Times Magazine*, 16 jul. 2006.

vermos dispostos a arcar com a grande responsabilidade que ela traz e a aceitar a cuidadosa e intensa procura por autocompreensão, os angustiantes momentos de separação e perda e os desafios da ambiguidade, bem como a analisar deliberada e incansavelmente nossos atos para saber quando estamos agindo em prol de nossos filhos ou de nós mesmos.

5

ADULTOS DE CARÁTER, CRIANÇAS DE CARÁTER

No conto de fadas *O avô e o neto*, dos irmãos Grimm[1], um jovem casal cansa-se do pai do marido, que mora com eles e está cada vez mais debilitado. Eles param de convidá-lo para jantar à mesa e começam a alimentá-lo com pequenas porções em uma tigela de madeira.

Certo dia, eles veem o filho pequeno recolhendo pedaços de madeira do chão para construir alguma coisa. "O que você está fazendo aí?", pergunta-lhe o pai. Misha responde: "Meu bom pai, estou fazendo uma tigela de madeira. Assim, quando o senhor e minha mamãe querida ficarem velhos, poderão se alimentar nela."

Marido e esposa então se olham e, envergonhados, começam a chorar. Desse dia em diante, passam a sentar o avô à mesa e servi-lo.

"Logo depois que meu filho nasceu, sentei-me ao lado dele por algumas horas", lembra James, um pai de 53 anos de idade. "Algo profundo aconteceu então. A imagem que eu tinha de mim mesmo na época era muito ruim. Eu sabia que era egocêntrico e não gostava disso. Naquele momento, porém, senti muito amor por ele e

---

1 *Fairy Tales by the Grimm Brothers*, Authorama: Public Domain Books. Disponível em: <http://www.authorama.com/grimms-fairy-tales-zz.html>.

sabia que tinha muito a lhe dar. Vi que havia recebido um presente fenomenal. De repente percebi que não deveria mais ser egoísta. Eu poderia ser uma pessoa diferente, começando por ser altruísta com ele. E esse não foi apenas um momento intenso que passaria rapidamente. Hoje meus filhos estão na faculdade e sou uma pessoa muito melhor."

Os norte-americanos acreditam muito em sua capacidade de aumentar o próprio bem-estar. No início da década de 1990, a porcentagem de norte-americanos que pertencia a algum grupo de autoajuda ou de apoio chegava a 40 por cento[2]. As livrarias estão repletas de livros grossos que prometem aos adultos o poder de combater seus medos, livrar-se de suas obsessões e aprender a lidar com pessoas que não suportam (estou morrendo de vontade de ler um livro que se chama *Cura emocional em velocidade máxima*). Quando a questão é livrar-se de defeitos que incomodam e melhorar o humor, a fé que nós, norte-americanos, temos na plasticidade da nossa personalidade parece infinita.

No entanto, nem passa pela cabeça da maioria uma ideia muito mais importante para nossos filhos, nossa sociedade e, em última instância, nosso próprio bem-estar: a possibilidade de crescermos moralmente. A maior parte acredita que em algum momento da infância nossas qualidades morais se definem para sempre. Embora possamos nos esforçar para ser mais honestos e generosos em situações específicas, consideramos nosso caráter essencialmente, senão completamente, imutável.

Muitas pessoas, sem dúvida, mudam muito pouco ao longo da fase adulta. Há adultos narcisistas que jamais conseguem realmente entender os outros e adultos cuja compaixão e integridade perma-

---

[2] Robert Wuthnow, *Sharing the Journey: Support Groups and America's New Quest for Community* (Nova York: Free Press, 1994), p. 71. David Grand, *Emotional Healing at Warp Speed: The Power of EMDR* (Nova York: Harmony Books, 2001).

necem firmes e profundas ao longo de toda a vida. Mesmo assim, imaginar o caráter como imutável é equivocar-se totalmente.

Segundo estudos recentes, a verdade é que as qualidades morais do adulto podem oscilar de acordo com muitos fatores, o que traz inúmeras consequências para o desenvolvimento moral de nossos filhos. Enquanto muitos indivíduos abandonam seus ideais com o passar do tempo, outros levam quase metade da vida para ambicionar ideais sérios[3]. Alguns adultos tornam-se mais sábios, mais preparados para distinguir verdades morais importantes, enquanto outros veem sua noção de equidade reduzir-se a estereótipos grosseiros. Alguns adultos tornam-se mais egoístas e outros, mais altruístas. Estudos recentes mostram que os idosos, ao contrário da crença popular, tendem a tornar-se menos egocêntricos[4] (o Rei Lear, por exemplo, só desenvolve algum tipo de sentimento pelos outros quando se aproxima da morte). Embora os norte-americanos de hoje reverenciem pessoas jovens, não raro egoístas, e se preocupem de modo obsessivo com as perdas decorrentes do envelhecimento, muitas vezes é só na meia-idade que desenvolvemos nossas qualidades mais importantes, incluindo a empatia pelas mais diversas pessoas[5] (que vivem os mais diferentes tipos de vida) e a capacidade de amar os outros apesar de seus defeitos e de protegê-los de nossas qualidades negativas. O psicólogo Gil Noam, baseado em seus estudos sobre a vida adulta, questiona a própria noção de maturidade moral[6]. Cada fase da vida adulta, segundo Noam, traz novas vulnerabilidades à regressão, desintegração e ri-

---

3   Ver, por exemplo, Anne Colby e William Damon, *Some Do Care: Contemporary Lives of Moral Commitment* (Nova York: Free Press, 1992).
4   Kevin Cool, "New Age Thinking", em *Stanford Magazine* (Associação dos Alunos da Universidade de Stanford), jul./ago. 2004, p. 54, citando as descobertas de Laura Carstensen, da Universidade de Stanford.
5   Para uma discussão relacionada a essa, ver Louis Menand, "Name That Tone", em *New Yorker*, 26 jun. 2006.
6   Gil G. Noam, "Reconceptualizing Maturity: The Search for Deeper Meaning", em *Development and Vulnerability in Close Relationships*, Gil G. Noam e Kurt W. Fischer (Orgs.) (Mahwah, NJ: Lawrence Erlbaum, 1996).

gidez do caráter, assim como novas forças. Por vezes, os adultos vivenciam reestruturações completas do eu, e às vezes essas mudanças afetam enormemente sua capacidade de cultivar as qualidades morais dos filhos. Quando a pessoa se torna introvertida e impulsiva na adolescência, isso costuma ser considerado uma mudança profunda. Enxergamos a adolescência como uma fase de reestruturação da personalidade, de reorganização do eu. Quando, porém, os adultos de meia-idade tornam-se igualmente introvertidos e impulsivos, diz-se que estão em "crise" ou têm "problemas". Alguns desses adultos, no entanto, na verdade estão desenvolvendo uma compreensão diferente de si mesmos e criando novos sentidos que irão reorganizar de modo radical seus relacionamentos e ampliar ou prejudicar sua capacidade de exercer sua função de pais ou mentores.

A experiência de ter filhos talvez seja aquela que mais desafie os adultos e influencie seu desenvolvimento moral. Nós, pais, não influenciamos os filhos de forma simples e linear. Construímos com eles um relacionamento complexo (e inserido em uma complexa dinâmica familiar), que afeta constantemente a maneira como reagimos aos seus estímulos. Os adultos e as crianças afetam de modo significativo o desenvolvimento moral uns dos outros. Isso ocorre até no caso dos recém-nascidos. Ao estudarem a depressão, pesquisadores do Centro Médico de Boston verificaram a existência de um ciclo destrutivo comum, por exemplo, entre mães depressivas e bebês que nascem abaixo do peso, os quais tendem a interagir menos com quem cuida deles[7]. A letargia desses bebês leva as mães a se retraírem, o que faz que busquem menos contato ainda com elas. Isso, por sua vez, leva as mães a interagirem ainda menos, formando-se assim um círculo vicioso que pode ameaçar o desenvolvimento da empatia nos recém-nascidos. Alguns de nós, pais, também regredimos no relacionamento com nossos filhos devido

---

[7] S. Parker et al., "Double Jeopardy: The Impact of Poverty on Early Child Development", em *Pediatric Clinics of North America* 35, n. 6 (1988), p. 3.

a problemas emocionais, como a depressão, ou por repetirmos padrões de relacionamento superados e destrutivos, cujas origens profundas remontam à nossa própria infância. Às vezes, esses relacionamentos degeneram mais e mais, na medida em que os estágios de desenvolvimento do pai ou da mãe interagem de modo destrutivo com as necessidades de desenvolvimento do filho. Um dos fatores que podem tornar tão prejudiciais esses relacionamentos entre adultos e adolescentes é que os adultos podem ser surpreendidos por intensas preocupações consigo mesmos de uma crise de meia-idade no exato momento em que seus filhos mergulham em preocupações análogas típicas da adolescência.

Por outro lado, a experiência de ter filhos permite a outros pais, como James, descobrir pela primeira vez capacidades como a empatia, o sacrifício e a consciência moral. A paternidade ou maternidade podem curar de muitas maneiras a cegueira moral dos adultos. Os pais podem aprender a lidar com suas qualidades ou seus defeitos ao enxergarem o quanto eles podem prejudicar os filhos, ou ao verem essas qualidades refletirem nas qualidades ou nas ações deles (como acontece com os pais de Misha no conto dos Irmãos Grimm), ou, ainda, ao admirarem nos filhos qualidades que faltam a eles próprios.

Talvez o mais importante, no entanto, seja que a paternidade ou a maternidade exigem que nos concentremos profundamente em outro ser humano, não raro pela primeira vez. Diante desse desafio, alguns adultos, como James, desenvolvem uma capacidade muito maior para levar os outros em consideração e amar. Na verdade, os pais podem passar por vários estágios evolutivos à medida que aprendem a considerar os outros e a assumir a perspectiva alheia.

Ao pensarmos em nós mesmos como pais e mentores, é essencial que nos enxerguemos não como exemplos estáticos de conduta, mas como seres humanos imperfeitos, desenvolvendo constantemente nossas capacidades morais e pedagógicas na dinâmica de nosso relacionamento com nossos filhos. As sutilezas da consideração e da generosidade para com os outros, do agir com justiça e integridade, da formulação de ideais maduros e sólidos, tudo isso é obra para uma vida inteira: "Não há nada de nobre em ser superior a outra pessoa", afirmava o grande defensor dos direitos civis, Whitney Young[8]. "A única nobreza verdadeira é ser superior ao seu eu anterior."

O que provoca transformações em nossas qualidades morais? Quais são os obstáculos que nos impedem de sermos pais e mentores morais melhores e como podemos superá-los? Como podemos promover nosso próprio crescimento moral?

QUANDO VEMOS – E QUANDO NÃO VEMOS – NOSSOS FILHOS

É tarde da noite e estou em uma pequena sala mal iluminada por uma luz fluorescente. Conduzo uma dinâmica de grupo com oito mulheres em uma casa de reabilitação de segurança mínima – muitas delas reincidentes em crimes relacionados a drogas. Tento ajudar uma organização local a descobrir que tipos de ações ou programas de apoio poderiam ser úteis para as crianças com alto risco de delinquência juvenil. Queremos ouvir dessas mulheres o que acham que será mais benéfico para seus filhos.

Duas expressam apenas desapontamento e frustração com os filhos. Uma mulher em particular, Diane, parece exultante em descarregar seu desprezo pela filha ingrata: "Ela só pensa em si mesma." Outras dizem com bastante franqueza que se sentem envergonhadas por terem falhado com seus filhos. Uma delas sugere a criação de um programa em que se ofereça apoio e orientação para suas filhas por figuras adultas estáveis, sobretudo homens.

Duas das participantes parecem ter usado o tempo que passaram na prisão para refletir bastante sobre seu relacionamento com os filhos e sobre como poderiam ser o mais eficazes possível como mães. June, que cresceu em uma zona rural da Geórgia, está preo-

---

8   A citação é de um provérbio hindu e foi atribuída a Young, entre outros.

cupada em evitar os erros de sua mãe. "Ouço muito que devemos promover a autoestima, mas não foi isso que aprendi lá em casa. Quando eu era criança, levava surras e ninguém me ouvia. Então, às vezes, é difícil para mim criar os filhos de outra maneira. Mas sei que é crucial para minha filha que eu a ouça. Tento tratar cada palavra dela como algo importante, extremamente importante." Leslie, uma mulher esguia, bela, pálida e entusiasmada, vai mais adiante: "Sei que minha filha não confia em mim, e não a culpo por isso. Três vezes eu lhe disse que pararia de me drogar e voltei para as drogas. Um mentor seria bom para ela, mas acho que o melhor seria um grupo ou algum lugar aonde ela pudesse ir e falar sobre quantas vezes eu a abandonei e como ela tem raiva de mim. Ela precisa falar sobre o ódio que sente por mim."

Embora o adulto possa evoluir de diversas maneiras, algumas formas de seu desenvolvimento são mais importantes quando a questão é moldar o desenvolvimento moral da criança. Ao longo do tempo, nós, pais e mentores, não apenas temos de desenvolver uma capacidade maior para assumir a perspectiva da criança, como também precisamos entender como ela nos percebe, inclusive se confia em nós e nos respeita e de que maneira. Pais ou mentores eficazes, como afirmei anteriormente, também têm consideração pelas particularidades da criança e sabem reconhecer mudanças e transformações de caráter decorrentes do desenvolvimento dela. Essas pessoas veem a história de vida da criança como algo que se transforma, em evolução. Valorizar alguma particularidade da criança pode soar evidente ou simples (fala-se bastante sobre a necessidade de reconhecermos as singularidades de nossos filhos). Porém, mesmo os melhores pais podem ter dificuldades para conhecer e valorizar um filho que seja diferente deles, ou não preencha suas expectativas nem se encaixe em algum de seus roteiros de vida. Lembro que conversei com uma mãe que tinha perfil mais masculino e tentava entusiasmar-se com a filha, uma figura extremamente feminina e com perfil de modelo. Também me lembro de um pai intelectualizado que lutava para aceitar o interesse do filho por esportes e sua vontade de seguir uma carreira de negócios, de um pai não espiritualizado que encontrava dificuldades para responder à enxurrada de perguntas da filha sobre a morte e Deus e de uma mãe medrosa que finalmente descobriu que a filha é louca por aventuras e se realiza ao correr riscos.

Ao mesmo tempo, ajudaria muito se nós, na qualidade de pais e mentores, conseguíssemos nos colocar fora do relacionamento, se assumíssemos uma visão mais objetiva, como que panorâmica, e perguntássemos a nós mesmos de que forma um eu ideal ou um indivíduo que respeitemos lidaria com determinada situação complicada envolvendo um filho ou uma filha. Às vezes, quando me vejo encalacrado em alguma questão que envolve meus filhos, penso como minha esposa agiria ou o que faria um amigo meu que é ótimo pai, caso se vissem na mesma situação. Essa é a melhor maneira tanto de aplicarmos nossos mais elevados padrões e conhecimentos a um relacionamento quanto de agirmos no interesse de nossos filhos, mesmo quando vai contra nossos desejos e nossas necessidades. Por último, como indica o trabalho do psicólogo Robert Selman[9] sobre a troca de perspectiva, isso nos ajuda a enten-

---

9 Selman, psicólogo da Universidade de Harvard, descreve uma série de estágios de tomada de perspectiva. Da compreensão de sua própria perspectiva a criança pode passar à compreensão da perspectiva dos outros, à coordenação de sua perspectiva com aquela de outra pessoa, depois à coordenação de múltiplas perspectivas e, finalmente, a uma perspectiva alheia geral. No estágio mais elevado, pode chegar a compreender como funciona um relacionamento no contexto tanto de sua própria história de vida quanto daquela de outra pessoa: Robert L. Selman, *The Growth of Interpersonal Understanding: Developmental and Clinical Analyses* (Nova York: Academic Press, 1980). Embora Selman tenha se restringido ao contexto infantil, o desenvolvimento dessas capacidades de troca de perspectiva pode continuar ao longo da vida adulta. Aplicando aqui o paradigma de Selman, busco elucidar a capacidade dos pais para pôr-se no lugar sobretudo dos filhos mais velhos. Também devo agradecimentos à dissertação de Donna Wick, "Reflective-Functioning and Self-Awareness: A Longitudinal Study of Attachment and Caregiving Representations in Three Mothers" (Departamento de Pós-graduação em Educação,

der melhor a história de nosso relacionamento com a criança e de que forma nosso próprio ambiente e nossa própria história – incluindo nossa própria experiência como criança – podem ser tanto úteis quanto prejudiciais para a compreensão das necessidades, da história e da vida de nossos filhos.

A capacidade dos pais de assumir os diversos modos e níveis de troca de perspectiva varia imensamente. Alguns, como Diane, são praticamente incapazes de assumir a perspectiva dos filhos ou de separar seu ponto de vista daquele dos filhos. Algumas mulheres com quem conversei naquela casa de reabilitação sabiam que seus filhos poderiam beneficiar-se de um mentor, mas aparentemente não conseguiam perceber de que modo eles as tomavam como exemplo nem concentrar-se nas necessidades mais específicas deles, o que ajudaria a melhorar seu relacionamento com os filhos ou, com exceção de June, como sua própria história de vida poderia afetá-las no desempenho da função de mães. Leslie, por outro lado, não apenas sabe como sua filha a enxerga como também é capaz de pôr-se de fora do relacionamento e avaliar o que é melhor para ele e para a filha. A linha que separa as necessidades da filha das suas próprias necessidades é tão nítida para essa mãe que ela é capaz de assumir a perspectiva da filha e agir em prol dos interesses dela, mesmo que isso represente custos para si mesma e signifique a plena expressão da intensa raiva que a filha nutre por ela. Leslie, além disso, contextualiza historicamente o relacionamento (isto é, reconhece um padrão duradouro em suas relações com a filha) e aplica a ele elevados padrões morais: compreende a importância de que sua filha a tenha em alta conta.

Universidade de Harvard, 2004), em que a autora resume o trabalho de Selman e inspira-se nele para analisar a capacidade dos pais de colocar-se no lugar dos filhos mais novos.

AS CAUSAS DO CRESCIMENTO E DA REGRESSÃO MORAL

Como observa Selman, a capacidade de assumir a perspectiva do outro não é estática. Varia conforme a situação e pode sofrer transformações ao longo da vida adulta. Essas transformações têm muitas causas, mas duas delas talvez se destaquem. Certos estados de ânimo, sobretudo a ansiedade e a depressão, podem comprometer a capacidade do indivíduo de assumir a perspectiva alheia. Entre os adultos, 20 por cento sofrem de algum tipo de depressão mais grave em algum momento da vida adulta[10], uma doença que provoca agonia e isolamento (retratada em *best-sellers* como *Perto das trevas*, de William Styron), caracterizada por um forte sentimento de inutilidade, raiva e desespero. Além disso, muitos pais sofrem quadros leves de depressão por longos períodos, sentindo-se muitas vezes envolvidos em uma atmosfera permanente de desamparo e desespero.

Seria terrivelmente injusto ignorar que muitos desses indivíduos, apesar de seu estado de ânimo, são pais maravilhosos – e criar os filhos em meio à depressão costuma exigir bastante coragem e determinação. Mas a depressão pode deixar a pessoa intensamente absorta em seus pensamentos e diminuir sua capacidade de ouvir os filhos, identificar-se com eles ou mostrar-se imparcial em relação a eles, deficiências de que os pais às vezes têm plena consciência. "Minha filha é determinada e animada. Quando não estou deprimida, adoro essas qualidades dela", conta-me uma mãe amável e generosa que sofre de graves crises de depressão. "Mas quando estou deprimida não consigo aguentá-las. Na última vez em que estive deprimida, disse a ela: 'Não quero mais ser sua mãe.' Agi como uma bruxa." Obviamente, a depressão dos pais pode causar sérios danos ao desenvolvimento emocional e moral da criança. Filhos de pais depressivos têm maior probabilidade de

---

10 William R. Beardslee, *When a Parent Is Depressed* (Boston: Little, Brown, 2003).

usar drogas[11]. Além disso, estão mais sujeitos a também se tornarem depressivos e apresentarem problemas de conduta[12]. Mais adiante voltarei ao tema da depressão.

FANTASMAS NA MATERNIDADE

No entanto, a capacidade dos pais de assumir a perspectiva dos filhos talvez seja mais comumente comprometida devido a outro importante fator. Ao interagirem com os filhos, os pais recriam velhos padrões de relação sem perceber. Na década de 1970, a renomada psicanalista Selma Fraiberg escreveu sobre as muitas formas invisíveis como os reflexos dos pais em relação aos filhos são moldados pelo relacionamento que têm e tiveram com os próprios pais. Fraiberg falava dos "fantasmas da maternidade" – "visitantes de um passado esquecido dos pais, convidados indesejados de batismo"[13]. Desde muito cedo na vida, desenvolvemos padrões básicos de vinculação, bem como uma compreensão do que é um relacionamento e de como devemos nos comportar ao interagir com nossos pais. Esses padrões reproduzem-se e recriam-se nos relacionamentos subsequentes, inclusive (e não raro com mais profundidade) com os filhos.

Muitas vezes, essa recriação é perfeitamente saudável. Porém, sobretudo quando os pais se sentem vulneráveis, desprezados ou desrespeitados no relacionamento com os filhos, eles tendem a

---

11 Jane Brody, "Personal Health; Depressed Parent's Children at Risk", em *New York Times*, 3 mar. 1998, citando um trabalho de Myrna M. Weissman da Universidade de Yale.
12 H. Orvaschel, G. Welsh-Allis e W. Ye, "Psychopathology in Children of Parents with Recurrent Depression", em *Journal of Abnormal Child Psychology* 16 (1988), pp. 17-28. Ver sobretudo p. 21.
13 Selma Fraiberg, Edna Adelsen e Vivian Shapiro, "Ghosts in the Nursery: A Psychoanalytic Approach to the Problems of Impaired Infant-Mother Relationships", em *Selected Writings of Selma Fraiberg*, Louis Fraiberg (Org.) (Columbus: Ohio State University Press, 1987), p. 100.

voltar aos padrões de comportamento antigos e familiares (os quais acreditavam já ter deixado para trás), independentemente do quanto esses padrões foram malsucedidos no passado. E quando os pais tratam os filhos de forma mais rude, estes não raro também reagem de forma rude. Essa reação, por sua vez, destrói ainda mais a capacidade dos pais de interpretar a experiência dos filhos, enxergar a relação de uma perspectiva externa e lidar com a criança de maneira construtiva.

Tomemos como exemplo Rita, uma mãe solteira afável e brilhante, e seu filho de 17 anos, Wayne, que herdou dela essas mesmas qualidades cativantes. Conheço-os há muitos anos e sei que, antes de Wayne entrar na adolescência, os dois descreviam seu relacionamento como de muita proximidade. Wayne sempre agiu de modo protetor com a mãe, inclusive selecionava rigorosamente os pretendentes dela. Porém, quando Wayne chegou aos 14 anos, isso mudou. O menino começou a voltar tarde da rua, a matar aula, a ignorar os pedidos mais simples da mãe e a tratá-la como se ela fosse burra. Wayne revelou-me que se sentia magoado porque a mãe criticava-o quase diariamente e preocupava-se demais com a filha mais nova, que tinha dificuldades na escola. Para Rita, no entanto, o que o filho demonstrava era uma arrogância masculina da pior espécie. "Ele é como tantos homens que já conheci", disse-me. "É como meu pai, meu antigo namorado e meu ex-marido. Escutei como ele falava com uma garota ao telefone outro dia, como se ela fosse lixo. Não aguento isso." Rita, então, com raiva de Wayne, perdeu a capacidade de entender seu ponto de vista e começou a tratá-lo de forma cada vez mais autoritária, o que só serviu para exacerbar o sentimento de desprezo do filho. Certo dia, quando eu estava na casa deles, Wayne chegou e Rita bombardeou-o com uma longa lista de reclamações, todas apontando para o egoísmo e a displicência dele. Ele fez um gesto obsceno e a reação dela foi imediata: "Dê o fora da minha casa."

A profunda raiva de Rita era alimentada por uma história de vida em que ela fora maltratada pelos homens. Esse tipo de regressão, porém, pode assumir muitas formas e ocorrer em qualquer estágio da vida dos pais. Alguns pais, por exemplo, por terem sofrido invasões de privacidade indesejadas ou ataques imprevisíveis quando eram crianças – seja da parte de pais instáveis em termos emocionais (ou que buscavam a atenção deles de maneira inapropriada) ou de irmãos mais velhos –, tornam-se rígidos e controladores nos relacionamentos íntimos. Pais como esses podem ser dominados por antigos rancores e vulnerabilidades que os cegam para a perspectiva de seus filhos e os fazem extravasá-los de modo destrutivo diante de um filho temperamental e pirracento, por exemplo, seja um recém-nascido ou um adolescente.

Mas os antigos rancores e vulnerabilidades podem prejudicar o desempenho dos adultos como pais e mentores morais de muitas outras formas. Vulnerabilidades preexistentes em geral entram em ação quando uma mãe sente medo de disciplinar uma criança por temer que esta deixe de gostar dela ou quando opõe obstáculos a sua independência por temer que ela a abandone. Enquanto alguns pais regridem a antigos padrões de comportamento diante de atitudes de separação e revolta da parte dos filhos, outros agem assim quando estes se mostram dependentes. Quando eu era terapeuta, conheci um pai que não parava de humilhar a filha de 5 anos por ser carente e dar muito trabalho. Isso ocorria porque ele era incapaz de reconhecer o verdadeiro problema: sua inaptidão para lidar com a dependência da filha, o que só a tornava mais frágil e dependente.

A depressão e a ansiedade também podem prejudicar as capacidades morais e pedagógicas dos pais de muitas maneiras. Ao longo dos últimos anos, conversei com diversos pré-adolescentes e jovens criados por pais depressivos. Alguns afirmaram ter de enfrentar situações de hostilidade e crítica constantes, humilhantes e gratuitas, além de precisarem "pisar em ovos" e lidar com estados de humor do tipo "o médico e o monstro". Sheila, de Boston, admite que, antes de participar de um programa de apoio à família, costumava bater nos filhos e gritar com eles quando se sentia desamparada e indefesa, "porque eles eram as únicas coisas em minha vida que eu podia controlar"[14]. Algumas crianças sentem muita vergonha por acreditarem que merecem as censuras dos pais ou até que provocaram a depressão deles. "Os pais depressivos em geral sentem vergonha demais de sua doença para falar dela", observa o psiquiatra infantil William Beardslee, um pioneiro no estudo da depressão[15]. "As crianças criam teorias sobre por que os pais não discutem o assunto, a maioria deles egocêntrica e autocondenatória."

O GRANDE POTENCIAL DE CRESCIMENTO MORAL DOS ADULTOS

Há, porém, outro lado nessa história. As vulnerabilidades e os tropeços ao longo do caminho, a exemplo do que acontece no conto dos Irmãos Grimm, podem incentivar os pais a desenvolver qualidades morais mais fortes e abordagens novas e mais construtivas para a criação dos filhos. Adultos conscientes e comprometidos com o próprio crescimento moral são, de fato, capazes de aproveitar muitas oportunidades de compreender melhor a perspectiva dos filhos, de refrear seu comportamento destrutivo e cultivar qualidades morais importantes no relacionamento com seus filhos, bem como de compreender melhor esse relacionamento.

A psicóloga e pesquisadora Donna Wick[16] nos fala de uma mãe que pressupõe que a filha não consegue suportar suas ausências, porque, quando ela própria era criança, sofria de um transtorno de ansiedade de separação que a impedia de aceitar os afastamentos temporários da mãe. Essa mãe acaba entendendo que suas próprias necessidades no relacionamento com a filha recém-nascida são movidas por vulnerabilidades ligadas à maneira como foi criada pelos pais. Graças a isso, consegue tornar-se menos egoísta. Ela

---

14 Citado em Felicia R. Lee, "Where Parents Are Learning to Be Parents", em *New York Times*, 14 mar. 1993.
15 Contato pessoal com Beardslee, 2000.
16 D. Wick, "Reflective-Functioning and Self-Awareness", ver sobretudo p. 65.

então reconhece que está misturando suas necessidades com as da filha e que essa mistura atende somente a seus interesses pessoais: é uma forma de manter a filha por perto, de impedir que se afaste.

Às vezes, adultos e crianças podem alavancar as forças morais uns dos outros. Anne Layton, de Boston, comprometeu-se a ser menos submissa e ensinar sua filha a desenvolver essa qualidade depois de perceber que ela se mostrava cada vez mais hesitante na hora de defender os próprios pontos de vista.

Alguns adultos falam explicitamente sobre como aprendem com os filhos (não os enxergam apenas como latas vazias onde podem depositar sua sabedoria). Eles permitem que os filhos atuem como seus mentores em aspectos essenciais. Ken Winners, de Detroit, conta-me que acredita ter aprendido mais com seu filho do que este aprendeu com ele em matéria de solidarizar-se com os outros. Para Regina Jones, professora da pré-escola e do Ensino Fundamental*, um garoto de 10 anos para quem dá aula tem mais capacidade do que ela de assumir a perspectiva das outras crianças e solucionar conflitos. Ela diz que está tentando aprender com ele como criar um ambiente mais justo em sala de aula. Já para Mike Ryan, um treinador de basquete, alguns garotos brancos do seu time têm mais facilidade do que ele (que também é branco) para compreender os jogadores negros do time e se relacionar com eles. Mike também está tentando aprender com eles. Maria, por sua vez, aprende com a filha a defender a verdade e a justiça mesmo que os outros não aprovem. "Quando minha filha se meteu em uma confusão na escola, fiquei preocupada com o que os outros estavam pensando, e ela teve a maturidade de me dizer: 'Tenho de pensar no que fiz e descobrir se foi certo ou errado, não importa o que os outros pensem.' Ela não queria ser uma marionete. Aquilo vinha de uma adolescente, e me fez pensar como sou dependente do que os outros pensam. Com isso, comecei a superar esse meu defeito."

---

* *Elementary school*, no original, refere-se aos primeiros quatro ou seis anos da educação nos Estados Unidos e em geral inclui o jardim de infância. (N. da T.)

Outros pais, por sua vez, elevam seus padrões morais ao tomarem maior consciência dos exemplos que estão dando aos filhos. "Quando você tem filhos, começa a pensar melhor no tipo de cidadão que é", disse-me um sujeito que residia num bairro afastado de Chicago. "Bem recentemente, minha mulher e eu tivemos de preencher um formulário em que devíamos declarar quanto tempo de direção nosso filho tivera conosco – é preciso certo número de horas para conseguir a carteira de motorista. Ora, poderíamos ter trapaceado. Eu já trapaceei por coisas assim antes. Mas então pensamos: essa é uma boa lei e, se trapacearmos, que tipo de mensagem estaremos passando ao nosso filho sobre a importância de ser um cidadão responsável ou um membro respeitável da comunidade?"

Outros pais, por sua vez, experimentam um sentimento mais profundo de humanidade no desempenho da função paterna ou materna. "Quando minha filha nasceu, senti por ela um amor profundo e inquestionável que foi diferente de tudo o que já havia experimentado", conta-me um pai de Chicago. "E aquele amor se ramificou. Passei a ver o mundo sob uma nova luz e a me sentir ligado aos outros de uma maneira diferente. A gente passa a sentir um amor mais profundo pelos outros." Para outra pessoa, essa ligação mais forte assumiu outra conotação: "Quando tive filhos, comecei a sentir um vínculo com todos os pais, com pais de outras culturas e comunidades. Você começa a ver todos os filhos como seus, a enxergar todos os dilemas paternos ou maternos como seus, a sentir a existência de uma experiência e uma linguagem universais."

TOMEMOS AS RÉDEAS DE NOSSO PRÓPRIO DESENVOLVIMENTO MORAL

Não há uma estratégia única, é claro, que nos impeça de regredir moralmente como pais. Não há uma poção mágica que nos ajude a liberar nosso potencial moral. Mesmo assim, existem muitas coisas que podemos fazer, em ambos os aspectos.

Para começo de conversa, podemos nos esforçar para administrar nossa depressão e outros estados de ânimo destrutivos. Isso significa que, ao detectarmos em nós sintomas de depressão, devemos superar os bloqueios internos e externos que nos impedem de buscar tratamento – tanto para o nosso próprio bem quanto para o de nossos filhos. A falta de esperança, por exemplo, é tanto causa quanto consequência da depressão e um dos principais obstáculos à busca de tratamento. Quando nos vemos dominados por sentimentos de desesperança por semanas, é importante buscarmos ajuda imediatamente. Avançou-se muito no tratamento da depressão nos últimos anos. Hoje em dia, cerca de 80 por cento das pessoas depressivas contam com algum tipo de ajuda[17]. Buscar auxílio para lidar com a depressão é um ato de grandeza moral para um pai ou uma mãe. Também podemos incentivar nosso cônjuge, nossos parentes e amigos que tenham filhos a buscar ajuda quando tiverem esses sintomas. Como a pessoa deprimida muitas vezes resiste ao tratamento e ao mesmo tempo sente-se exaurida, ela às vezes precisa de alguém que a acompanhe pelos muitos e pequenos passos que precisa dar até conseguir estabelecer e manter um relacionamento com um profissional da saúde mental.

Na qualidade de pais, também podemos conversar com nossos filhos sobre nossos estados de humor destrutivos. É raro os pais conversarem com os filhos sobre isso ou sobre a depressão, muitas vezes com razão, pois as crianças certamente não precisam saber todas as vezes que ficamos desanimados nem devem ficar sondando nossos sentimentos. Se devemos conversar sobre nossos estados de ânimo e como fazê-lo, isso depende de muitos fatores, como

---

17 O número foi citado por William Beardslee em uma mesa-redonda em Cambridge, Mass., em 2007. Em uma conversa pessoal após o evento, Beardslee explicou que, em muitas sessões nas quais o grupo em tratamento faz terapia cognitiva ou é medicado, o índice de êxito é de 70 por cento, em comparação com 30 por cento e 40 por cento no grupo que toma o placebo. Quando se acrescenta um segundo tratamento, seja mudando o medicamento ou o tipo de terapia, em geral a taxa de êxito sobe 10 por cento.

a idade da criança, o modo como imaginamos que ela interpretará o fato e suas vulnerabilidades. Quando, porém, ficamos irritados com facilidade ou enraivecidos por razões que nada têm a ver com nossos filhos, ou quando estamos excessivamente introvertidos, devemos ao menos dizer-lhes de modo explícito que a culpa não é deles. Como indica o trabalho de Beardslee, muitas vezes o que prejudica os filhos não é tanto a gravidade ou duração dos estados de ânimo destrutivos dos pais, mas a maneira como os interpretam, sobretudo se acham ou não que são a causa disso[18]. Matt, um rapaz de 21 anos muito sensível que cresceu vendo a mãe entrar e sair de crises de depressão, contou-me o seguinte: "Eu achava que ela simplesmente odiava ser minha mãe, que queria estar fazendo outra coisa. Hoje olho para trás, para aquela época, e vejo as coisas de maneira diferente, por isso me sinto bem melhor. Vejo que aquela raiva toda vinha de algo que estava dentro da cabeça dela. Ela tinha depressão. O problema era *ela*, não tinha nada a ver comigo."

A criança também precisa saber que os pais estão tentando lidar de forma responsável com seus estados de ânimo. Um pai poderia dizer ao filho adolescente: "Eu estava de mau humor porque briguei com uma pessoa no trabalho. O problema não é seu, mas eu queria que você entendesse por que tenho surtado tanto. Se eu continuar assim, vou procurar ajuda."

Mais ainda, sempre que nos pegarmos interagindo de modo destrutivo com nossos filhos ou procurando colocar-nos no lugar deles sempre que nos desrespeitarem, ou se percebermos em nós um sentimento de desapreço por eles, devemos nos perguntar que fantasmas estão nos visitando, quais relacionamentos podemos estar reproduzindo. Se olharmos para dentro de nós mesmos e refletirmos com a ajuda de familiares e amigos de confiança, poderemos fazer muitas descobertas sobre as circunstâncias que influenciam a maneira como criamos nossos filhos. Essa reflexão, por sua vez,

---

18 William Beardslee, *When a Parent Is Depressed*, e contato pessoal com Beardslee, 2008.

pode exigir que nos afastemos deles de vez em quando e também que busquemos momentos de alívio das atribulações do cotidiano.

A autoconsciência, é claro, nem sempre basta. Rita sabe que a raiva que tem por seu filho Wayne é alimentada pelo ódio que sente por outros homens, mas ela não consegue parar de descarregá-la nele. Em circunstâncias como essas, pode ser útil fazermos planos e acordos com nós mesmos deliberadamente, entre outras estratégias. Sempre que ficasse com raiva de Wayne (por exemplo, quando o visse tratando mal uma garota ao telefone), Rita poderia combinar consigo mesma que não falaria com ele sobre isso pelo menos por um dia, período em que buscaria a ajuda de um amigo de confiança. Também precisamos de coragem e disciplina para perguntar àqueles que amamos se nosso comportamento realmente melhorou. Às vezes é necessário fazer terapia familiar – sobretudo no caso de pais como Rita, que já estão com tanta raiva dos filhos e tão envolvidos com eles. Nesse tipo de terapia, em geral os membros da família aprendem a ver os relacionamentos de fora – como "observadores externos" – para evitar padrões de interação destrutivos. Os pais, por sua vez, aprendem a compreender como seu relacionamento com a família de origem influencia a família que estão constituindo.

Para muitos de nós, obviamente, é difícil assumir essa postura introspectiva, sobretudo porque nossa cultura fornece pouco apoio ao crescimento moral dos adultos e poucos meios para que os pais adquiram conhecimento sobre seu próprio desenvolvimento moral. Embora alguns adultos pertençam a comunidades religiosas que os fazem refletir sempre sobre as questões morais mais importantes e cultivar a consciência moral, experiências desse tipo continuam sendo exceção. Já os livros e os especialistas que aparecem na televisão não advertem os pais sobre os perigos da regressão moral ou sobre as oportunidades de crescimento moral. Na bibliografia geral e nas pesquisas acadêmicas sobre a criação dos filhos e a família, as crianças aparecem sempre em evolução, mas os pais raramente mudam[19]. Os especialistas tampouco costumam conceber a criação de um filho como um relacionamento conflituoso e interativo com uma criança, nem ajudam os pais a compreender as muitas fontes de atribulação que podem cegá-los para a experiência de uma criança.

Para piorar, quando não realizamos essa introspecção, transmitimos a nossos filhos a mensagem autocomplacente de que a moral é algo que se ganha passiva e misteriosamente com a idade ("como os cabelos grisalhos e os músculos flácidos", como dizem os pedagogos David Weber e Harvard Knowles), e não algo que se conquista com grande esforço. As crianças precisam perceber o que nossos dramaturgos procuraram ensinar desde a antiguidade: que a clareza moral costuma ser desenterrada a duras penas de um lamaçal de interesses e verdades conflitantes, que agir com virtude é muitas vezes uma questão de lutar com persistência contra nossos próprios defeitos e demônios. Além do mais, essa introspecção é vital não apenas para a virtude das crianças, mas também, muitas vezes, para o bem-estar tanto dos pais quanto dos filhos. O drama de Rita e Wayne é que a inaptidão dela para compreender a situação do filho e as estratégias que usa para proteger a si mesma prejudicam seriamente um relacionamento essencial não apenas para o crescimento moral de Wayne como também para a felicidade de ambos.

Seria sem dúvida muito mais simples apenas fornecer aos nossos filhos uma rigorosa dieta de mensagens morais. Mas isso jamais nos levará aonde queremos chegar, isto é, a um entendimento de como nossa própria história se entrelaça com aquela de nossos filhos à medida que crescem. É em geral no contexto dessa dupla narrativa que se moldam as qualidades morais da criança.

---

19 D. Wick, "Reflective-Functioning and Self-Awareness", p. 17. *"Like gray hair and attenuated muscles"*: Harvard V. Knowles e David Weber, "The Residential School as a Moral Environment", em *Knowledge without Goodness Is Dangerous: Moral Education in Boarding Schools*, Charles L. Terry (Org.) (Exeter, NH: Phillips Exeter Academy Press, 1981), p. 87.

6

A VERDADEIRA FORÇA MORAL DAS ESCOLAS

Estamos na primavera, e meu filho cursa o segundo ano do Ensino Médio. Minha mulher e eu perambulamos de sala em sala para comparecer a todas as reuniões de pais e professores, tentando fazer valer nosso direito a quinze minutos de conversa com cada um dos cinco professores dele. Como temos três filhos, já somos veteranos nessa dança. Nessa noite, porém, a situação está desoladora. Não que meu filho esteja com dificuldades nos estudos ou sofrendo algum problema grave. A questão é que as duas professoras com quem conversamos até agora nos fizeram passar praticamente pelo mesmo ritual enfadonho. Para começar a reunião, a professora pega uma folha de papel e declama as notas das provas ou as médias de meu filho. Depois comenta que ele às vezes é dispersivo e não escuta. Aquele "não escuta" fica pairando no ar e me deixa irritado. Será algum tipo de eufemismo? Ela então nos assegura que ele é um "bom garoto".

Até onde posso perceber, nenhuma das duas professoras conhece realmente meu filho nem se importa com nossas expectativas e angústias com relação a ele ou àquilo que, no nosso entendimento, pode ajudá-lo em seu processo de aprendizagem. Sei que ele não gosta de uma delas e que, na sua opinião, uma das disciplinas é "um inferno". Nenhuma das duas, porém, parece ter a mínima ideia de que ele pensa assim.

Então nos reunimos com uma terceira professora, que começa a reunião dizendo-nos quanto aprecia ter nosso filho como aluno. Ela nos fala de sua disposição para correr o risco de passar por "burro" por fazer perguntas que os colegas não têm coragem de fazer, sacrificando-se pelo resto da turma, e nos diz quando e como ele mostra-se confiante ou inseguro. Depois nos conta que ele se dá bem com a maioria dos colegas e está sempre querendo ajudar. Ela também fala que ele às vezes é dispersivo, mas uma de suas justificativas para esse comportamento – que meu filho tem dificuldade com qualquer tipo de tarefa repetitiva – ajuda-me a entender algo que eu não sabia sobre ele. Segundo a professora, ele nunca a interrompe nem é indelicado com ela. No fim, ela nos pergunta como achamos que nosso filho está se saindo, se temos alguma preocupação, e depois nos escuta atentamente. Sinto que estamos embarcando em um projeto comum, um projeto acadêmico mas também moral: criar uma pessoa completa e de bem. Tenho de resistir à tentação de abraçá-la com força.

As escolas públicas dos Estados Unidos não foram concebidas unicamente como fábricas de bons alunos. Seu objetivo principal era cultivar nas crianças um ideal de caráter[1]. Tinham a responsabilidade de receber os contingentes cada vez maiores de crianças pobres das cidades e de imigrantes e transformá-las em cidadãos responsáveis e honestos.

Hoje, a ideia de que as escolas sejam locais de cultivo do caráter novamente vem se disseminando. O povo norte-americano, profundamente preocupado com o fato de suas crianças não absorve-

---

1 Michael B. Katz, *Improving Poor People: The Welfare State, the "Underclass", and Urban Schools as History* (Princeton, NJ: Princeton University Press, 1995), sobretudo pp. 103-5. James D. Hunter, *The Death of Character: Moral Education in an Age without Good or Evil* (Nova York: Basic Books, 2000), capítulo 3.

rem valores morais essenciais de seus pais, vê as escolas como uma segunda fonte de esperança. Pesquisas demonstram que cerca de 70 por cento dos pais de alunos de escolas públicas esperam que estas ensinem a seus filhos "critérios rigorosos acerca do que é certo e do que é errado", e 85 por cento querem que as escolas lhes ensinem valores morais[2]. Outra constatação é a de que muitos pais, sobrecarregados, começam a duvidar de sua capacidade de atuar como mentores e esperam que as escolas assumam maior responsabilidade com relação ao desenvolvimento do caráter de seus filhos[3].

As escolas reagiram a essa demanda de diferentes maneiras. Uma enorme quantidade delas investiu em algum tipo de programa preconcebido de "educação do caráter". Nos últimos anos, surgiu uma indústria bilionária dedicada a inculcar valores nos jovens através das escolas e outras organizações[4]. Esses programas vendem valores como a disciplina, o autocontrole, a responsabilidade pelos outros e a equidade. Aquilo que as escolas chamam de educação do caráter é também, muitas vezes, uma barafunda de intervenções concebidas em resposta a problemas de grande visibilidade pública. Por exemplo, um episódio horrível de violência em determinada comunidade pode deflagrar um programa de prevenção contra a violência. Como resultado, dentro de um único distrito podem-se encontrar escolas com concepções de educação moral totalmente diversas e, portanto, com diferentes preocupações, como: desenvolver o conhecimento e a prática da cidadania; formar bons hábitos; enfatizar a "virtude da semana"; prevenir o uso de drogas; desenvolver a autoestima; prevenir a violência; promover um comportamento sexual adequado, entre outras.

Esses programas certamente ajudam a fortalecer nos alunos certos valores e hábitos morais e coibir comportamentos problemáti-

---

2 Hunter, *The Death of Character*.
3 Alan Wolfe, *Moral Freedom: The Search for Virtue in a World of Choice* (Nova York: W. W. Norton, 2001).
4 J. D. Hunter, *The Death of Character*, p. 4.

cos. Existe, porém, outra dura verdade: as escolas testam variações desses programas há décadas sem conseguir mudar significativamente a perspectiva moral dos estudantes.

Isso ocorre porque, de modo geral, esses programas não causam impacto algum sobre aquilo que mais interessa. Na Introdução, ressaltei que a essência do desenvolvimento moral da criança não está simplesmente em aprender valores, mas na capacidade moral e tutorial dos professores e dos pais. No ambiente escolar, depende também de até onde os professores e os pais conseguem fortalecer-se mutuamente em seus papéis morais e pedagógicos. O relacionamento entre pais e professores, no entanto, costuma ser desprezado pelos programas de educação do caráter. Assim, embora muitos docentes sejam grandes mentores morais, a outros faltam o comprometimento e a habilidade para guiar os estudantes de modo eficaz ou influenciar de maneira positiva o relacionamento entre eles.

Em uma época em que as escolas estão sob marcação cerrada para melhorar o desempenho dos alunos, os diretores, compreensivelmente, buscam soluções rápidas. Não há, entretanto, meios diretos ou fáceis de essas instituições desenvolverem nas crianças a capacidade para a prática da virtude. Além disso, estas tendem a farejar exatamente a fragilidade da maioria desses programas de educação do caráter. Se quisermos realmente promover o desenvolvimento moral da criança na escola, devemos nos concentrar no desenvolvimento do *adulto*, isto é, na capacidade dos professores e pais de agirem como mentores e educadores morais, e fazê-los perceber que podem trabalhar juntos de maneira muito mais construtiva. Por que é tão comum esse relacionamento não dar certo? O que podemos fazer para transformar a escola em um lugar onde nós, adultos (tanto professores quanto pais), não sejamos simplesmente, como observam os educadores David Weber e Harvard Knowles, indivíduos mais treinados do que os alunos "na manipulação da retórica e da moral"[5], mas pessoas capazes de examinar

---

5 Harvard V. Knowles e David Weber, "The Residential School as a Moral Environment", em *Knowledge without Goodness Is Dangerous: Moral Education*

seus valores, sua capacidade moral e suas atitudes, bem como de analisar de perto seu relacionamento com as crianças e avaliar de maneira crítica o que estão fazendo ou deixando de fazer, para garantir que elas cresçam e se tornem boas pessoas? O que pode ser feito para que esses relacionamentos entre professores e alunos e entre pais e professores tornem-se poderosos veículos para o desenvolvimento moral tanto dos adultos quanto das crianças?

in Boarding Schools, Charles L. Terry (Org.) (Exeter, NH: Phillips Exeter Academy Press, 1981), p. 87. Segue o impactante trecho do livro:

Aquilo de que precisamos com mais urgência é basicamente de um conjunto de perspectivas: não há nada de inerentemente nobre no adulto e nada de inerentemente maligno no adolescente. Se vemos que os estudantes não têm valores definidos, estão confusos e contraditórios, não devemos nos enganar e pensar que são essencialmente diferentes de nós. O fato de estarem em um estágio de desenvolvimento diferente do nosso não os torna inferiores nem menos humanos. Na verdade, talvez devêssemos começar a enxergar que sua aparente carência de valores morais revela uma condição mais semelhante à nossa do que gostaríamos de admitir. Talvez nossa certeza em relação a nossos valores morais não seja muito maior que nossa predisposição para manipular a retórica da moral. Se isso for mesmo verdade, talvez o único ambiente verdadeiramente propício à educação moral seja aquele aberto a questionamentos, receptivo aos códigos éticos de uma comunidade em evolução e seguro o suficiente quanto a seus próprios princípios para lidar com questões de valores e atitudes. Que tipo de postura moral nosso ambiente educacional institui quando deixa implícito, pela atitude de seus professores, que os valores se fixam com a idade e que o comportamento moral, como os cabelos grisalhos e os músculos atrofiados, vem inevitavelmente com a idade? Deve-se ensinar aos estudantes que toda posição moral é fruto de uma luta, que muitas vezes é obtida a duras penas a partir de complexos padrões de dor e injustiça. Apresentar-lhes uma comunidade que se orgulha de suas próprias concepções de certo e errado e insiste em impor seus valores ao mundo é apresentar-lhes um modelo incoerente com a experiência dos seres humanos capazes de reflexão. Precisamos nos ver não apenas como professores, mas também como pessoas. Precisamos aceitar nossa própria condição de humanidade, de fragilidade e de capacidade de crescimento. Este é um pré-requisito para aceitarmos nossos estudantes.

O RELACIONAMENTO ENTRE PAIS E PROFESSORES

David Stone, um homem alto e brincalhão, deu aulas por mais de vinte anos numa escola de um bairro afastado de classe média de Boston e todos gostavam dele. Recentemente, no entanto, decidiu abandonar a profissão. Quando nos encontramos, ele estava agitado e continuava desempregado, mas não sentia arrependimento. Sua decisão, contou-me, foi desencadeada por um único fator: "Eu não conseguia mais lidar com os pais. Eles estão fora de controle." Uma mãe que estava descontente com as notas do filho fez questão de dizer que leu todos os trabalhos da turma para saber se a média final do menino era justa. Outro pai, cujo filho era inquestionavelmente rude, aconselhou-o a ignorar David quando este tentasse discipliná-lo. Um terceiro pai, por sua vez, pediu a David que fizesse vista grossa para o fato de que a filha copiava trabalhos dos outros. Mas o pior, na sua opinião, eram os pais que "estavam sempre atrás de algum privilégio para o filho", que queriam que ele lhes desse atenção especial ou pressionavam a escola para que abrisse mais turmas "especiais" para seu filho inteligente. "É uma luta. Muitos pais estão lá só para defender seu filho e não se preocupam com o fato de que podem estar prejudicando as outras crianças."

São muitos os benefícios quando professores e pais conseguem trabalhar juntos, e grandes os riscos quando não conseguem. Pais e professores poderão ser mais eficazes se chegarem a um acordo sobre quais valores é importante promover e como fazê-lo. Mas o melhor tipo de relacionamento entre pais e professores é aquele que vai além da simples promoção de valores. Nos relacionamentos mais firmes, pais e professores atuam como mentores uns dos outros e conseguem algo maravilhoso: uma espécie de concentração – livre de suas próprias preocupações e de seus próprios interesses – voltada quase exclusivamente para as necessidades e os interesses da criança, como fez a professora de meu filho com quem eu e minha mulher conversamos. Nesses relacionamentos, os pais e os professores também podem unir seus conhecimentos para entender os muitos fatores em interação que podem comprometer a capacidade de solidariedade ou responsabilidade da criança. Por exemplo, Grace, uma menina de 10 anos, ficou furiosa com a mãe depois do divórcio dos pais. Na escola, a cada dia está mais rebelde e rude: escreve na lousa que sua professora é uma vagabunda. Para a professora, que não sabe sobre o divórcio, esses ataques vêm do nada. Como entrou em guerra tanto com os pais quanto com a professora, Grace busca apoio nos colegas. Os outros alunos, no entanto, consideram-na carente e cansativa e passaram a evitá-la, o que a deixou ainda mais rebelde. Se Grace sairá dessa experiência menos ou mais egoísta, menos ou mais apta a controlar seus sentimentos destrutivos, isso dependerá muito da capacidade dos professores e dos pais de unir seus diferentes pontos de vista sobre o ambiente doméstico, escolar e de relações da menina e descobrir como as vulnerabilidades dela serão despertadas nesses ambientes. Os professores precisam integrar-se à perspectiva cultural dos pais e vice-versa, e essas perspectivas às vezes são diametralmente opostas.

Esse tipo de relacionamento entre pais e professores, porém, não é comum. Em geral, os professores não formam nenhuma aliança verdadeira com os pais porque têm medo de criar conflito se forem além da superfície. O grande educador John Dewey era inimigo ferrenho da polidez e da formalidade características do relacionamento entre pais e professores[6]. Alguns docentes, principalmente do Ensino Médio, não acham que faz parte do seu trabalho cooperar com os pais para entender melhor uma criança. Muitos estão tão estressados e sobrecarregados que se limitam a informar as notas das provas, como fizeram as duas primeiras professoras

---

6 Sara Lawrence-Lightfoot, *The Essential Conversation: What Parents and Teachers Can Learn from Each Other* (Nova York: Random House, 2003), p. 79. Esse livro, com suas concepções impactantes e inteligentes, foi muito útil para dar forma às ideias deste capítulo.

com quem eu e minha mulher dialogamos. Outros são por demais reservados, por terem plena consciência da enorme responsabilidade que carregam e temerem desapontar os pais: "A época das reuniões de pais e professores é, de longe, a mais estressante do ano para mim", conta-me um professor amável e inteligente, que também é pai. "Para mim, ensinar a uma criança constitui uma grande responsabilidade e honra. Os pais estão atribuindo a mim a responsabilidade pela educação de seus filhos. É aterrorizante pensar que posso falhar, ou mesmo que possa parecer que falhei." Além disso, alguns pais, sobretudo de baixa renda, desconfiam das escolas (muitas vezes por terem más recordações de quando eram estudantes) ou não se sentem no direito de defender seus filhos nessas instituições[7].

Nas comunidades de classe média e alta, no entanto, pais dominadores e intrometidos do tipo descrito por David são um problema ainda maior: além de não colaborarem com os professores, também representam para os filhos um modelo de desrespeito. Pouco depois de conversar com David, falei com outro estimado educador – professor fazia vinte anos e depois diretor de escola por cinco anos em uma comunidade rica de Connecticut – que abandonara a profissão por razões semelhantes. "Os pais me telefonavam para dar ordens. Lembro-me de um pai que me mandou colocar seu filho na turma de um professor que ele considerava o melhor. Disse-lhe que não podia fazer aquilo, e ele respondeu: 'Se não fizer, amanhã estarei na sua sala com o dono da escola.'" Outros professores reclamam de pais que querem intrometer-se em cada aspecto da experiência escolar. Uma professora de uma dessas comunidades contou-me que jamais perdoaria uma mãe que se ajoelhou e cheirou o piso da sala de aula para ver se exalava odores que pudessem incomodar seu filho. Como diz o psicólogo

---

[7] A maravilhosa organização The Right Question Project, localizada em Cambridge, MA, foi criada para tornar os pais de baixa renda mais aptos a defenderem seus filhos nas escolas.

e consultor pedagógico Michael Thompson, às vezes os professores desejariam que os alunos fizessem uma cirurgia de extração dos pais[8].

O problema, porém, não são apenas os pais descaradamente desagradáveis e controladores. Muitos pais, muitos de nós, de modo sutil e inadvertido, podemos jogar sobre os professores responsabilidades absurdas. Eu mesmo já passei pela experiência de enxergar apenas meus filhos e perder de vista a perspectiva dos professores. Faz pouco tempo, ouvi uma professora reclamar dos pais que tentam conversar com ela ao deixarem seus filhos na escola de manhã, um momento em que ela precisa estar concentrada para preparar-se para a aula. A carapuça me serviu, pois já fiz isso muitas vezes. Os professores também se queixam de pais que tentam fazer amizade com eles para conseguir favores para os filhos e de pais que permanecem na sala por mais tempo para inspecioná-los e cobri-los de sugestões. Nas comunidades ricas, em particular, os professores podem sentir que os pais os vigiam de perto, que cada tarefa do seu trabalho, como observa Thompson, está sendo dissecada por uma "comissão de qualidade total", como se diz hoje em dia[9]. O que deixa os professores mais indignados é a sensação de estarem sendo julgados por adultos que consideram parciais e sem competência para julgá-los, como diz a autora e educadora Sara Lawrence-Lightfoot[10].

Embora eu tenha conhecido muitos pais que se preocupam sinceramente com outros estudantes além de seus filhos (pais que fazem de tudo, por exemplo, para ajudar os professores da escola a encontrar professores particulares e outros tipos de reforço pedagógico para alunos com dificuldades), também conheci vários que só se preocupam com os próprios filhos e acham que não têm ne-

---

8   Michael Thompson, "The Fear Equation", em *Independent School* 55, n. 3 (primavera de 1996), p. 52.
9   Thompson, "The Fear Equation", p. 47.
10 Lawrence-Lightfoot, *The Essential Conversation*, p. 78.

nhuma responsabilidade para com as outras crianças da turma ou da comunidade escolar como um todo. "Há muitos pais aqui que se preocupam com os filhos dos outros", conta-me Elaine, uma mãe que preside o conselho de pais de uma conhecida escola particular de Washington, DC. "Mas há também um bom número de pais que não parecem ter a mínima consciência de que seu filho não é a única criança nesta escola." Alguns pais são particularmente intolerantes com crianças que talvez estejam atrapalhando o processo de aprendizagem de seu filho. Conversei com pais que se sentem ultrajados quando uma criança com problemas de comportamento prejudica seu filho nos estudos. "Não sei por que eles simplesmente não botaram aquele menino para fora", disse-me faz pouco tempo um pai cujo filho frequenta uma escola particular muito respeitada de Manhattan. "Pago uma fortuna para que meu filho frequente essa escola e outra criança vem e interfere nos seus estudos? Isso não faz sentido." (Como um pai deve reagir numa situação dessas é uma questão complexa, como explico adiante.)

Mesmo quando são poucos os pais desse tipo, eles podem determinar o tom e a qualidade da interação das escolas com os pais de alunos. Muitas escolas particulares e de bairros de classe média alta, em parte devido ao pequeno número de pais exigentes, criam políticas e práticas projetadas para manter os pais mais afastados. Essas escolas organizam inúmeros eventos para receber os pais, por exemplo, mas a agenda é cuidadosamente planejada.

O pior, no entanto, é que, até quando os pais têm um espírito de comunidade e esforçam-se por trabalhar em conjunto com os professores, o relacionamento entre eles pode dar errado por uma série de motivos. Os pais podem reagir de forma grosseira e defensiva quando recebem críticas dos professores sobre a maneira como criam seus filhos, como aconteceu comigo quando duas professoras disseram-me que meu filho tinha dificuldade para escutar os outros. Na verdade, essas reuniões com os professores podem ser as únicas ocasiões em que os pais recebem algum tipo de crítica. No fundo, o que eles querem é simplesmente que os professores conheçam seus filhos e gostem deles. Por isso, quando os professores falam somente de notas ou não expressam afeição nem elogiam a criança ou o adolescente, os pais podem sentir-se enganados ou aborrecidos.

Esse relacionamento também pode provocar em nós, pais, um sentimento de competição e suscitar problemas de autoridade e afeição. Podemos ficar apreensivos por achar que nosso relacionamento com um professor está próximo demais – se ficarmos sabendo, por exemplo, que nosso filho revelou a ele detalhes muito íntimos de nossa vida doméstica. Alguns pais podem sentir-se ameaçados pela intimidade do relacionamento entre seu filho e os professores. Por outro lado, a frieza de um professor, ou uma atitude insultuosa ou manipuladora dele por ocasião de um contato conosco (seja essa atitude real ou imaginária), pode nos fazer relembrar, nem sempre de forma consciente, momentos de nossa infância em que fomos maltratados por figuras revestidas de autoridade, inclusive nossos pais, ou em que nos sentimos desprezados ou desrespeitados como estudantes (aos "fantasmas de sala de aula", como diz Sara Lawrence-Lightfoot[11]).

Além disso, alguns professores escolhem essa profissão porque têm dificuldade para trabalhar com adultos, sobretudo adultos em posição superior. Alguns também se identificam excessivamente com as crianças, o que prejudica sua capacidade de compreender o ponto de vista dos pais.

PARA CRIAR UMA LIGAÇÃO MAIS FORTE ENTRE PAIS E PROFESSORES

Essas questões de relacionamento entre pais e professores apresentam muitos aspectos e podem ser abordadas de diferentes maneiras. As estratégias se diferenciarão umas das outras não apenas pelo fato de a escola ser de ricos ou de pobres, mas também devido

---

11 Lawrence-Lightfoot, *The Essential Conversation*, p. 3.

a muitas outras características dos pais, da escola e da comunidade. Há, porém, posturas e estratégias que podem fazer muita diferença em todos os tipos de escolas.

As escolas podem fazer muito mais para conquistar muitos pais, inclusive os mais problemáticos. Por mais duro que seja para um professor ou diretor lidar com pais por demais assertivos e desagradáveis, nenhuma escola que encare com seriedade a questão do desenvolvimento moral pode limitar-se a mantê-los afastados, porque são justamente os filhos desses pais que correm mais riscos morais. As escolas não precisam tentar transformar esses pais. Podem, no entanto, fornecer aos professores apoio e orientação constantes para lidarem com eles, inclusive ajudando-os a evitar acusações fáceis e tornar-se bodes expiatórios, bem como a administrar as visões tendenciosas da classe. É importante sobretudo que os docentes enxerguem que, por trás da arrogância e prepotência de muitos pais, muitas vezes estão seres humanos possivelmente temerosos por terem de entregar seu filho a um estranho ou por poderem perder o controle dele.

Em todos os tipos de escolas, também é possível fazer os pais olharem para outras pessoas além de seus filhos. Isso significa, em parte, encontrar múltiplas maneiras de envolvê-los nas atividades escolares – fazendo-os atuar como monitores, membros de conselhos de pais e integrantes de equipes dedicadas a projetos específicos. Significa ainda que as escolas precisam definir com clareza seus objetivos e suas expectativas morais tanto em relação aos pais quanto aos alunos, através de cartas de intenções (declarações explícitas e bem divulgadas dos valores defendidos pela instituição). E, o que é mais importante, essas cartas não devem ser como enfeites que só servem para acumular poeira, o que é muito comum acontecer. Precisam ganhar vida não apenas na sala de aula, mas em todos os aspectos da vida escolar.

Meus filhos frequentaram uma escola pública de Ensino Fundamental em que encontros com os professores, eventos escolares, cartazes nas paredes e comunicados do diretor, tudo isso contribuía para criar vínculos tanto entre os pais quanto entre estes e a escola. Os comunicados expressavam um conjunto de compromissos morais: tanto os pais quanto os alunos são membros de uma comunidade e são responsáveis por todos os integrantes dela; cada aluno tem contribuições intelectuais e pessoais a oferecer ao processo de aprendizado da comunidade como um todo, e a escola tem o dever de reconhecer e apoiar essas contribuições; a escola prepara a criança não apenas para uma profissão, mas também para ser uma cidadã; a diversidade é um dos valores mais importantes e as opiniões divergentes serão consideradas; deve-se ensinar os alunos a identificar e enfrentar as desigualdades sociais e a injustiça. Nas reuniões de pais e professores, com frequência não falávamos apenas de nossos filhos, mas também sobre como eles poderiam ajudar outras crianças em sala de aula, bem como sobre preocupações concernentes à escola como um todo e sobre os possíveis papéis que os pais poderiam desempenhar para ajudar a solucionar problemas. Muitas vezes, o tema do dever de casa tinha a ver com questões de igualdade e justiça e por vezes pedia-se às crianças que o fizessem junto com os pais. Os professores sentiam-se responsáveis por todas as crianças da escola (não apenas pelas da sua turma) e, além de suas obrigações rotineiras, esforçavam-se para ajudar crianças marginalizadas e em dificuldades, bem como para fazer os pais dessas crianças se envolverem. Recentemente, essa escola fundiu-se a outra que apresentava grande número de alunos com dificuldade nos estudos, um desafio diante do qual muitas escolas ficariam temerosas. Pois bem, o corpo docente abraçou o projeto e encorajou os pais a fazerem o mesmo. Como as relações entre professores e estudantes nessa escola são baseadas na consideração e na confiança, as crianças valorizam aquilo que os professores valorizam, incluindo virtudes como a honestidade e a coragem. Ao mesmo tempo, como observa o diretor: "Muitos pais desafiam a comunidade como um todo a acreditar em cada uma de nossas crianças e famílias e a valorizá-las. Essa iniciativa das famílias fortalece os valores da escola e ajuda-a a defendê-los."

Quanto ao nosso papel de pais, podemos trabalhar de muitas formas para melhorar nosso relacionamento com os professores. Por exemplo, podemos pensar como cooperar de modo mais eficaz com professores que não admiramos. Não precisamos admirar todos os professores ou fingir admiração pelo bem de nossos filhos. Na verdade, às vezes, o pai ou a mãe deve verificar se a opinião do filho de que um professor é ineficaz ou age de modo inadequado em determinada questão é coerente. Podemos, no entanto, reconhecer as preocupações e os desafios que os professores enfrentam no dia a dia e ajudar nossos filhos a compreendê-los. Para nos identificarmos mais com esses profissionais e fazer nossos filhos sentirem empatia com eles, pode ser útil lembrarmos que os professores muitas vezes não se sentem apoiados pelos diretores (em particular, alguns professores de escolas privadas percebem que a administração não os apoiará se um pai quiser sua cabeça, já que os pais é que pagam a mensalidade[12]), não raro se sentem desvalorizados pela sociedade e, além disso, têm de responder constantemente aos ataques dos pais que questionam sua capacidade de desempenhar uma tarefa a que se dedicaram de corpo e alma.

Na posição de pais, também podemos pensar em como defender os interesses de nossos filhos sem ignorar as necessidades das outras crianças. Embora, em muitas circunstâncias, a defesa do bem-estar de nossos filhos e a dos filhos dos outros estejam intimamente vinculadas (como disse o diretor de uma escola: "As crianças tendem a florescer em comunidades onde outras crianças também floresçam"), há situações em que as necessidades de nossos filhos de fato se chocam com aquelas das outras crianças. O pai que se preocupa com a presença de uma criança que tem problemas de comportamento na classe de seu filho não é simplesmente uma pessoa sem coração. Crianças agressivas ou com dificuldade para controlar os próprios impulsos podem prejudicar o processo

12 Thompson, "The Fear Equation", p. 52.

A verdadeira força moral das escolas   157

de aprendizagem dos demais alunos. Muitas vezes, os pais enfrentam dilemas éticos reais e precisam examinar uma complexa variedade de ações que podem beneficiar seu filho, mas prejudicar as outras crianças, ou vice-versa.

Nesse caso, porém, apresenta-se mais uma oportunidade de demonstrar um importante aspecto da moral. A questão não é que nós, pais, devamos colocar as necessidades das outras crianças à frente das necessidades de nossos filhos. O que devemos fazer é agir eticamente e dar o exemplo moral a nossos filhos no ambiente escolar ao tentarmos solucionar a tensão entre o que é melhor para eles e o que é melhor para as outras crianças. Em última instância, pode fazer sentido, por exemplo, um pai defender a criação de uma turma para alunos com habilidades superiores ou reivindicar o afastamento de uma criança que esteja sempre desviando a atenção das outras em sala de aula ou provocando desordem. Mas, em vez de sugerir prontamente a expulsão dessa criança, podemos ensinar nossos filhos a ter compaixão por ela, incentivar o professor a procurar maneiras construtivas de trabalhar com ela, exigir da administração da escola que forneça o apoio adequado a esse trabalho e, no diálogo com os outros pais, fazê-los desenvolver um sentimento de responsabilidade coletiva por todas as crianças da comunidade. Antes de nos organizarmos para reivindicar uma turma especial, devemos pelo menos pensar nas dificuldades que a escola terá de enfrentar para formar essa turma ou nas outras aplicações que a escola poderia dar a esses recursos.

Tanto para os professores quanto para os pais, é essencial colocar-se no lugar da outra parte quando a relação torna-se defensiva ou conflitiva. Quanto a nós, pais, um ouvinte confiável e comprometido (um amigo, cônjuge ou parente) pode nos ajudar a encontrar maneiras como podemos nos aliar ao professor e quais são nossos objetivos nesse relacionamento. Desse modo, não entraremos nele totalmente fechados ou na defensiva.

Por fim, há coisas bem específicas e concretas que tanto as escolas quanto os pais podem fazer para evitar acusações fáceis e criar condições para construir relacionamentos fortes. Nas reuniões de pais e professores, pode ser útil, por exemplo, que os pais comecem relatando algo de positivo que seu filho tenha dito sobre o professor. Quando este, por sua vez, começa a reunião apontando uma virtude peculiar da criança (e explica como ela se manifesta em sala de aula, como fez a professora de meu filho), o encontro pode tomar um rumo totalmente diferente daquele que tomaria se o professor se limitasse a dizer as notas da criança ou a apontar seus problemas. Como observou um professor a **Sara Lawrence-Lightfoot**, também ajuda se os professores usarem "nós" ao falarem com os pais – não "O que vocês vão fazer?" ou "O que eu vou fazer?", mas "O que *nós* vamos fazer?" – para estabelecer uma aliança construtiva[13].

OS RELACIONAMENTOS ENTRE PAIS E PROFESSORES

Uma aluna do Ensino Médio recentemente me enviou um trecho de seu blogue:

> Há duas semanas, quando os professores e os alunos se reuniram para discutir maneiras de incentivar a participação, as decisões morais eram como que sombras silenciosas na sala. Quando um professor fez piada – "Quer dizer que humilhação é uma coisa ruim?" –, todos rimos porque estávamos lá para aprender uns com os outros, para fazer da sala de aula um lugar melhor. Ao mesmo tempo, porém, aquilo me fez lembrar as tantas vezes em que eu vi outros alunos sendo humilhados ou ouvi falar de casos de humilhação. E as tantas vezes em que o professor poderia ter recorrido à humilhação, mas escolheu outro caminho. Isso pode parecer bastante estranho vindo de uma estudante, mas nós, alunos, percebemos quando os

---

13 Lawrence-Lightfoot, *The Essential Conversation*, p. 169.

professores tomam decisões morais, seja para admitir um erro, incentivar todos os alunos a participarem ou tornar transparentes as decisões tomadas em sala de aula. Essas coisas podem iluminar ou arruinar meu dia.

Janet Rimer, professora do terceiro ano na zona rural de Illinois, passou boa parte do semestre preocupada com um de seus alunos, Mathias, de 12 anos. O menino – inteligente, nervoso e de pavio curto tanto com ela quanto com os colegas – parecia ter se alheado completamente da escola desde o início do semestre. Eram constantes as brigas com os colegas pelas coisas mais triviais. Janet, no entanto, recusou-se a desistir dele. Ela o pressionava a fazer o dever de casa, fazia exigências com firmeza, mas também o incentivava quando o menino conseguia os mínimos avanços. Ao fim do semestre, Mathias havia alcançado algum progresso nos estudos. Como, porém, ele jamais expressara nenhum tipo de gratidão, Janet ainda temia não tê-lo tocado realmente. Será que ele voltaria à estaca zero no ano seguinte?

No fim do semestre, enquanto limpava a sala, Janet encontrou alguns pedaços de papel na carteira em que Mathias sentava. Em um deles, estava rabiscada uma frase que a tocou profundamente: "Quem quer que venha a se sentar nesta cadeira, saiba que esta professora se importa de verdade com a gente."

Durante as duas últimas décadas, passei por dezenas de escolas e conversei com inúmeros estudantes. Observei, repetidas vezes, a sensibilidade aguda dos estudantes com relação às qualidades dos professores – tanto sua lealdade ferrenha àqueles nos quais confiam quanto sua percepção afiada para a hipocrisia, a injustiça e a indiferença. Estudos mostram que, mesmo quando uma escola passa por uma grande reestruturação, os alunos costumam prestar pouca atenção às mudanças realizadas e continuam concentrados nas forças e fragilidades de cada professor[14]. São sempre os professores que ganham sua admiração, confiança, desconfiança ou desconsideração.

Esses relacionamentos podem influenciar de muitas maneiras o desenvolvimento moral da criança. Os professores, evidentemente, não escolhem a influência que exercerão sobre o caráter dos alunos. A todo momento, e de maneira inevitável, influenciam as atitudes e a capacidade moral deles (para o bem ou para o mal) ao escolherem o que elogiar ou punir, ao harmonizarem de modo mais ou menos justo as diferentes necessidades dos alunos, ao deixarem transparecer as coisas a que dão valor e ao definirem, de uma maneira ou de outra, as obrigações dos estudantes uns com os outros. Os professores estão sempre influenciando as emoções subjacentes ao desenvolvimento moral dos alunos. Eles podem humilhar os alunos, como menciona a estudante do blogue no seu texto, ou ser exemplos de empatia. Da mesma maneira que pais e filhos vivem uma relação de reciprocidade (estes afetam a vida emocional e moral daqueles e vice-versa), professores e alunos podem influenciar-se mutuamente. Isso gera consequências complexas, com frequência positivas, mas algumas vezes destrutivas. Randall, um aluno da sétima série que entrevistei em Little Rock, Arkansas, e que pega no pé de todos, envolveu-se em um conflito com os adultos, fenômeno bastante comum. Sua atitude de posicionar-se sempre contra impede que os professores e diretores vejam as coisas da perspectiva dele e até desperta raiva neles (um professor chama-o de "idiota" e o diretor refere-se a ele como "aquele babaquinha"), o que parece apenas alimentar as provocações de Randall e enfurecê-los ainda mais. O jovem está se distanciando rapidamente da comunidade da sua escola. Quando lhe perguntei em quem confiava, mostrou-me uma folha de papel em branco.

14 Judith W. Little, Rena Dorph et al., *California's School Restructuring Demonstration Program* (Berkeley: University of California, 1998), pp. 44, 49.

Mas o que os professores podem fazer para que as crianças desenvolvam qualidades morais? Ora, podem incentivar hábitos virtuosos, a esperança, o idealismo, a consideração e o respeito pelos outros, e desafiar os alunos a se tornarem pessoas melhores. Os professores podem encorajar as crianças a falarem sobre as questões morais que as afligem: Será que devo defender meu melhor amigo numa briga, mesmo sabendo que ele está errado? Será que devo dizer ao orientador pedagógico que minha mãe ou meu pai está com depressão, bebe demais ou está sempre com raiva? Ou isso seria trair minha família? Será que devo contar a um adulto que um aluno popular entre os colegas roubou a calculadora de outro, mesmo sabendo que posso virar um excluído na escola? Assim como os pais, os professores são mais eficazes nesse tipo de conversa quando defendem valores importantes e, ao mesmo tempo, escutam com atenção e entram no mundo da criança ou do jovem. O simples ato de escutar pode ser como um oásis no deserto para uma criança acostumada a lidar com professores estressados. No poema "The Parent Conference" [Reunião de pais e professores], a professora e poetisa Mary Burchenal[15] descreve uma reunião infrutífera e tediosa entre pais, professores, um aluno e um orientador pedagógico. De repente, a sessão toma outro rumo simplesmente porque a professora pergunta ao estudante: "Quando começa a temporada de beisebol?"

Inúmeros professores sem dúvida possuem motivação e capacidade para desempenhar o papel de educadores morais, outros não. Muitos docentes, sobretudo do Ensino Médio, simplesmente não conseguem conquistar a confiança e o respeito dos alunos, o que impossibilita uma orientação educacional eficaz.

Esse fracasso tem várias raízes. Muitos professores (sobretudo do Ensino Médio, mais uma vez) não consideram que seu trabalho envolva educação moral ou a construção de um relacionamento

---

15 Mary Burchenal é professora na Brookline High School, em Brookline, Massachusetts.

com os alunos. Mesmo quando assumem o papel de educadores morais, com frequência restringem-se a "ensinar valores". Além disso, muitas vezes um grande muro separa a cultura dos estudantes daquela dos adultos em uma escola. Nenhum outro adulto está em melhor posição para entender o mundo das crianças e dos jovens do que o professor. Mesmo assim, os professores não raro desconhecem a percepção que os alunos têm da escola, o que valorizam e quem são os dominadores e os excluídos. Além do mais, a empatia dos estudantes para com os professores aumentaria e o relacionamento entre eles melhoraria se os alunos soubessem coisas elementares sobre os docentes, por exemplo, por que escolheram essa profissão, como são treinados e que dificuldades enfrentam.

Muitos professores, sobretudo nas grandes cidades, padecem de desilusão e estresse. Esses estados de ânimo comprometem exatamente as qualidades vitais para a tarefa de guiar o crescimento moral das crianças: empatia, persistência, coerência e energia moral. "Como ser humano, eu talvez jamais esteja à altura disso", confessou-me recentemente um professor de Boston. A desilusão e o estresse estão entre as principais razões por que grandes contingentes de professores vêm abandonando a profissão – entre 40 e 50 por cento dos novos professores norte-americanos abandonam a profissão antes do quinto ano de atividade[16]. "Muitos professores novatos que chegam aqui à escola assistiram a filmes demais com a Michelle Pfeifer ou o Robin Williams sobre professores que vêm e salvam os alunos", disse-me um professor experiente e muito admirado de uma escola de Ensino Médio urbana, "mas logo percebem que os alunos não mudam tão facilmente, e isso os desanima."

---

16 Para dados sobre esse fato, ver Richard M. Ingersoll, "The Teacher Shortage: A Case of Wrong Diagnosis and Wrong Prescription", *NASSP Bulletin* 86, n. 631 (2002), pp. 16-30; National Commission on Teaching and America's Future, *No Dream Denied: A Pledge to America's Children* (Nova York: National Commission on Teaching and America's Future, 2003); E. Fidler e D. Haselkorn, *Learning the Roles: Urban Teacher Induction Practices in the United States* (Belmont, MA: Recruiting New Teachers, 1999).

Porém, pode haver um obstáculo maior que impede os professores de desenvolver essa capacidade de relacionamento e essas habilidades pedagógicas nas diferentes comunidades. Assim como outros adultos, muitos professores têm uma visão equivocada das próprias capacidades morais e pedagógicas. Tendem a vê-las como estáticas. Muitos não se percebem como pessoas que procuram ser mais justas, mais generosas ou mais aptas a considerar o ponto de vista dos estudantes. Quando estes transgridem, muitas vezes a reação dos professores e diretores é simplesmente criar mais regras, endurecer aquelas já existentes e impor punições, em vez de refletir sobre suas próprias falhas e visões tendenciosas e sobre se o funcionamento da comunidade escolar não favorece a transgressão. Tampouco essas transgressões são usadas como "lições", isto é, como oportunidades de fazer os alunos entenderem por que ocorreram, qual impacto tiveram sobre os outros e por que certos padrões morais existem. (Lembremos o exemplo de Lisa, no Capítulo 1.)

Existem, de fato, muitas oportunidades para que os professores tornem-se mais capazes de consideração, superem visões tendenciosas e adquiram importantes conhecimentos morais em seu relacionamento com os alunos. Percebi esse potencial muitos anos atrás, ao conversar com um amigo meu que na época era professor. Ele embarcara com seus alunos em uma discussão sobre religião e observou, de passagem, que não acreditava em Deus. Ao final da aula, uma aluna abordou-o visivelmente perturbada. Disse-lhe que era uma pessoa religiosa e tinha achado seu comentário incompreensível. "Como posso respeitar seu julgamento e suas orientações, se não se fundam na crença em Deus?", perguntou-lhe a estudante.

O incidente forçou esse professor a fazer a si mesmo perguntas sobre sua eficácia como mentor moral. Além disso, levou-o a se sentir meio egocêntrico: qual era realmente seu grau de compreensão da perspectiva de seus alunos? Viu-se levado, então, a refletir especificamente sobre as enormes diferenças entre suas crenças morais e aquelas de alguns de seus alunos. Enfim, o acontecimento o fez pensar em uma difícil questão que está no cerne da educação moral e na qual muitos professores nunca pensam: como conciliar essa educação com as orientações morais dos alunos?

Conversei com professores de escolas de gente rica que se esforçavam para superar seus preconceitos contra as crianças privilegiadas, inclusive a pressuposição fácil de que são mimadas. Uma professora contou-me que estava furiosa porque um de seus alunos matava aula com a permissão dos pais para ir ao campo de golfe. "Mas, depois que a raiva passou, pensei como aquilo era triste: pais que deixam o filho matar aula para jogar golfe."

A CRIAÇÃO DE UMA COMUNIDADE ESCOLAR MORALMENTE COMPROMETIDA

Entretanto, não deveria ficar a cargo dos professores toda a responsabilidade pelo desenvolvimento das capacidades morais e pedagógicas dos alunos. Para promover o crescimento moral deles, as escolas precisam transformar-se em lugares bem diferentes. Na posição de pais preocupados com o desenvolvimento moral de nossos filhos, devemos nos perguntar se a escola apoia e cultiva as capacidades morais e pedagógicas tanto dos adultos quanto das crianças, se observa de modo cuidadoso o relacionamento dos professores com os pais e dos alunos com os professores, se busca derrubar o muro que separa a cultura dos adultos daquela das crianças no ambiente escolar.

As escolas podem identificar alunos que não estejam ligados a nenhum adulto (e que corram maior risco de envolver-se em problemas morais) e criar vínculos entre eles e o corpo docente. Nancy Walser, jornalista especializada em educação, relata que, na reunião anual do corpo docente da Bowman Elementary School, em Anchorage, Alasca, estrelas de papel com o nome de cada aluno da escola são coladas na parede, e os membros do corpo docente escrevem seu nome ao lado de cada aluno com o qual tenham um relacionamento mais próximo[17]. A escola então procura garantir que seus funcionários mantenham contato constante com os alunos mais isolados, ainda que mediante simples conversas casuais. Em parte devido a essa medida, pesquisas indicam que o número de alunos em contato com algum adulto nessa escola é maior. Uma escola particular de Ensino Médio situada nas imediações de Boston passou por um processo semelhante, e descobriu-se que quase todos os professores tinham vínculos com o mesmo grupo de garotas, mas muitos garotos não tinham vínculos com nenhum professor.

Em escolas que levem a sério o desenvolvimento moral, a diretoria também procurará contratar professores interessados no crescimento moral dos estudantes, reduzir as pressões sofridas pelos professores e dar a estes oportunidades de refletir sobre seus êxitos e fracassos como mentores morais. Os docentes precisam ter a chance de refletir, por exemplo, por que não conseguem sentir a mínima empatia nem mesmo desprezo por alguns alunos (como Randall), por que certos alunos não confiam neles nem os respeitam, sobre suas próprias dúvidas e falhas morais e de que forma podem conversar com os alunos a respeito delas.

Ao mesmo tempo, na qualidade de pais, devemos exigir que as escolas incentivem as crianças a falar de suas aflições aos professores quando se sentirem maltratadas e ofereçam a eles a orientação necessária para que possam reagir de maneira construtiva. Além disso, muitas vezes, faz sentido incluir os alunos nas reuniões de pais e professores (prática nova em algumas escolas). Orientadores pedagógicos também podem reunir-se com professores e alunos e incentivar estes a expressar suas angústias.

Grande parte daquilo que passa por educação moral atualmente se mostra irrelevante – quando não uma farsa completa –, porque não causa impacto nenhum sobre a capacidade dos adultos para enfrentar esses desafios. Para piorar, além de não ajudarem os pro-

---

17 Nancy Walser, "'R' is for Resilience", *Harvard Education Letter* 22, n. 5 (set./out. 2006), pp. 1-3.

fessores no que concerne a suas qualidades pedagógicas e morais, esses programas podem reforçar a ideia de que eles e os demais adultos já são pessoas altamente evoluídas moralmente e precisam apenas transmitir seus valores aos alunos.

Mesmo assim, um bom relacionamento entre professores e alunos e entre pais e professores não é a solução para todos os males. A escola precisa fazer muito mais coisas. Por exemplo, os alunos deveriam ler sobre figuras exemplares (homens e mulheres de fortes convicções que trabalhem para melhorar o mundo) e interagir com elas. Além disso, nas diversas atividades e disciplinas do currículo escolar, deveriam ter a oportunidade de refletir sobre valores e lidar com dilemas e questões morais, sobretudo aquelas que emergem de sua experiência cotidiana. Na Cambridge Rindge and Latin High School, em Massachusetts, um grupo de alunos todo ano participa de apresentações de teatro que exploram questões sociais e éticas da comunidade, por exemplo: "Devo dedurar um grande amigo que esteja roubando a loja onde trabalha?" Alguns programas de educação moral, como o Projeto de Desenvolvimento da Criança [Child Development Project], sediado em Oakland, Califórnia, e o Circuito Aberto [Open Circle], sediado nas imediações de Boston, também fornecem aos professores orientações sobre como criar uma comunidade democrática. As crianças fazem exercícios concebidos especialmente para ajudá-las a pôr-se no lugar de outras crianças e têm a oportunidade de criar regras para a comunidade, resolver problemas de sala de aula e estabelecer sanções. As crianças e os jovens tendem muito mais a respeitar uma regra ou um valor quando, no lugar de terem sido impostos por um adulto, são elas que desenvolvem a ideia usando sua mais preciosa capacidade: a de pensar[18]. As escolas também podem

---

18 Alfie Kohn, citando John Holt, defende argumento semelhante em "How Not to Teach Values: A Critical Look at Character Education", em *Phi Beta Kappan* 78, n. 6 (fev. 1997), pp. 429-39.

manter-se alertas para o currículo moral "oculto" e procurar combatê-lo. Muitas práticas escolares – como a montagem do currículo do aluno com base em seu desempenho, os programas de seleção de crianças com necessidades especiais, as medidas disciplinares e a possibilidade de escolher o currículo – transmitem às crianças mensagens morais que podem ser construtivas ou destrutivas, sobretudo a respeito das concepções de justiça dos adultos e de seu comprometimento com ela, mas também sobre como eles veem as crianças. Como diz Thomas Lickona, especialista em educação moral: "Um programa de educação moral não será satisfatório enquanto o currículo da escola for idiotizante e não respeitar a criança como estudante, ou quando o programa dividir os alunos entre vencedores e perdedores."[19] Além disso, programas bem estruturados e interessantes de trabalho comunitário e oportunidades para que os alunos mais velhos orientem os mais novos também podem promover virtudes essenciais.

Grande parte desse trabalho é de difícil realização, sobretudo no enorme contingente de escolas onde a preparação dos alunos para provas decisivas consome a energia e o tempo dos professores. Não podemos, contudo, continuar repetindo as mesmas fórmulas pedagógico-morais de sempre. Mais ainda, a maioria dos fatores essenciais para o apoio ao desenvolvimento moral das crianças nas escolas (a criação de comunidades fortes, a garantia de um relacionamento de confiança entre crianças e adultos, o desenvolvimento de vínculos sólidos entre professores e pais, o combate à estagnação dos professores e a promoção de seu crescimento) também é absolutamente crucial para seu desenvolvimento acadêmico. Além disso, ao contrário de tantos outros projetos de educação moral, esse tipo de trabalho possui chances reais de desenvolver nas crianças as qualidades de que necessitam para se tornarem adultos gentis e responsáveis.

---

19 Contato pessoal com Thomas Lickona, 2008.

7

A MATURIDADE DOS PAIS E O ESPORTE DOS FILHOS

Nas pesquisas que realizamos para este livro (e falei com diversos pais, de muitas regiões dos Estados Unidos, bem como do Canadá e da Austrália), foi muito fácil encontrar pais que agiam como idiotas ao acompanharem os filhos em eventos esportivos. Soube de um pai que leva um cronômetro aos jogos para calcular exatamente quantos minutos seu filho joga, em comparação com os outros jogadores. Se alguém reclama do filho, o pai joga esses números na cara do treinador. Também soube de duas mães que se batiam de bolsa na arquibancada e de pais que cuspiam nos jogadores do time adversário em jogos de *hockey*. Um relatório da Aliança Desportiva Juvenil dos Estados Unidos[1] inclui histórias tocantes: duas mulheres atacaram uma mãe depois de um jogo de beisebol juvenil em Utah e deixaram-na inconsciente, um técnico de beisebol juvenil de Wisconsin foi preso por bater num árbitro até derrubá-lo no chão, uma briga envolveu mais de trinta adultos ao final de um campeonato de futebol para jogadores com menos de 14 anos.

---

1 National Alliance for Youth Sports, *Recommendations for Communities*, documento resultante do Encontro Nacional pela Promoção de Padrões Comunitários para o Esporte Infantojuvenil (West Palm Beach, FL: National Alliance for Youth Sports, jan. 2002), p. 13. Disponível em: <http://www.nays.org/IntMain.cfm?Page=120&Cat= 20#1>.

Nos Estados Unidos, mais de 40 milhões de crianças e jovens praticam algum esporte[2]. Fora do convívio doméstico e escolar, é nesses eventos que os adultos mais interagem com as crianças. Além disso, o esporte é hoje muito celebrado por ajudar a manter os adolescentes longe das drogas, do crime e das gangues, e por ajudá-los a desenvolver muitas virtudes, como a coragem, a justiça e a responsabilidade. O tema do esporte juvenil hoje em dia está saturado de discurso moral.

O esporte não apenas ajuda no desenvolvimento das virtudes e mantém as crianças longe das drogas e outros perigos[3], como também pode, sem dúvida, exercer sobre elas todo tipo de influências morais positivas. Pode ajudar a criança a lidar com a vergonha e a raiva e desenvolver o raciocínio moral. Certas decisões no esporte – quando, digamos, um jogador deve decidir entre destacar-se individualmente ou priorizar os colegas de time ou quando precisa refletir sobre o que é o *fair play* – possuem inúmeros paralelos em outras áreas da vida[4]. O esporte também pode ensinar a criança a contribuir com seus talentos pessoais para o bem da comunidade, além de representar para ela uma "experiência concreta da justiça", usando as palavras do cientista político Michael Gillespie[5]. Ao contrário de outras esferas sociais, o esporte é uma meritocracia de verdade. Nele as crianças competem em pé de igualdade: a vitória

---

2   David E. Williams, "Character Builder or Pressure-Cooker: Parents and Youth Sports", em CNN.com, 10 jul. 2006, citando dados do Conselho Nacional de Esporte Infantojuvenil.
3   Pesquisas indicam que a participação nos esportes e a delinquência são, de fato, inversamente proporcionais e que o esporte pode prevenir o envolvimento com gangues. Ver Vern Seefeldt e Martha Ewing, "Youth Sports in America: An Overview", em *PCPFS Research Digest*, série 2, n. 11 (1996).
4   Ver David Shields e Brenda J. Bredemeier, *Character Development and Physical Activity* (Champaign, IL: Human Kinetics, 1994), citado em Jeffrey Pratt Beedy e Tom Zierk, "Lessons from the Field: Taking a Proactive Approach to Developing Character Through Sports", em *CYD Journal* 1, n. 3 (2000), p. 1.
5   Michael A. Gillespie, "Players and Spectators: Sports and Ethical Training in the American University", em *Morality and Education*, Elizabeth Kiss e Peter Euben (Orgs.), a ser publicado.

ou a derrota não dependem de relações privilegiadas ou posição social, mas de habilidade, inteligência e perseverança. Gillespie observa que os esportes de rua, em particular, por exigirem a coordenação de interesses de uma comunidade que existe momentaneamente, também podem ajudar a criança ou o jovem a desenvolver habilidades "políticas" democráticas[6].

Tampouco se deve desprezar a importância que o esporte possui hoje em dia por ser, para algumas crianças, o único momento em que têm contato com o pai ou recebem toda a atenção de mentores do sexo masculino. Como as escolas são, muitas vezes, segregadas (além do que as crianças comumente pertencem a turmas diferentes e seguem currículos distintos), o esporte às vezes também é a única arena onde as crianças têm a oportunidade de fazer amizade com indivíduos de outras raças, etnias e classes sociais e aprender a compreendê-los. Em inúmeros campos de futebol e de beisebol pelos Estados Unidos afora, crianças brancas aprendem pela primeira vez como pensam e o que sentem as crianças negras e vice-versa.

Porém, não há dúvida de que o contrário também é verdade: essas oportunidades são diariamente desperdiçadas, e o esporte infantojuvenil muitas vezes torna-se uma farsa moral conveniente e uma ocasião para as mais diversas manifestações de retórica moral exacerbada, com vistas a mascarar a destruição explícita das virtudes da criança ou do jovem em desenvolvimento. O esporte pode alimentar uma mentalidade de massas e fomentar a prepotência na criança. Além disso, pode levá-la a achar que somente seus sentimentos interessam e fortalecer sua tendência a inventar inimigos. Já participei de eventos esportivos infantojuvenis como técnico, como pai e como jogador (quando era criança) e posso dizer que, inúmeras vezes, a única lição que vi as crianças tirarem de um jogo é que o juiz é um idiota e os integrantes do time adversário são

---

6   Gillespie, "Players and Spectators: Sports and Ethical Training in the American University".

seres de uma espécie inferior. Por mais que exaltemos suas virtudes, é preciso ressaltar que o esporte por si só não forma o caráter da criança.

Embora os efeitos do esporte sobre o desenvolvimento moral da criança dependam de muitos fatores, dois destacam-se como os mais importantes. Primeiramente, adultos de diferentes comunidades usam o esporte para promover valores e metas de desenvolvimento muito diferentes. Enquanto em algumas comunidades os pais e os técnicos celebram a coragem e o vigor, por exemplo, em outras priorizam-se a sociabilidade e a autoestima. Esses valores distintos geram diferentes benefícios e riscos morais para as crianças e os jovens.

Em segundo lugar, os benefícios e custos morais do esporte dependem de como pais e técnicos relacionam-se entre si e com as crianças. O fato de que um número considerável de pais e técnicos age descuidadamente constitui, sem dúvida, uma grande preocupação. Porém, é errado definir o problema apenas em função dessa parcela relativamente pequena de adultos. Assim como acontece com o desempenho acadêmico, o problema não são simplesmente "eles" – um grupo de pais imaturos e descontrolados. Tampouco se trata apenas de técnicos fanáticos. Apesar de termos boas intenções, muitos de nós, pais e técnicos, se formos honestos com nós mesmos, veremos que não agimos da melhor maneira possível nos eventos esportivos infantojuvenis. Muitos de nós levamos para esses eventos esperanças e conflitos mal resolvidos, muitas vezes sutis, que podem impedir-nos de perceber os interesses da criança e agir de forma que representemos para ela exemplos de respeito e responsabilidade pelos outros.

Como então as ideologias e os valores em torno do esporte diferem nas diversas comunidades e quais são as consequências disso para as crianças e os jovens? Por que tantos de nós, pais e técnicos, regredimos, em termos morais, nesses eventos e como podemos nos orientar mutuamente com mais eficácia e trabalhar juntos de modo construtivo? Por fim, o que podemos fazer para levar o conhecimento dos programas esportivos inovadores – que buscam criar oportunidades importantes de aprendizado moral para adultos e crianças – às comunidades dos Estados Unidos?

O SIGNIFICADO DO ESPORTE NAS COMUNIDADES NORTE-AMERICANAS

Jeff e eu estamos grudados numa cerca, apreciando uma das maravilhas do fim da primavera: ver nossos filhos jogarem beisebol num glorioso fim de tarde, o sol roçando suavemente a grama. Jeff, um vendedor de computadores desempregado há alguns meses, é pai de Sam, um menino de 8 anos que joga na Little League pela primeira vez. Não o conheço bem, mas ele parece amigável e extrovertido.

Está claro que, para Jeff, a estreia de Sam na liga é um acontecimento importantíssimo. Embora tenha enfatizado que para ele é muito importante que Sam "se divirta", ele está nervoso. Jeff e Sam são os primeiros a entrar em campo e, com frequência, os últimos a sair, pois o pai espera uma oportunidade para falar com o treinador. Durante os jogos, Jeff anda para lá e para cá atrás da base do batedor e, quando Sam é o batedor, ele o bombardeia com instruções: "Ombros erguidos!" "Olho na bola!" Às vezes, Sam parece visivelmente irritado. Em determinado momento, o pai chega a interromper o jogo para mandar Sam, aos gritos, amarrar os cadarços do tênis.

Na maioria dos jogos, Sam parece bastante infeliz e costuma ser rude e breve com os outros garotos. Quando é sua vez de rebater, fica completamente sem jeito. Quando não se movimenta de modo hesitante e tenso, acerta a bola apenas de raspão. Sam tem coordenação, mas não é um atleta nato, e a tensão impede-o de acertar a bola eficazmente. Quando ele assume a posição de batedor, a impressão que se tem é de que algo não terminará bem.

Nesse dia, o árbitro sentencia novamente: "*Strike* três", e Sam volta para o banco. Jeff aborda-o por detrás da cerca: "Deixa pra lá, cara. Não tem nada de mais. Da próxima vez você acerta ela."

O treinador Dodson trabalha na Little League há mais de 25 anos. É um homem inteligente e objetivo, que leva seu trabalho a sério e espera muito de seus jogadores. De sua boca os elogios só saem com parcimônia, como que arrancados a duras penas. Hoje ele reúne o time após uma dura derrota num jogo da fase de desempate. O lançador, Isaac, deu o máximo de si em todo o jogo, por várias rodadas difíceis, e está visivelmente cansado.

Dodson aplaude o esforço de todo o time, mas depois volta sua atenção para Isaac. O menino, diz o treinador, deu tudo de si e fez frente aos desafios. Não se deixou intimidar nem desencorajar em nenhum momento, nem mesmo quando a derrota estava próxima. "É assim que se joga", diz o técnico, alfinetando os outros jogadores. Depois vai até Isaac e entrega-lhe a bola do jogo. Inclinando-se um pouco, Dodson envolve a cabeça de Isaac com as mãos e beija-o gentilmente na testa. Caem lágrimas dos olhos do menino.

O lendário antropólogo Clifford Geertz define o esporte como uma espécie de "jogo profundo" que expressa os valores mais arraigados de uma sociedade[7]. Para os gregos antigos, por exemplo, o esporte significava, acima de tudo, glória e vitória individuais. Além disso, ao jogar os adultos reencenavam as lutas dos deuses[8]. Para os britânicos, o esporte sempre foi sinônimo de lealdade ao time, adesão estrita às regras e honra.

Nos Estados Unidos, atualmente, o esporte reflete não um, mas dois conjuntos de valores essenciais. Em muitas comunidades, inclusive naquela onde vive o treinador Dodson, esporte é sinônimo de perseverança, excelência, coragem, resistência e sacrifício. Estima-se muito não o esforço de proteger as crianças da adversidade, mas de ajudá-las a superá-la. Segundo um amigo meu da zona ru-

---

7 Clifford Geertz, "Deep Play: Notes on the Balinese Cockfight", *Daedalus* 134 (inverno de 1972), p. 2, citado em Gillespie, "Players and Spectators".
8 Ver, por exemplo, Gillespie, "Players and Spectators: Sports and Ethical Training in the American University".

ral da Pensilvânia, na comunidade dele a masculinidade e o caráter estavam intimamente ligados à coragem e ao vigor necessários para caçar. Ele não gostava de caçar, e conseguiu safar-se jogando futebol americano, um substituto mais ou menos aceitável. Nessas comunidades, muitas vezes, o esporte é visto não apenas como um meio de cultivar a coragem e a tenacidade, mas também como um teste para checar se as crianças possuem essas qualidades. Nesse sentido, o esporte é, para as crianças, uma espécie de teste de seleção para a vida. Como diz Heywood Hale Broun: "O esporte não forma o caráter, mas o revela."[9] Vezes sem conta ouvi treinadores (como Dodson) e pais comentarem que determinada criança tem ou não "atitude", "coração" ou "resistência" com base em seu desempenho nos esportes. Em muitas dessas comunidades, mas não em todas, vencer também é muito importante e os atletas dos times das escolas de Ensino Médio com frequência são considerados heróis e empolgam tanto estudantes de sua idade quanto adultos. Algumas vezes, até atletas muito mais novos (de 8 anos, por exemplo) atraem bastante a atenção dos adultos.

Em outras comunidades, incluindo aquela em que vive Jeff, os adultos consideram que o esporte forma o caráter através do desenvolvimento da autoestima, da empatia e da compreensão social. Nesse caso, privilegia-se não a capacidade de lidar com a adversidade ou vencer, mas a cooperação. Em um bairro afastado de Boston, por exemplo, as crianças não jogam cabo de guerra, mas "cabo de paz"[10]. É comum os pais perguntarem de propósito aos filhos: "Você se divertiu?", em vez de: "Você venceu?" Não raro ouço pais fazerem piada de outros pais e qualificarem-nos de monstros competitivos, como forma de enfatizar o quão pouco valorizam a competição. Às vezes, em alguns programas para crianças mais

---

9 Citado em Beedy e Zierk, "Lessons from the Field", p. 1.
10 Brian O'Conner, "Shaughnessey's *Senior Year* Touches All the Bases", em resenha de Dan Shaughnessey, *Senior Year: A Father, A Son, and High School Baseball*, em *Boston Globe*, seção de resenhas de livros, 27 maio 2007.

novas, não há placar e com frequência todas elas ganham troféus no final da temporada.

Embora se trate de comunidades distintas, as fronteiras que as separam umas das outras nem sempre são claras. Em geral, são as comunidades de classe alta e as comunidades liberais dos bairros afastados que valorizam a amizade e a diversão, enquanto a bravura costuma ser mais valorizada nas comunidades de classe média baixa e classe baixa. Mas hoje em dia o tema da autoestima permeia muitos tipos diferentes de comunidades, e a bravura é valorizada em classes sociais diversas. Atletas jovens de talento podem fascinar adultos de muitas comunidades diferentes. Além disso, em várias surgiram novas misturas desses valores, os quais podem muitas vezes entrar em conflito direto uns com os outros. Na cidade do interior onde vivo, na qual a renda média varia bastante entre os habitantes, certa vez assisti a um jogo da Little League em que um homem e sua esposa elogiaram o filho, que jogava como lançador, por ele ter pedido desculpas ao rebatedor ao acertá-lo acidentalmente. Outros pais viram o elogio como a violação de um certo código de conduta e como incentivo à covardia. Depois do jogo, um deles comentou comigo: "O que é que eles pretendem fazer em seguida? Vão sugerir que toda vez que um rebatedor for atingido as crianças reúnam-se e acendam velas?" (Ouvi falar que, num incidente semelhante, um pai disse: "O que esses pais querem que seus filhos façam? Que deem as mãos uns aos outros e cantem 'Kum Ba Yah'?") Na minha comunidade, quando alguns pais sugeriram o uso de uma bola mais leve para evitar que as crianças se machucassem, outro grupo recebeu a proposta com hostilidade semelhante.

A maioria das crianças em geral é exposta a um desses dois pensamentos, o que provoca diferentes efeitos sobre seu crescimento moral. Há benefícios morais importantes para as crianças em comunidades que prezam a força e a coragem. Como já afirmei, em uma época em que muitos de nós, pais, nos preocupamos demais em proteger os filhos das adversidades, a criança pode beneficiar-

-se em termos morais e crescer pessoalmente quando um adulto, como o técnico Dodson, exige muito dela, não dá atenção a seus sentimentos nem a elogia com frequência, premia seu esforço e expressa confiança na sua capacidade de superar dificuldades. As crianças podem crescer moralmente quando chamadas a sacrificar-se de algum modo por um objetivo comum. Meus filhos cresceram em circunstâncias como essa, e acho até que eles se sentiam aliviados quando estavam na companhia de adultos que prestavam menos atenção a seus sentimentos do que eu. (Eles também tinham treinadores injustos e rudes e desenvolveram a importante habilidade de lidar com eles.) Além do mais, para muitos adultos que conheço, a tenacidade e a coragem que lhes foram exigidas para a prática de esportes quando estavam no Ensino Médio contribuíram para aumentar sua autoconfiança e reduzir seu medo em outras esferas da vida adulta.

Uma coisa, porém, é acreditar que o esporte desenvolve essas qualidades e outra, inclusive bastante arriscada, é achar que ele é uma forma de checar se a criança *possui mesmo* essas qualidades, é crer que ele "revela o caráter", como afirma Broun. Há outros aspectos essenciais em que o esporte não é uma metáfora da vida, e pesquisas sugerem que sair-se bem ou não nele não significa sair-se da mesma forma na vida[11]. Quem lida um pouco mais com crianças também pode perceber que muitas delas agem corajosamente nos esportes, mas são tímidas em outras áreas da vida, e outras revelam-se tímidas em um momento crucial de algum jogo ou têm dificuldade para perseverar, mas são perfeitamente capazes de agir com coragem ou tenacidade em outras esferas. Muitas crianças, além disso, não se dispõem a sacrificar-se no esporte, mas são capazes de outros tipos de sacrifício para outros fins. Quando nós, pais e treinadores, tratamos o esporte como um meio

---

11 A constatação é feita por J. W. McFarlane, "Perspectives on Personality Consistency and Change from the Guidance Study", em *Vita Humana* 7 (1964), pp. 115-26.

de checar essas qualidades ou como um teste de seleção para a vida, podemos rotular ou classificar de modo equívoco uma criança como fraca, sem falar que a própria criança pode rotular-se por sentir-se envergonhada. Nos casos em que a fortaleza é o valor mais visivelmente celebrado e em que ser forte traz o reconhecimento dos adultos mais respeitados (quando um treinador beija cerimoniosamente a testa de um lançador como recompensa por sua bravura), a criança também pode achar que, se não for forte, não será digna de consideração ou desse tipo de amor. Obviamente, as consequências negativas disso são as mais diversas.

Além disso, é perigoso exaltar atletas que cursam o Ensino Médio ou simplesmente deixar de combater sua percepção de superioridade em relação aos colegas, sobretudo porque esses reverenciados jovens em geral funcionam como exemplos de conduta e estabelecem normas morais para seus colegas e para muitas crianças mais novas. Esse tipo de atenção que recebem não apenas costuma fomentar a arrogância, como também transmite aos outros estudantes uma mensagem que pode ser sumamente perniciosa e excluir os adultos como mentores. Como escreveu um estudante do Tennessee em nossa pesquisa: "Sou uma boa pessoa e há muitos outros caras como eu, mas nós não recebemos de forma nenhuma o reconhecimento que os atletas recebem. Tudo o que eles têm são habilidades para sair-se bem em um jogo. UM JOGO."

Por outro lado, crianças que crescem em comunidades nas quais os pais dão menos valor à vitória e pregam a cooperação e a empatia têm uma noção muito mais contextualizada da importância do esporte – não o veem como uma prova para a vida. Quando a competição e a vitória são postas em segundo plano, a criança que não tem vocação para o esporte também vive experiências mais divertidas e menos traumáticas, assim como se socializa com sua prática.

Mas essas comunidades correm outros tipos de risco nessa área. O principal é as crianças verem os pais como hipócritas. Quando dizemos aos nossos filhos que o esporte baseia-se acima de tudo na amizade e na diversão, quando nos preocupamos muito em mostrar que não nos importamos com o desempenho deles, mas depois fazemos como Jeff – andamos de um lado para o outro no campo, gritamos instruções, conversamos angustiados com o treinador ou os pressionamos a treinar mais –, eles percebem imediatamente o abismo entre o que pregamos e o que fazemos. Algumas vezes, como no caso das mensagens transmitidas pelos pais acerca do desempenho nos estudos, as crianças não tomam consciência da natureza ambígua de nossa postura. Podem então ter ansiedade e vergonha sem saber por quê e até sentir-se envergonhadas da própria vergonha.

A ojeriza dos pais pela competição também pode ser prejudicial. Posso compreender esse sentimento, pois sei que ela provoca ansiedade em certos adultos e crianças. Além disso, muitos de nós guardamos na memória momentos da infância em que nos sentimos humilhados por não conseguirmos atender às nossas próprias expectativas ou àquelas de outra pessoa durante um evento esportivo de forte carga emotiva e muito competitivo.

Não obstante, a maioria dos benefícios mais importantes do esporte resulta não da ausência, mas precisamente da presença da competitividade. Quando buscam com insistência eliminá-la, os adultos privam as crianças da oportunidade de aprender a lidar com a intensidade dos sentimentos dos outros e dos próprios sentimentos e a administrar a frustração, a vergonha e a raiva. Quando praticam o esporte com competitividade mas de forma saudável, elas transformam estranhos bem-intencionados ou até amigos em inimigos e depois os transformam de novo, muitas vezes de forma instantânea, em seres humanos como eles depois de um jogo. É justamente nesse vaivém em que transformam outra pessoa num inimigo sem face e depois em um semelhante que as crianças e os jovens aprendem a dosar sua agressividade. Em algum momento a criança pode acabar até reconhecendo a própria irracionalidade desse antagonismo, percebendo, afinal, que é o jogo que o produz. É difícil imaginar uma forma mais eficaz de prevenir a violência contra outra pessoa do que reconhecer que nossos sentimentos de hostilidade em relação a ela são uma espécie de ficção operada por um jogo e nada têm a ver com a pessoa, isto é, inventamos inimigos irracionalmente. Ao mesmo tempo, as crianças podem aprender a reagir de modo adequado à agressividade dos outros, nem fugindo diante da agressividade alheia nem deixando sua própria agressividade sair de controle.

Além disso, a competitividade dá às crianças a oportunidade de aprofundar sua noção de consideração, pois as desafia a valorizar as habilidades dos adversários mesmo quando eles parecem inimigos mortais, a procurar as forças dos colegas mais fracos de time mesmo quando ficam comprometidas as chances do time de chegar à fase final e a colocar-se no lugar do árbitro, pelo menos após o jogo, mesmo quando ele comete um erro num momento crítico. É esse tipo de moral exigente que ajuda as crianças a desenvolver, com o passar do tempo, a capacidade de ver além de seus próprios sentimentos, tolerar as falhas dos outros e situar a perspectiva alheia no mesmo nível que a própria.

Portanto, maximizar os benefícios do esporte e minimizar seus perigos têm diferentes significados nas diferentes comunidades. Em comunidades que prezem o trato social e a autoestima, é importante que os adultos incentivem a competição, exijam muito das crianças e dos jovens e peçam-lhes que se sacrifiquem pelo time ao menos em certa medida. Por outro lado, nas comunidades que privilegiam a coragem e a fortaleza, os adultos devem tratar o esporte apenas como uma das esferas da vida (e relativamente pouco importante) na qual as crianças têm suas qualidades testadas e exigir que levem em consideração os sentimentos das outras crianças. Além disso, os adultos dessas comunidades devem procurar maneiras de tornar o esporte gratificante para os jogadores que não sejam naturalmente corajosos ou fortes nessa área.

Também é importante que nós, pais, verifiquemos com cuidado que tipo de esporte será melhor para nossos filhos e em que nível de intensidade sua prática trará benefícios. As diferenças de nível de competitividade costumam ser grandes entre os programas esportivos comunitários e os escolares. Além disso, também são grandes as diferenças dentro de cada uma dessas categorias. O objetivo não deve ser que todas as crianças experimentem um mesmo nível de competitividade moderado. Algumas podem beneficiar-se de programas altamente competitivos e que incentivem a resistência, enquanto outras podem beneficiar-se de programas que ensinem a compreensão social. Além disso, esses benefícios podem mudar nos diferentes estágios de desenvolvimento de uma criança. Se conseguirmos escutar com atenção nossos filhos e compreender plenamente a maneira como eles vivem o esporte, poderemos orientar essas decisões com muito mais eficácia.

PRECISAMOS NOS POLICIAR NOS EVENTOS ESPORTIVOS

Sentados em uma cafeteria, eu e outros trinta pais escutamos um consultor esportivo falar dos perigos que os pais excessivamente envolvidos com o esporte dos filhos representam para eles. Um pai levanta a mão e faz uma espécie de confissão: "Lembro-me do último dia de meu filho no futebol juvenil. O jogo acabou e recordo de ter ficado ali no campo pensando: 'O que vou fazer da vida agora?'" Os outros pais caíram na gargalhada, aparentando saber do que o sujeito estava falando.

Independentemente dos valores de uma comunidade, são enormes os riscos quando o envolvimento emocional dos pais ou treinadores no esporte infantojuvenil é muito intenso – quando dependemos do esporte de nossos filhos para resolver nossos próprios conflitos, encontrar um sentido para a vida ou melhorar nosso humor. Isso não significa que devamos nos angustiar ou nos censurar com severidade quando experimentarmos sentimentos fortes durante os jogos de nossos filhos. É maravilhoso vê-los se saírem bem em público e compreensível nos frustrarmos quando fracassam. Muitos de nós nos envolvemos profundamente no esporte dos filhos também por termos investido neles grande quantidade de tempo e energia: todo dia nos levantamos cedo para levá-los ao lugar onde praticam suas atividades ou os transportamos com regularidade a outros estados para participarem de jogos.

Mas o esporte pode suscitar em nós uma ampla gama de sentimentos (frustração, indignação, ansiedade, desapontamento e vergonha) que devem ser administrados com cuidado. Alguns pais desrespeitam um importante limite, do qual o grupo de pais mencionado pelo menos parece ter noção. O bem-estar emocional deles depende fundamentalmente do desempenho dos filhos no esporte. "Se eu parasse de jogar hóquei, meu pai ficaria de coração partido", contou-me com sinceridade um garoto de 16 anos. Pesquisas indicam que é comum as crianças continuarem a praticar esportes para agradar aos pais, mesmo quando já não apreciam a atividade[12]. No livro *Friday Night Lights*[13] [Luzes da sexta à noite], (que depois virou série de televisão e filme), que descreve uma cidade do interior do Texas intoxicada por futebol americano, os atletas, estudantes do Ensino Médio, não são apenas o sentido da vida de seus pais: o bem-estar de muitos membros da comunidade cresce e decresce de acordo com o desempenho do time. "A vida realmente não valeria a pena sem o time de futebol americano da escola para apoiar", comenta de passagem um corretor de imóveis local.

Assim como acontece com as crianças cujos pais são muito empolgados com o desempenho nos estudos, os filhos de pais empolgados com o esporte podem sofrer um problema de percepção frágil e deficiente do eu que prejudica sua capacidade de manter

---

12 J. C. Hellstedt, "Early Adolescent Perceptions of Parental Pressure in the Sport Environment", em *Journal of Sport Behavior* 13 (1990), pp. 135-44. Citado em R. Hedstrom e D. Gould (Orgs.), "Research in Youth Sports: Critical Issues Status", Institute for the Study of Youth Sports, College of Education, Michigan State University, East Lansing, MI (11 jan. 2004), p. 29.

13 H. G. Bissinger, Friday Night Lights: A Town, a Team, and a Dream (Da Capo Press, 1990), p. 20.

relacionamentos afetuosos e saudáveis. Essas crianças podem aprender a esconder sentimentos prejudiciais ao desempenho, como o medo e a insegurança, e questionar se possuem alguma característica valiosa que não esteja relacionada ao seu desempenho esportivo. Também são altamente propensas a sentir-se envergonhadas se acham que seu desempenho foi fraco. Além disso, são mais inclinadas a ver as outras crianças como adversárias e como ameaças e podem sentir sobre os ombros o peso destrutivo da felicidade dos pais. Isso, por sua vez, pode comprometer o papel deles como seus mentores. Como nós, pais e treinadores, podemos lidar com nossos sentimentos para que não afetem de modo negativo o bem-estar moral e emocional de nossas crianças?

Em primeiro lugar, pode ser muito útil refletir sobre os motivos por que damos tanta importância a esses eventos e somos tão sensíveis a provocações. Os motivos que levam muitos de nós a nos envolver com o esporte infantojuvenil muito mais do que deveríamos são os mesmos que nos fazem supervalorizar o desempenho de nossos filhos nos estudos: esperamos que eles compensem nossas deficiências, acreditamos que seu desempenho é prova de nosso sucesso ou fracasso como pais, guardamos sentimentos de inferioridade e competitividade em relação aos outros pais e alimentamos a crença, em grande parte inconsciente (e arraigada desde a infância), de que a superação pessoal é a única forma de conquistar o amor das pessoas. Outros pais envolvem-se demais nesses eventos por saberem que um bom desempenho no esporte pode dar a seus filhos uma vantagem no processo seletivo para a universidade. Alguns, por sua vez, simplesmente absorvem dos outros certas indicações sobre a importância desses eventos: os pais podem ir na onda uns dos outros.

Mas há também razões específicas que tornam o esporte particularmente atraente para nós, adultos, e podem fazer-nos colocá-lo no centro de nossa vida. Para adultos que levam uma vida vazia e monótona, o esporte dos filhos pode fornecer um enredo denso, uma narrativa variada e muito mais interessante do que aquela da universidade ou do esporte profissional, porque nele seus filhos são os personagens principais. Para outros adultos, o vaivém das vitórias e derrotas do esporte (os ciclos de desapontamento e sucesso) é mais simples e, no fim das contas, mais gratificante que o vaivém de conflitos e incertezas de sua própria vida. Adultos constantemente preocupados com o trabalho, por exemplo, podem depositar suas esperanças nos ciclos de vitórias e derrotas dos jogos de futebol americano da escola, também marcados pela incerteza, porém mais previsíveis do que aqueles do trabalho. Eles podem usar esses eventos esportivos para regular seu humor – um tema implícito em *Friday Night Lights*.

Outros investem tanto no esporte dos filhos porque o enxergam como uma forma de criar um vínculo maior com eles e de verificar se são semelhantes ou diferentes deles. Como observa o narrador no aclamado conto de Tom Perrotta, "The Smile on Happy Chang's Face" [O sorriso no rosto de Happy Chang]: "Como a maioria dos homens, eu gostaria de um filho que me fizesse lembrar-me de mim mesmo quando criança, um garoto que vivesse para o esporte, colecionasse cartões de beisebol e pendurasse bandeirinhas de times nas paredes de seu quarto."[14] O narrador sente tamanha mágoa por seu filho ser tão diferente dele nesse aspecto que isso, em parte, leva-o a agredir fisicamente o garoto, um ato de violência que afasta esse pai de sua família.

Finalmente, o esporte dos filhos pode trazer de volta velhas feridas e nos lançar novamente em velhos conflitos de infância – problemas de acanhamento e autoafirmação, rivalidades com colegas e irmãos, dificuldades com autoridades e experiências dolorosas de injustiça e maus-tratos. Já vi pais que, ao considerarem que o filho fora tratado com injustiça, manifestavam uma raiva muito despro-

---

14 Tom Perrotta, "The Smile on Happy Chang's Face", *Post Road Magazine* 8 (2003), reimpresso em *The Best American Short Stories*, Michael Chabon (Org.) (Boston: Houghton Mifflin, 2005), p. 9.

porcional à importância do acontecimento. Como me disse uma vez um pai mais consciente: "Meu filho ficava muito tempo no banco de reservas e eu ficava furioso com o treinador por isso. Eu não conseguia esquecer o assunto. Eu tinha motivos para ficar com raiva, mas não com tanta raiva. Não sei direito de onde vinha toda aquela ira."

Seria bom se nós, pais, tivéssemos pelo menos certo conhecimento dessa dinâmica psicológica subjacente. Mas, mesmo quando não realizamos esse tipo de reflexão interior, muitos de nós temos certa noção desse envolvimento excessivo. Foi por isso que os outros pais presentes naquela cafeteria riram com ar de entendidos diante da confissão daquele pai. Durante os eventos esportivos infantojuvenis, há momentos em que recebemos sinais reveladores de nosso envolvimento excessivo, em que nos vemos invadidos por um sentimento confuso do qual não conseguimos nos livrar, como no caso do pai que percebeu que sentia raiva demais pelo fato de seu filho ficar tempo demais no banco de reservas. Lembro-me de ter percebido, certa vez, que o fato de a bola lançada por meu filho escapar por entre a segunda e a terceira bases ou ser interceptada podia afetar meu humor por dias. Também me recordo de ter ficado furioso com uma criança de 8 anos totalmente inocente que sempre mandava meu filho e seus colegas de volta para o banco. No conto de Perrotta, o narrador, que é o árbitro de uma partida da Little League, deseja que um dos times "humilhe" e "massacre" o outro sem misericórdia porque o treinador do outro time é seu vizinho e inimigo mortal: "Sentimentos que você não consegue esconder de si mesmo, ainda que preferisse cortar a própria mão a admiti-los a alguém."[15] Também podemos nos flagrar sucumbindo a estereótipos de sexo e raça e atacando o time adversário por pertencer a esta ou àquela comunidade (por exemplo, uma comunidade rica facilmente qualificável de esnobe ou uma comunidade pobre com alto índice de criminalidade). O treinador e consultor

---

15 Perrotta, "The Smile on Happy Chang's Face", p. 1.

esportivo Greg Dale orienta os pais a se manterem alertas para outros sinais clássicos de envolvimento excessivo, como dizer que "nós" vencemos ou perdemos o jogo, conversar constantemente sobre o esporte dos filhos na hora do jantar e planejar as férias da família de acordo com os locais dos jogos[16].

Além disso, nós, pais, podemos ter opiniões importantes de terceiros sobre nosso comportamento e nível de envolvimento. Dale sugere que os pais perguntem aos cônjuges e filhos se consideram seu comportamento embaraçoso. Há uma pergunta, em particular, que funciona como uma espécie de prova dos nove, segundo Dale: "Você está na dúvida se senta ao meu lado na arquibancada?" Felizmente, alguns adolescentes (talvez os mais saudáveis) tomam a iniciativa de apenas mandar os pais "pararem de pentelhar". Mas também podemos perguntar a nossos filhos se eles desejam a nossa presença nos jogos, se podemos fazer alguma coisa para ajudar durante as partidas, se querem nossos conselhos e quando. (A maioria das crianças não quer ficar recebendo conselhos o tempo todo, muito menos antes e depois dos jogos.)

Se percebermos que estamos excessivamente envolvidos, Dale sugere que façamos uma pausa e deixemos de assistir a alguns jogos. Também podemos perguntar a nós mesmos se temos uma vida gratificante fora do esporte.

Assim como no caso do desempenho acadêmico, pode ser útil conversarmos com os filhos sobre nossa própria história de vida com o esporte e sermos honestos com eles sobre nossos sentimentos. *Não* precisamos, de forma alguma, compartilhar com eles todas as nossas esperanças e todos os nossos conflitos irracionais em torno dos esportes. Quando, porém, estivermos visivelmente chateados porque um filho saiu-se mal ou perdeu um jogo, ou quando

---

16 As ideias e citações de Dale neste capítulo foram retiradas de uma conversa de que ele participou em Cambridge, Massachusetts, em 2006, e de seu livro *The Fulfilling Ride: A Parent's Guide to Helping Athletes Have a Successful Sport Experience* (Durham, NC: Excellence in Performance, 2005).

nos pegarmos gritando com um treinador ou árbitro, devemos deixar claro que esse comportamento não reflete aquilo que valorizamos nos momentos de maior maturidade. Podemos deixar transparecer de modo involuntário a nossos filhos a intensidade de nossos sentimentos. Além disso, eles podem interpretar de maneira equivocada nossas intenções. Por isso, também pode ser útil definirmos com clareza o que nossos melhores instintos nos dizem e encorajar nossos filhos a nos dizer a verdade quando acharem que estamos traindo nossos próprios princípios. Conheci uma mãe que, preocupada com aquilo que poderia estar comunicando de forma inconsciente aos filhos, disse a eles: "O importante para mim é o seguinte: nunca, jamais pratiquem um esporte para agradar a mim ou a seu pai. Se estiverem fazendo isso, *parem* imediatamente."

No geral, porém, o mais importante talvez seja ajudarmos nossos filhos a desenvolver uma perspectiva saudável acerca do esporte. Às vezes isso significa cultivar neles uma postura de ironia. Lembro que uma vez voltei dirigindo para casa com um amigo, Paul, e nossos filhos de 13 anos, que haviam participado de um jogo de basquete. O time do filho de Paul perdera e nós tivéramos de dirigir por quarenta e cinco minutos até o local do jogo. Seu nome era Aaron e ele passara todo o jogo no banco de reservas. Eu sondava para checar o estado de humor de Aaron e como Paul lidaria com isso. Temia que ambos estivessem bravos e que o pai estivesse com pena do filho de uma maneira que apenas cutucaria as feridas dele. Também temia que Aaron abandonasse o time.

Paul então perguntou a Aaron como ele estava, e o menino teve a presença de espírito de fazer uma piada: "Escuta, pai, você me deixa ficar sentado no sofá a semana inteira assistindo à televisão? Assim eu me preparo para ficar no banco durante o jogo da semana que vem." Paul aproveitou a deixa: "Quem sabe a gente arranja um banco e você o usa para se apresentar no *show* de talentos da escola?" Aaron teve outra ideia: "E nada de exercícios. Por favor, não me deixe fazer nenhum exercício esta semana. Preciso me preparar para ficar sentado durante os jogos."

Obviamente, os pais e os treinadores não devem fazer piadas quando uma criança passa por uma experiência frustrante. O fato de Paul ter aproveitado a deixa de Aaron é crucial. E ele só consegue brincar com o filho dessa maneira porque não vê o desempenho no esporte como medida do valor dele. Paul disse-me depois que estava bastante orgulhoso de Aaron por ele ter sido capaz de fazer piada do fato de permanecer no banco – isso representava para o pai uma medida da confiança e maturidade do filho, um sinal de que este era capaz de manter-se alheio às angústias e raivas exageradas que costumam reinar nos esportes e talvez até de criticá-las sutilmente.

Porém, também sei que Paul e Aaron levam o esporte a sério. O humor funcionou e trouxe algum alívio nesse caso porque está ligado a algo que ambos levam a sério. Por mais que muitos pais e treinadores insistam em dizer que o esporte é "apenas um jogo", o fato é que o apreciamos porque na verdade não se trata apenas de um jogo, mas sim, como observa Geertz, de uma arena onde praticamos rituais dotados de profundos significados psicológicos e lidamos com todo tipo de conflitos interiores. Não há um vocabulário para descrever esse território (talvez a palavra menos insatisfatória seja teatro), esse espaço entre a vida real e os "jogos". O esporte habita uma esfera específica onde a ironia é um elemento central que funciona porque tem muita importância e, ao mesmo tempo, não tem importância nenhuma. No documentário *The Heart of the Game*[17] [No coração do jogo], sobre basquete feminino, o treinador expressa essa ironia quando, durante uma pausa técnica, incentiva suas jogadoras com o grito: "Matem! Divirtam-se!" Quando Paul faz piada com o fato de o filho ter ficado no banco, também expressa essa ironia. Se tratarem o esporte meramente como um jogo, os pais poderão privar os filhos da força moral que ele propicia. Por outro lado, quando fazem do esporte uma medida

---

17 *The Heart of the Game*, escrito e dirigido por Ward Serrell (Woody Creek Productions e Miramax Films, em parceria com a Flying Spot Pictures, 2005).

efetiva do valor ou das habilidades dos filhos, de seu próprio valor ou do valor da sua cidade, privam os filhos da oportunidade de superar conflitos e de desenvolver sua capacidade de compreensão. Com isso, introduzem conflitos verdadeiros que tornam a criança menos apta a valorizar os outros e prejudicam sua capacidade de aprendizado moral. Transformam o esporte em um terreno de falsas provações e predispõem a criança a uma falsa percepção de proficiência, o que, por sua vez, prejudica o papel deles como mentores morais.

OS TREINADORES E OS PAIS

Num momento do documentário mencionado, vemos as jogadoras reunidas no centro da quadra, vibrando. Parecem existir num universo à parte. Em *off*, ouve-se a voz do treinador definindo o cerne de sua filosofia: "Concebi essa ideia de que o time é um círculo fechado, e o propósito máximo desse círculo é, definitivamente, deixar os pais de fora do time."

Assim como no caso dos pais e professores, um relacionamento positivo entre pais e treinadores pode beneficiar muito o desenvolvimento moral das crianças. Treinadores e professores podem ser bastante eficazes em transmitir às crianças valores importantes quando suas abordagens sobre o assunto são semelhantes, fortalecendo-se mutuamente. Mas as crianças também podem beneficiar-se – quando há respeito mútuo entre pais e treinadores – de abordagens diferentes, como aconteceu com meus filhos, cujos treinadores enfatizavam a resistência.

Hoje em dia, porém, o relacionamento entre pais e treinadores muitas vezes é problemático em diversos aspectos. Os treinadores, assim como os professores, muitas vezes se sentem policiados e bajulados por pais que consideram tendenciosos e sem conhecimentos suficientes para avaliá-los. Muitos treinadores, quando questionados, citam alguma história envolvendo pais que lutam ferrenhamente por seus filhos, sem pensar, por um segundo que seja, naquilo que é melhor para as outras crianças ou para o time. Os treinadores também podem ressentir-se de pais que os tratam como babás. "Alguns pais descarregam os filhos aqui. Eles só os querem bem longe deles." Foi esse o comentário de um treinador da Little League com quem conversei. Por outro lado, praticamente todos os pais que conheço cujos filhos praticam algum esporte na escola já se indignaram com algum treinador que não reconhecia o valor de seu filho ou o maltratava.

O relacionamento entre treinadores e pais nos dias de hoje também é problemático em outro aspecto. Embora muitas escolas tenham, por décadas, incentivado pelo menos alguma forma de comunicação entre pais e professores, as barreiras que os separam sempre foram muito grandes. As reuniões entre pais e professores são rotina nas escolas, mas não conheço nenhum programa esportivo de nenhum nível escolar que incentive a realização de reuniões entre pais e treinadores. Se há muitas décadas espera-se que os professores sejam receptivos aos pais que lhes perguntam sobre suas práticas e decisões, até hoje nunca se esperou que os treinadores conversem com os pais sobre o tempo em que seu filho fica no banco e outras decisões importantes. O treinador é o sacerdote, a quadra, o rinque, e o campo, seu santuário.

Isso também acontece porque os treinadores, sobretudo os mais sérios e que trabalham em escolas de Ensino Médio, muitas vezes tentam criar um clima de família no time. Muitos deles, como aquele do documentário *The Heart of the Game*, temem que os pais quebrem a unidade do time, ou enxergam o esporte como um oásis onde as crianças ficam a salvo das pressões do mundo exterior, inclusive dos pais. Segundo Jeff Beedy, psicólogo e consultor esportivo, o que a maioria dos treinadores desejaria dizer aos pais é: "Vá para casa cortar a grama."

Infelizmente, como vivemos numa época em que um número cada vez maior de pais envolve-se de modo profundo em cada aspecto do desenvolvimento de seus filhos e controla minuciosamente a vida deles, o potencial de conflito é muito alto. Para alguns pais pertencentes a comunidades de classe média e alta que esperam influenciar outros adultos envolvidos na vida de seus filhos (como professores da escola, de música e babás), a cultura fechada do esporte infantojuvenil é enlouquecedora e alguns deles já começam a desafiá-la abertamente. Além disso, enquanto alguns pais insistem e até ameaçam quando se sentem tolhidos em suas tentativas de comunicar-se com o treinador, muitos de nós, inconformados com esse tipo de restrição, podemos transgredir esses limites e tentar manipulá-lo de modo muito menos evidentes, sem ter total consciência disso. Por exemplo, podemos nos oferecer como auxiliares de um treinador, sabendo, no fundo, que com isso talvez consigamos obter vantagens para nossos filhos. Ou, como Jeff, podemos tentar passar sorrateiramente alguns conselhos ao treinador depois ou antes de uma partida (os professores, quando se preparam para a aula, e os treinadores, quando estão envolvidos nos preparativos de última hora para o jogo, são particularmente arredios às perguntas ou sugestões dos pais). Esses problemas entre pais e treinadores podem complicar-se ainda mais devido a diferenças de classe social. Pesquisas sugerem que treinadores de origem humilde, por exemplo, costumam ver esse tipo de envolvimento como um direito dos pais[18]. Alguns cresceram no seio de comunidades em que o respeito pelo treinador é pressuposto, não conquistado. Esse tipo de relacionamento, portanto, é uma bomba-relógio. Ouvi falar de comunidades nas quais irromperam verdadeiras guerras, com os pais buscando o apoio de outros pais e os treinadores unindo-se uns aos outros.

Muitas coisas podem ser feitas para evitar que esses conflitos ocorram e para ajudar a superá-los quando acontecem. É importante

---

18 Ver, por exemplo, Annette Lareau, *Unequal Childhoods: Class, Race, and Family Life* (Berkeley: University of California Press, 2003).

que os treinadores tenham bem claro em sua mente que os maus-tratos a crianças no esporte não são raros e, portanto, os pais têm bons motivos para se angustiar na hora de deixar seus filhos sob a responsabilidade de alguém que é praticamente um estranho e que, na maioria das ligas esportivas informais, não passa por nenhum processo de seleção. Os treinadores devem reconhecer também que, embora um espaço temporário no qual as crianças fiquem isoladas das pressões familiares apresente vantagens, seu trabalho, afinal de contas, não é salvá-las da família, mas sim fortalecer os laços entre pais e filhos, que são a espinha dorsal do desenvolvimento moral. Isso significa que devem não apenas avisar aos pais quando uma criança passa por dificuldades, como também evitar a todo custo afastá-los e procurar demonstrar à criança que têm consideração para com eles. Em programas mais informais, vale incluir os pais esporadicamente em eventos do time, como a ida a uma pizzaria depois do jogo.

Talvez ainda mais importantes sejam os desafios dos pais à cultura esportiva tradicional, que podem dar início a um debate há muito tempo necessário sobre o que nessa cultura deve mudar. A natureza das barreiras que separam pais e treinadores e o grau de comunicação entre eles devem, é claro, depender da idade da criança e do nível de competitividade do programa esportivo. Mesmo assim, há treinadores que derrubaram essas barreiras de modo construtivo em todos os níveis e fizeram alianças com os pais. Conheci treinadores que se reuniam com os pais depois dos jogos para compartilhar com eles o que haviam dito aos jogadores sobre a vitória ou a derrota, apontar os pontos fortes e fracos do time, explicar os motivos que os levaram a disciplinar certos jogadores e descrever suas estratégias de motivação do time. Alguns treinadores também definem seus valores e explicam aos pais como pretendem transmiti-los às crianças. Jeff Beedy e Tom Zierk, consultores esportivos, recomendam que os treinadores das ligas informais enviem cartas aos pais antes do início do campeonato, nas quais devem expor seus valores e as estratégias que pretendem utilizar para promovê-los[19].

Além disso, os treinadores podem incentivar os pais a participar e definir as formas apropriadas dessa participação. Como esses profissionais em geral não são transparentes quanto a suas crenças e decisões, muitos pais – entre estes, uma grande quantidade de mães que nunca participaram de uma cultura esportiva – têm dúvidas compreensíveis que permanecem sem resposta: Devo dizer algo ao treinador quando meu filho estiver ansioso ou preocupado? Devo interferir se meu filho se sentir excluído ou menosprezado por outros membros do time? Devo conversar com o treinador se meu filho achar que está jogando na posição errada ou que está jogando menos que outro jogador menos habilidoso? O treinador pode esclarecer que, embora não seja apropriado os pais se envolverem em decisões sobre o tempo que seus filhos jogam, em comparação com outros jogadores, ou sobre estratégia do time, eles podem procurá-lo se seu filho sentir-se angustiado ou excluído do time, desde que este ache que isso ajudará. Dale sugere ainda que os treinadores marquem um dia específico da semana para que os pais conversem com os treinadores sobre suas preocupações.

Nós, pais, também podemos fazer muito para fortalecer esse relacionamento tão importante. Para começar, devemos parar e refletir se ficarmos com raiva de um treinador. Dale recomenda aos pais a "regra das vinte e quatro horas": antes de soltar os cachorros em cima do treinador, "dê a si mesmo vinte e quatro horas para pensar". Ao mesmo tempo que é importante mantermos os olhos abertos e sabermos discernir as forças e fraquezas do treinador, também podemos nos esforçar para assumir a perspectiva desse profissional e incentivar nossos filhos a fazerem o mesmo. Precisamos entender o que lhe foi exigido e sob quais condições. Mais especificamente, devemos compreender que os treinadores

---

19 As citações e sugestões de Jeff Beedy e Tom Zierk encontradas ao longo do capítulo provêm de conversas pessoais com Beedy e Zierk.

muitas vezes são inexperientes, que sua tarefa, como a de ensinar, demanda uma ampla gama de habilidades que poucos indivíduos possuem e que, além disso, com frequência trabalham como voluntários e possuem outros compromissos importantes. Antes de decidir se conversamos ou não com um treinador, também devemos nos perguntar se estamos abrindo um precedente para os outros pais.

TREINAMENTO MORAL

Todo indivíduo que escolhe tornar-se treinador de crianças ou jovens tem na cabeça uma imagem do que se pode conseguir como um bom profissional nessa área. Nos Estados Unidos, essa imagem provavelmente provém das memórias de infância que os adultos têm de seus próprios treinadores e dos filmes sobre esporte das últimas décadas (*Momentos decisivos*, *Duelo de titãs*, *Estrada para a glória*, *Friday Night Lights*, *Nós somos os campeões*, *Coach Carter – Treino para a vida*, *A chance*, entre muitos outros). Embora a lembrança desses filmes provavelmente seja mais forte em comunidades que valorizam a resistência, meu palpite é que influenciam enorme quantidade de treinadores. Da minha parte, posso afirmar que tinha esses filmes na cabeça quando fui treinador. Neles, os treinadores pressionam os jovens a darem tudo de si e exigem reverência absoluta: "Eu sou a lei", declara Gene Hackman no papel de treinador em *Momentos decisivos*, "em caráter absoluto e inquestionável." "Isto aqui não é uma democracia. É uma ditadura e [mais uma vez] eu sou a lei"[20], afirma o personagem de Denzel Washington em *Duelo de titãs*. Os jovens, nesses filmes, são tratados como desorientados ou como tábulas rasas – são eximidos da responsabilidade de pensar. Os treinadores, por sua vez, conhecem pouco os jogadores (trei-

---

20 Citado em David Brooks, "Remaking the Epic of America", em *New York Times*, Week in Review, 5 fev. 2006.

nadores não fazem perguntas, mas sim dão ordens), a menos que uma crise na vida de um jogador interfira no time de algum modo.

Ao mesmo tempo, esses treinadores envolvem-se de maneira profunda com sua tarefa (ela chega a consumir toda a sua energia) e estão dispostos a fazer grandes sacrifícios pelos jogadores, muitas vezes compreendendo, ao menos tacitamente, que esses rapazes precisam de uma figura paterna. Além disso, estão comprometidos com a justiça racial e social, como observa David Brooks, colunista do *New York Times*[21]. Buscam jovens pobres à beira do desespero. Em *Coach Carter – Treino para a vida*, o personagem de Samuel L. Jackson diz a seus jogadores que eles "possuem poderes imensuráveis". Já o personagem de Denzel Washington insiste para que os jogadores brancos compreendam e respeitem os jogadores negros e vice-versa.

No que concerne ao tema do desenvolvimento moral da criança, há muito o que elogiar nesses filmes. A criança precisa claramente não só de adultos que a incentivem e invistam nela, como também que se oponham ao racismo e defendam a justiça social.

Não obstante, em certos aspectos, a atitude do treinador é completamente equivocada e pode ser prejudicial ao desenvolvimento moral da criança, sobretudo porque a grande maioria das crianças que praticam esportes joga em ligas informais. A maioria começa aos 5 anos e 70 por cento abandonam o esporte organizado aos 13 anos[22]. Muitas vezes, os treinadores são os primeiros mentores das crianças (para algumas, serão os únicos), e sua influência sobre o desenvolvimento delas pode ser considerável. Mesmo assim, como acontece com os demais adultos, sua eficácia como mentores morais, ao contrário do que mostram os filmes, depende de sua capacidade de conhecer as crianças individualmente, de se ver em uma

---

21 David Brooks, "Remaking the Epic of America".
22 Eli Newberger, *The Men They Will Become: The Nature and Nurture of Male Character* (Reading, MA: Perseus, 1999), p. 308, citando dados da Aliança Desportiva Juvenil dos Estados Unidos.

relação de reciprocidade com elas e respeitar sua capacidade de pensar. Talvez um dos aspectos mais importantes seja que os treinadores podem buscar oportunidades de desenvolver a capacidade das crianças para o raciocínio moral e a consideração pelos outros.

Muitos anos atrás, quando eu era treinador assistente de basquete numa liga para garotos de 8 a 11 anos, passei por uma experiência que me deu uma noção de como o treinador é capaz de promover nas crianças a consideração pelo outro. No meio da temporada, quando lutávamos para chegar à fase de desempate, a administração da liga colocou em nosso time um garoto recém-chegado da Etiópia que jamais jogara basquete antes. Em seu primeiro jogo, ele lançava a bola para todos os lados, esquecia-se de driblar e desrespeitava todas as regras imagináveis. Muitos jogadores reagiram como se uma granada tivesse sido jogada no meio deles. Porém, em vez de ignorar ou apoiar seu impulso por transformar o novato em bode expiatório, o treinador chamou os dois meninos mais revoltados com a situação e os fez assumir a perspectiva do novato: "Como vocês acham que é chegar em um país estranho, participar de um jogo que você nunca jogou antes e ouvir pessoas gritando com você numa língua que não entende?"

Quando os treinadores de times de crianças mais novas insistem para que todos os jogadores tenham o mesmo tempo de jogo e explicam por que isso é importante, quando ressaltam os pontos fortes dos jogadores mais fracos, porém sem condescendência, ou quando louvam as qualidades dos jogadores ou do técnico do time adversário, também contribuem para aumentar a capacidade das crianças de respeitar os outros. Os consultores esportivos Beedy e Zierk imaginam a quadra ou o campo como uma espécie de sala de aula. Eles incentivam as crianças, por exemplo, a refletir sobre rituais que perderam o sentido, como o grito clássico para o time adversário após o jogo: "Dois, quatro, seis, oito, quem merece o nosso respeito?" Como observa Zierk: "As crianças muitas vezes não têm a mínima ideia do significado do que estão dizendo. Então pergunto a elas e fazemos uma análise: Por que respeitamos o outro time? Será que é porque eles jogaram bem? Porque jogaram com honestidade? Porque nós também gostaríamos de ser respeitados?" (Conversei com um garoto de 13 anos que me disse: "Por muito tempo achei que era 'Dois, quatro, seis, oito, quem merece o nosso despeito.'")

Os treinadores podem aperfeiçoar a capacidade de raciocínio moral das crianças ajudando-as a resolver os dilemas morais que enfrentam durante a prática do esporte. Esses dilemas surgem com muita frequência. Se um colega de time desrespeita uma regra, devo contar ao treinador? Devo reagir agressivamente ao comportamento agressivo de um jogador adversário? Devo incentivar um colega de time que marca muitos pontos mas é fominha?

No esporte infantojuvenil também há uma série de transgressões muito comuns, ricas em possibilidades no que concerne ao desenvolvimento da consideração pelo outro e do raciocínio moral. Mas os adultos costumam tratar esses incidentes como consequência do calor do momento. Como observa Beedy: "Às vezes, um pai faz um comentário racista, ou o técnico do outro time diz algo machista sobre uma jogadora, e as crianças ouvem, mas ninguém nunca fala sobre isso."

Lembro que, uma vez, meu filho participou de um jogo que fugiu ao controle. Os jogadores faziam faltas feias uns nos outros e o árbitro apitava aparentemente sem critério. O pai de um dos jogadores do nosso time começou a gritar para o árbitro: "Eles estão machucando nossos filhos." Ao final do jogo, o técnico do nosso time recusou-se a apertar a mão de um jogador do time adversário, o que fez três pais de jogadores desse time invadirem a quadra. Um dos pais gritou para o treinador: "Seu babaca, aperte a mão dele. Não trate nossos filhos assim." Os jogadores ficaram estáticos, boquiabertos, numa mistura de medo, fascinação e excitação diante de toda aquela retórica pedagógico-moral que se despejava repentinamente sobre eles.

Não obstante, em nenhum momento o acontecimento foi sequer mencionado perante os jogadores, o que dirá explorado por nosso treinador ou por algum integrante da liga. Um episódio como esse, porém, além de ser extremamente preocupante, é um bom pretexto para refletir sobre questões e responsabilidades morais que são ao mesmo tempo comuns e complexas: Há ocasiões em que é apropriado não apertar a mão de um membro do outro time após o jogo? Qual era a perspectiva desse treinador e como ele poderia reagir de modo construtivo? Como os pais poderiam ter enfrentado a situação de forma construtiva?

Beedy observa que os treinadores com frequência escutam todo tipo de conversas fora do jogo propriamente dito (inclusive quando estão no ônibus ou transportam crianças de carro até o local dos jogos) que revelam "como os jogadores tratam a namorada, quem usa drogas e quem age como louco". É raro, porém, verem nelas oportunidades de aprendizado moral ou intervirem de alguma forma.

Os treinadores, além do mais, podem expor de modo mais aberto seus pensamentos e suas decisões não apenas para os pais, mas também para as crianças. Embora muitos se mostrem transparentes nessa questão, outros são desnecessariamente reservados diante dos jogadores, independente da idade deles, o que muitas vezes priva as crianças de diversas oportunidades de aprendizado moral e diminui a confiança e o respeito que têm por eles. Sem dúvida, deve-se definir com clareza quais questões e preocupações é apropriado que os jogadores levantem e quando isso deve acontecer. Mesmo assim, é comum aceitar-se que o treinador deixe a criança no ar quando ela acha que foi tratada com injustiça (quando ela é mandada para o banco de reservas repentinamente, por exemplo), algo que não aceitaríamos de um adulto em outros contextos.

Mas Beedy e Zierk dão um passo além. Para eles, as ligas informais de esporte infantil deveriam ser bem mais democráticas – as crianças deveriam ter a oportunidade de conceber em conjunto diversas regras, assim como determinar as sanções no caso de violação delas – e os treinadores deveriam ser muito mais socráticos ao se comunicar com os jogadores, expondo-lhes com clareza suas ideias. Assim como acontece nas escolas e em outros ambientes, as crianças interiorizam mais padrões morais quando participam de sua concepção e são responsáveis por seu cumprimento. Enquanto nos esportes de rua as crianças em geral criam, negociam e fazem cumprir as regras, essas oportunidades se perdem à medida que mais e mais crianças passam a praticar o esporte de maneira formal. Zierk lembra que foi treinador de um time de futebol formado por garotos de 6 anos. Eles criaram regras, como "ser legal" e "não dizer babaquices" (essas regras depois foram escritas na bola), e também punições para quem as violasse (aliás, muito mais duras do que aquelas propostas por Zierk).

Em última instância, porém, a eficácia do treinador, como a do professor com seus alunos, depende de quanto ele conhece cada jogador, de ele se ver como alguém que mantém um relacionamento com os jogadores e refletir se está alcançando sucesso ou não como mentor moral. Embora muitos treinadores de fato conheçam muito bem seus jogadores e se preocupem bastante com eles, conheço muitos que identificam rapidamente seus talentos e suas fraquezas, mas não têm nenhuma curiosidade em saber o tipo de pessoa que são. Conheço treinadores de ligas informais que não perguntam o nome das crianças nem as incentivam a procurar saber os nomes umas das outras. É muito comum o treinador não conhecer as circunstâncias particulares que envolvem uma criança (como o garoto etíope). Para ser um mentor moral eficaz, ele deveria saber, no mínimo, se a criança entrou no esporte somente para se divertir e fazer amigos, por exemplo, ou se aceita sofrer intensa pressão. Filhos e pais poderiam preencher um breve formulário em que expressariam suas expectativas e preocupações. Ao mesmo tempo, os organizadores dos programas de educação moral e os consultores da área precisam fazer os treinadores usarem uma linguagem apropriada ao conversarem com as crianças, uma linguagem clara, livre de jargões, capaz de expressar, de modo objetivo, a importância de ouvi-las, de modo que disponha de estratégias concretas para o estabelecimento de vínculos com os diferentes tipos de crianças e jovens. Sem dúvida, será difícil construir esse tipo de relacionamento nas muitas circunstâncias em que os adultos estão acostumados a desempenhar a função de treinadores, mas não de mentores, e mantêm pouco contato com as crianças fora dos jogos. Mesmo assim, vale a pena lutar por isso em qualquer contexto.

Beedy e Zierk consideram ainda mais fundamental que os treinadores descubram quais motivos os levaram a escolher sua profissão e se certifiquem de que eles sejam compatíveis com a promoção de um relacionamento saudável com as crianças. Como diz Zierk: "Foi para fugir do ambiente doméstico? Para vencer? Estou vivendo a vida desses garotos em vez da minha? Foi para me divertir? Fui arrastado a contragosto? Os treinadores precisam reconhecer o problema e lidar com ele." Esse tipo de reflexão é em particular importante porque muitas crianças questionam e põem à prova constantemente o nível real de envolvimento do treinador.

Em último lugar, se é importante pais e treinadores refletirem sobre suas atitudes e seu comportamento, é igualmente importante mudar as regras e políticas de vários programas esportivos. Para começar, os administradores desses programas podem fazer muito mais para definir expectativas e convenções construtivas. Um acordo conjunto elaborado por diversas instituições esportivas do estado de Massachusetts[23], por exemplo, exige que os pais assinem um documento que diz o seguinte: "Estou ciente de que as crianças participam dos jogos para se divertir e que são para crianças, e não para adultos." "Não darei instruções a meu filho ou a outros jogadores durante os jogos e treinos, exceto se for um dos treinadores oficiais do time". "Exigirei de meu filho que trate com respeito os outros jogadores, bem como os treinadores, os funcionários e o

---

23 "Sport Parent Code of Conduct", documento elaborado pela Comissão de Saúde Física e Esportes do Estado de Massachusetts e pela Fundação Nacional de Segurança no Esporte Infantojuvenil, 23 set. 2000. Disponível em: <http://www.nyssf.org/sportparentcodeofconduct.html>.

público, a despeito de raça, credo, cor, sexo ou condição física e mental." Muitas ligas já estabelecem regras concretas para impedir que crianças menos talentosas sejam discriminadas; por exemplo, nas ligas para crianças com 12 anos ou menos, pode-se exigir que todas as crianças do time joguem pelo menos metade do jogo. Além disso, alguns programas tomam a útil providência de fiscalizar os pais que não conseguem refrear seu comportamento destrutivo, inclusive proibindo de assistir aos jogos aqueles pais que tenham violado regras repetidas vezes. É importante que esse tipo de regulamentação se torne padrão.

Embora em geral sejamos muito ativos na hora de defender nossos filhos, somos passivos quando se trata de responder a questões difíceis, por exemplo, se determinada cultura esportiva favorece *todas* as crianças. Em vez de simplesmente pressionar para que nosso filho tenha o melhor treinador, podemos cobrar dos diretores que contratem treinadores competentes, exigir que todos os treinadores passem por um processo seletivo e recebam um treinamento básico de segurança, comunicação com as crianças e liderança democrática. Em vez de deixar certos pais praguejarem contra seu filho ou o treinador, podemos pressionar os diretores das ligas esportivas para que definam e monitorem as expectativas dos pais. Em vez de fazermos *lobby* para que nosso filho entre num time forte porque tem mais chances de ganhar, podemos pressionar para que a direção da liga garanta uma relativa igualdade entre os times e para que o processo de seleção das crianças seja igualitário e justo. Em vez de só reclamar do processo de seleção de jogadores quando nosso filho não for selecionado, podemos protestar contra um processo injusto, mesmo que ele tenha sido admitido. Se agirmos assim, serviremos de exemplo moral para nossos filhos. Esta é uma boa maneira de transferir a eles nossos melhores valores morais.

8

O CULTIVO DE UM IDEALISMO MADURO NOS JOVENS

ATÉ AQUI, CONCENTREI-ME essencialmente no papel que os pais e demais adultos desempenham no cultivo de qualidades morais essenciais nas crianças e nos adolescentes. Conforme argumentei, no entanto, o desenvolvimento moral pode prolongar-se por toda a vida. Nossa tendência a relacioná-lo à infância faz que desprezemos dois períodos de crescimento moral talvez tão importantes quanto a infância e o início da adolescência para a formação de nossas qualidades morais como adultos: a adolescência tardia e a juventude. É entre o fim da adolescência e os trinta e poucos anos de idade que o indivíduo em geral define suas responsabilidades nos relacionamentos amorosos e profissionais e descobre o significado da cidadania. É também nesse período que o jovem com frequência transforma sua capacidade de ter consideração pelo outro em convicções e compromissos para com um mundo melhor e mais justo e escolhe o que fará ou deixará de fazer para melhorar a vida dos outros.

NADA DISSO ESTÁ ACONTECENDO NA UNIVERSIDADE

Não obstante, nos lugares onde esses indivíduos jovens passam a maior parte de seu tempo (as faculdades e universidades), quase nada se faz para cultivar esse tipo de idealismo ou a definição de um papel social. Cada vez mais as faculdades, sobretudo as de elite, organizam-se em torno do objetivo de preparar o estudante para ingressar em uma carreira lucrativa e eminente. Há, sem dúvida, muitas exceções: a Fundação John Templeton mantém um quadro de honra de cem faculdades que levam a sério o desenvolvimento da cidadania e da responsabilidade social de seus estudantes[1]. Em geral, porém, embora "horrorizem-se" (para usar as palavras de Harry Lewis[2], ex-reitor da Universidade de Harvard) quando os estudantes as veem como um trampolim para o sucesso financeiro, as universidades não lhes fornecem nenhum projeto alternativo concreto de educação superior nem qualquer tipo de orientação para a descoberta de propósitos mais elevados. Conforme observa o crítico social e colunista David Brooks, as prioridades das universidades são a segurança, as normas e o desempenho, não o idealismo: "Aqui é cada um por si e Deus por todos. Vocês mesmos é que vão ter de descobrir o que é verdadeiro e justo para vocês."[3] As universidades mais interessadas em desenvolver o idealismo nos jovens costumam oferecer a um pequeno número deles a oportunidade de coordenar a prestação de serviços à comunidade, formando-se assim uma espécie de "esquadrão acadêmico de ética", nas palavras do presidente de uma faculdade. Na cultura norte-americana em geral e nos *campi* das universidades, o idealismo juvenil às vezes é até desprezado (tratado como fruto de uma fase ingênua e passageira da vida), embora a visão dos jovens durante esses anos possa influenciar o trabalho de toda a sua vida e transformar sociedades.

Além disso, um idealismo saudável em geral é fruto de um diálogo meticuloso e duradouro com um mentor. Algumas faculda-

---

1 John Templeton Foundation. Disponível em: <http://www.templeton.org>.
2 Harry R. Lewis, *Excellence Without a Soul: How a Great University Forgot Education* (Nova York: Public Affairs, 2006), citado em Andrew Delbanco, "Scandals of Higher Education", em *New York Review of Books*, 29 mar. 2007.
3 David Brooks, "The Organization Kid", em *Atlantic Monthly*, abr. 2001, p. 53.

des, sobretudo as menores, levam isso bastante a sério. Muitos estudantes universitários, porém, jamais se ligam a mentores de verdade, que os apoiem tanto no realismo quanto no idealismo e os ajudem a ter uma visão pragmática da dificuldade de mudar as coisas, mas sem enterrar suas esperanças e convicções. Pior ainda, grande parte dos estudantes abandona o idealismo justamente ao interagir com seus professores de faculdade.

Mas será que as universidades devem desempenhar um papel preponderante na formação do caráter dos jovens? Esta é uma questão complexa. Os estudantes universitários são adultos jovens que deveriam ter as mesmas liberdades que os outros adultos. Por isso, as faculdades podem influenciar e controlar a vida deles dentro de certos limites. Além disso, tentar mudar a formação moral básica dos estudantes é uma gigantesca empreitada para as faculdades. E nem todos os jovens precisam dedicar a vida – ou mesmo parte dela – a projetos idealistas.

Mesmo assim as faculdades deveriam ao menos apoiar o desenvolvimento moral dos alunos e dotá-los de uma noção apurada das possíveis maneiras de ajudar os outros.

ORIENTAÇÃO MORAL FALHA

As faculdades podem trabalhar o idealismo por meio de cursos, da prestação de serviços à comunidade, da definição de expectativas e padrões morais de caráter comunitário e do tipo de relacionamento que mantêm com os alunos – talvez sobretudo através dos relacionamentos entre mentor e pupilo, que estão no cerne do idealismo. Mesmo quando o jovem não mantém contato constante com nenhum membro do corpo docente, um professor inspirador em geral alimenta o seu idealismo. Quando esse professor também é receptivo a suas preocupações, sua influência pode multiplicar-se. Em relacionamentos desse tipo mais intensos, os jovens podem aprender a definir suas obrigações em relação aos outros, o que é justo e injusto, quais valores devem defender e o que podem fazer para atuar na sociedade. Esses vínculos às vezes se intensificam pelo fato de que muitos jovens, na medida em que amadurecem, tornam-se mais críticos em relação aos pais (e, às vezes, aos ideais que representam) e anseiam por ligar-se a adultos que consideram fortes em aspectos nos quais, para eles, os pais são fracos. Erik Erikson chama esses mentores da juventude de "guardiões de uma identidade definitiva"[4].

Depois de conversar com alunos de várias faculdades ao longo dos anos, porém, acabei percebendo que as oportunidades de promoção do idealismo são constantemente desperdiçadas nesses ambientes e que a maioria dos estudantes não tem a chance de estabelecer relacionamentos com mentores. Na verdade, é comum eles terem de lutar para manter suas esperanças e seus ideais.

Tomemos o exemplo de Maya, uma caloura de voz suave que quer trabalhar para a erradicação da pobreza nos países em desenvolvimento. Uma de suas preocupações é o sacrifício financeiro que terá de fazer se quiser seguir sua vocação. Além disso, ela teme desapontar os pais ao escolher essa carreira, pois eles valorizam muito a condição social de uma pessoa. Seu pai quer que ela seja engenheira.

Maya então procura um professor que respeita para falar de seus conflitos, e as palavras dele ficam na sua cabeça: "Ele basicamente advertiu-me de que a maioria das pessoas que tentam ajudar os pobres nos países em desenvolvimento acaba mais atrapalhando que ajudando. Depois deu vários exemplos. Então pensei: talvez não valha a pena tentar mudar o mundo. Será que eu estaria desperdiçando minha vida?"

Assim como Maya, muitos estudantes têm grandes ambições idealistas quando chegam à faculdade ou à pós-graduação, desde a cura de doenças até a erradicação da pobreza ou a reforma da educação. Em sala de aula, porém, esses jovens podem receber um ba-

---

[4] Erik Erikson, *Childhood and Society* (Nova York: Norton, 1963), p. 261.

nho de água fria, ao serem confrontados com fatos incontestáveis sobre iniciativas altamente pretensiosas e idealistas que se chocaram com a realidade. Uma das queixas mais comuns de meus alunos de pós-graduação é que seus professores esforçam-se arduamente para dotá-los de uma visão mais crítica (e desmerecedora) em relação a iniciativas aparentemente úteis, mas pouco fazem para ensinar-lhes como ter uma noção das possibilidades. Nas décadas de 1980 e 1990, havia duas disciplinas muito procuradas na Universidade de Harvard. Uma delas, ministrada por Robert Coles, era sobre reflexão e ativismo social. A outra, ministrada por Brian Palmer, era sobre como os estudantes poderiam fazer a diferença como cidadãos globalizados. Tal interesse devia-se, em grande parte, ao fato de que essas matérias tratavam como os líderes sociais apaixonados perseveram diante dos grandes desafios. Quase todas as universidades, no entanto, excluíram de sua missão a tarefa de instilar a esperança, e esta é uma atitude perigosa.

Quando a questão é cultivar o idealismo nos jovens, as falhas dos mentores universitários são graves, inúmeras e bem específicas. Jovens como Maya em geral estão "experimentando" o idealismo e começando a pisar no terreno de certo tipo de vida. Precisam, portanto, de auxílio prático para definir não apenas que tipo de sacrifício financeiro terão de fazer caso se dediquem a uma causa, mas também como conciliarão as obrigações profissionais com os familiares e se serão respeitados por pessoas que respeitam. Alguns jovens precisam de ajuda para evitar as modas passageiras e descobrir o que provavelmente fará mais sentido para eles no longo prazo. "O idealismo virou mercadoria", comenta um estudante. "As pessoas aderem à última moda, seja a aids ou Darfur."

Outros jovens precisam aceitar os muitos e complexos motivos que os levam a perseguir seus ideais. Às vezes, eles abandonam o idealismo por acharem que aquilo que os motiva não é o altruísmo puro, mas sim a necessidade de sentir-se virtuosos ou reconhecidos. "O grande estigma do idealismo é que muitas pessoas acreditam que ele tem de ser puro, de outro modo nada vale", observa o psiquiatra e escritor Eli Newberger[5]. Alguns jovens já perceberam muito bem que a pressão do processo seletivo para a graduação e a pós-graduação criou um tipo de olimpíada do serviço comunitário que gera todo tipo de idealismo, falso ou exagerado: "Na minha escola, não basta a gente dar flores aos doentes ou aos idosos", comenta um estudante do Ensino Médio. "A gente tem que erradicar a aids da África." Os jovens, porém, raramente contam com mentores que os ajudem a desatar os nós de suas motivações confusas.

O mais preocupante, talvez, é que grande número de jovens sentem-se consideravelmente desapontados e desiludidos em suas empreitadas idealistas, mas não têm mentores que os ajudem a superar esses sentimentos. Os professores e os pais em geral presumem que um ano no exterior trabalhando num país em desenvolvimento ou um curto período de serviço comunitário em uma escola pública fortalecerá o compromisso do jovem com um mundo melhor. Porém, muitos jovens com quem conversei, e que passaram por esse tipo de experiência, enfrentaram problemas incontroláveis em sua opinião, começaram a suspeitar das autoridades encarregadas de lidar com esses problemas ou viram-se diante de injustiças aparentemente irremediáveis. Há pouco tempo, conversei com uma professora recém-formada que foi lecionar em uma escola em que reinava o caos total, na qual foi ameaçada fisicamente por um estudante. Sem receber apoio do diretor, a professora terminou isolada dos colegas. Ela veio me procurar porque queria sugestões sobre outras possibilidades de carreiras.

Em último lugar, é muito comum a própria relação entre mentor e pupilo tornar-se problemática e conflituosa: os alunos acabam se ressentindo e questionando a integridade dos professores. A onipresença desse fenômeno pegou-me desprevenido há alguns anos, quando eu conversava com um grupo de estudantes de pós-graduação que respeito muito. Perguntei-lhes se estavam satisfeitos com

---

5   Eli H. Newberger, *The Men They Will Become: The Nature and Nurture of Male Character* (Reading, MA: Perseus, 1999), p. 322.

seus mentores: "Nenhum professor aqui está interessado em ser mentor de ninguém", observou Monica, uma aluna gentil e brilhante da Geórgia. Outro aluno, Gail, acrescentou: "Quando entrei aqui, achava que os professores se preocupariam comigo e com meu desenvolvimento, que minhas relações com eles seriam tranquilas, porque não existiriam as expectativas que há com meus pais. Mas, a partir de certo momento, você percebe que essas relações não são tranquilas, de forma nenhuma. Na maior parte do tempo, eles não se preocupam realmente com a gente, ou pelo menos se preocupam consigo mesmos tanto quanto com a gente." "Alguns professores fazem parecer que estão preocupados é com a gente", esclareceu William, um aluno mais velho, "mas em geral estão preocupados também com a própria carreira, de algum modo. É uma questão de reciprocidade."

Sem dúvida, o relacionamento entre estudantes e membros do corpo docente é complexo e alguns esperam demais dos professores. Isso muitas vezes ocorre pelo fato de o aluno buscar em sua relação com o mentor uma compensação para as falhas dos pais. Por isso é grande a probabilidade de que mesmo as mais mínimas falhas, manipulações ou tapeações façam esses jovens perderem parte da confiança ou até comprometerem completamente seu desenvolvimento moral. Há também claras diferenças entre a vida de um graduando e a de um pós-graduando. Embora muitos alunos de pós-graduação, como aqueles com quem conversei, tenham problemas para encontrar mentores de verdade, é mais comum os professores de pós-graduação desempenharem o papel de mentores – sobretudo nos cursos profissionalizantes – do que seus colegas da graduação. Muitos professores de cursos de pós-graduação ao menos conversam com os alunos sobre a carreira deles e, nessas conversas, pode emergir o assunto das possíveis contribuições do estudante para a sociedade.

Porém, sobretudo nas universidades de ponta, nas quais a carreira dos professores depende muito de sua atividade de pesquisa, muitos alunos são tratados com frieza. É raro os professores receberem treinamento ou apoio para atuar como mentores. O bom desempenho no papel de mentores não costuma ser fator de peso na hora de contratá-los ou promovê-los e em geral não há incentivos para que levem a sério esse papel. Para um professor com quem conversei, muito respeitado como mentor, o exercício dessa função é na verdade involuntariamente desencorajado: "Os incentivos são contrários. Minha recompensa por ser um bom mentor é que tenho de redigir mais cartas de recomendação." Além disso, em geral, não há meios de manter os professores a par de seu desempenho como mentores ou de puni-los por suas falhas. Em consequência, muitos não conseguem de fato sintonizar-se com as necessidades dos estudantes ou pensam neles acima de tudo como um recurso a mais no exercício de seu trabalho.

Só porque os professores com frequência decepcionam dessa forma, isso não significa que os jovens sob sua influência se tornarão necessariamente pessoas desiludidas. Mesmo assim, a falta de receptividade e o ceticismo dos adultos, em especial quando se combinam com outros fatores (acima de tudo, quando os pais e os mentores também pressionam o jovem a exibir um bom desempenho acadêmico), diminuem bastante as chances de que os jovens dediquem parte da vida a ajudar os outros.

O que então as faculdades e universidades podem fazer para cultivar um idealismo saudável? No mínimo, um dos fatores de peso na hora de contratar e promover professores deveria ser a investigação de seu histórico de atuação como mentores. Deveria haver também incentivos e apoio para os professores amplamente dedicados à função de mentores (esse apoio poderia consistir, por exemplo, em liberá-los de outras obrigações acadêmicas). Além disso, pode-se dar muito mais atenção não somente à oferta de cursos em que se apresentem funções e carreiras relacionadas a problemas sociais, como também eles podem estar vinculados a oportunidades de serviço comunitário estruturadas e supervisionadas com cuidado. Alguns diretores de faculdade já cultivam explicitamente a responsabilidade social. Por exemplo, a partir da iniciativa de seu presidente, a Universidade Tulane organizou-se para integrar o projeto de recuperação de Nova Orleans depois do furacão Katrina e criou muitas oportunidades para os estudantes participarem nesses esforços.

O CULTIVO DA ESPERANÇA

Há também muitas coisas que os pais e mentores podem fazer para promover um idealismo maduro nos jovens e ajudá-los a recuperar suas desilusões. Nós, pais, podemos perguntar a nós mesmos se estamos criando em nosso lar condições para que o idealismo crie raízes (se chamamos a atenção de nossos filhos mais velhos para os problemas mundiais, se pensamos com eles as maneiras como podem lidar com esses problemas e se lhes contamos sempre histórias que os ajudem a imaginar uma vida construída com base em suas convicções). Isso é algo que nas comunidades não religiosas os pais raramente fazem. Podemos refletir também se nós próprios dedicamos de maneira efetiva boa parte de nosso tempo a melhorar a vida dos outros ou se ao menos somos bons exemplos de cidadãos conscientes. Estudos revelam que as crianças com frequência imitam os atos de cidadania e consciência praticados pelos pais. Um dos fatores que mais influenciam um jovem a votar é a recordação de que seus pais sempre votaram, bem como os debates com os pais sobre as eleições e o ato de acompanhá-los ao local de votação[6].

Na condição de pais e mentores, também podemos legitimar a complexa gama de motivos que costumam mover o idealismo e as demais ações morais, inclusive a necessidade de reconhecimento, a inveja e a culpa. Devemos considerar a possibilidade de compartilhar com os jovens a maneira como conciliamos nossas próprias ambições e preocupações pessoais com nosso altruísmo e nossa

---

6 Alissa Quart, "They're Not Buying It", em *New York Times*, 6 nov. 2004.

compaixão. Por exemplo, às vezes pergunto a estudantes a quem presto orientação profissional o quão importante é para eles receber reconhecimento por seu trabalho e influenciar pessoas. Digo-lhes com toda a honestidade que levei em conta esses fatores quando escolhi minha carreira.

Mas talvez o mais importante seja nós, pais e mentores, ajudarmos os jovens a lidar com as desilusões que emergem à medida que aprendem mais sobre o mundo e sobre toda a sua impenetrável complexidade, para que não migrem do idealismo cego ao pessimismo absoluto. Esse desafio é difícil em parte porque muito pouco se sabe sobre a desilusão. Embora usemos toda uma retórica para falar de problemas como a dor e a depressão (e as diversas variedades desses problemas foram meticulosamente registradas), é quase inexistente um vocabulário para falar das muitas formas de desilusão, incluindo a dor que sentimos quando descobrimos injustiças e problemas aparentemente insolúveis do mundo.

Há algumas orientações práticas que podem ajudar-nos nessa tarefa. É importante, por exemplo, fazermos os jovens tomarem consciência, de modo gradual, das realidades duras, temperarmos nossas histórias com exemplos de sucesso e fornecermos exemplos de jovens que tenham adotado abordagens novas e eficazes para lidar com velhos problemas. É essencial tentarmos compreender de maneira bem específica em que aspectos os jovens se sentem desorientados, abandonados ou traídos e os ajudarmos a descobrir até que ponto esses desapontamentos e essas traições são produto de expectativas exacerbadas e até que ponto refletem realidades que devem e podem mudar. Por exemplo, os jovens que se iludem com políticos ou líderes sociais que fazem concessões precisam saber que elas não costumam ser absolutamente o pior inimigo do idealismo: em geral são uma forma de unir os diversos personagens necessários à sustentação da mudança ao longo do tempo. Também é importante sermos sensíveis às nuanças de nosso relacionamento com os jovens, sintonizando-nos com os fatores que podem levá-los, de maneira justificada ou injustificada, a sentir-se traídos ou desapontados. Uma vez que os jovens de hoje tendem excepcionalmente ao conformismo (como observa Brooks, a geração atual de jovens "não tenta se opor ao sistema, mas sim escalá-lo"[7]), também podemos, para ajudá-los a reencontrar seus ideais, encorajá-los a questionar e talvez a não abraçar as opiniões predominantes.

Ao mesmo tempo, é crucial que nós, tanto os pais como os mentores, nos certifiquemos de que nossas próprias desilusões não estejam abalando o idealismo dos jovens – e nossas conversas com eles são uma ótima oportunidade de revermos nossos ideais. Ao longo dos últimos anos, conversei com muitos pais que se sentem desmotivados, senão totalmente céticos, diante de qualquer tentativa mais ambiciosa de melhorar o mundo. Esses pais não apenas entregaram os pontos, como acabaram questionando sua própria capacidade (e com frequência aquela de seus filhos) de fazer diferença, e temem que seus sentimentos descontrolados e confusos sejam pouco inspiradores para seus filhos. Como disse uma mãe que entrevistei: "Algumas vezes, acho que sou um exemplo de idealismo para os meus filhos. Mas, na maior parte das vezes, acho o mundo intratável. Passei anos lutando contra o aquecimento global e acho que não consegui nenhum progresso. Outro dia, meus filhos me perguntaram se eu achava que as pessoas sobreviverão até o fim deste século, e eu não pude dizer 'sim' com sinceridade. Muitas vezes, acho que sou um mau exemplo para meus filhos."

No fim das contas, nosso êxito como pais e mentores talvez dependa de termos a capacidade de trabalhar nossa própria desilusão. Esse trabalho não beneficiaria apenas nossos filhos: um idealismo maduro pode ser uma fonte primordial de vitalidade e

---

7 David Brooks, "The Organization Kid", p. 41, citado em Scott Seider, *Literature, Justice and Resistance: Engaging Adolescents from Privileged Groups in Social Action* (tese de doutorado, Departamento de Pós-graduação em Educação da Universidade de Harvard, 2008). Ver p. 17 dessa tese para mais informações sobre o assunto. Essa sensacional dissertação também elucida o tema mais geral dos caminhos e obstáculos ao desenvolvimento dos ideais.

uma força vigorosa no mundo. Para alguns de nós, isso significa enfrentar uma visão pejorativa que temos de que o idealismo é coisa de adolescentes. Para outros, significará perguntar diretamente a nós mesmos qual é a verdadeira natureza de nosso idealismo. Embora muitos pais nascidos na década de 1960 encham-se de nostalgia e comprazam-se de seus elevados ideais, ao mesmo tempo que lamentam que seus filhos não os tenham, a verdade é que muitos desses pais jamais tiveram ideais fortes e persistentes, pois o idealismo verdadeiro dos anos 1960 serviu de máscara a todo tipo de modas pseudoidealistas.

Mais comumente, porém, esse trabalho significará refletirmos e conversarmos uns com os outros sobre onde erramos e como podemos avançar. Por meio desse esforço de reflexão e diálogo, podemos, com nosso exemplo, ensinar a nossos filhos que o idealismo (em qualquer escala que seja) não é um exercício de bem-estar, nem um passeio em um parque moral de diversões, mas sim uma maneira exigente, rigorosa e muito gratificante de conduzir uma das dimensões da vida.

Tudo isso é possível, mas exige que muitos de nós, pais e mentores, mudemos da água para o vinho, pois significa que não devemos nos eximir de nossa responsabilidade pelo destino moral de nossos filhos quando eles ingressam na idade adulta, nem devemos controlar de perto cada decisão deles. Em vez disso, precisaremos, neste caso também, dançar a complexa coreografia da liderança, ajudando-os a descobrir suas paixões, prestando atenção nos fatores que pesam em suas decisões e, ao mesmo tempo, contribuindo com nossa sabedoria. Além disso, também devemos examinar com cuidado nossas prioridades na hora de orientar os filhos sobre qual faculdade escolher, incluindo como fator de peso nessa escolha o grau de importância que cada faculdade dá ao caráter dos jovens e à necessidade de inspirar-lhes idealismo. Ainda há de chegar o dia em que as pessoas responsáveis pelo processo seletivo nas faculdades serão bombardeadas com perguntas não sobre o peso dado ao teste de aptidão acadêmica no processo seletivo, mas sim sobre como sua universidade ou faculdade define caráter e idealismo e o que faz para cultivar essas qualidades em seus alunos.

O desenvolvimento moral é um trabalho para a vida inteira, e isto vale também para a tarefa de criar um filho virtuoso.

9

PRINCIPAIS VIRTUDES MORAIS DAS CRIANÇAS NAS DIFERENTES RAÇAS E CULTURAS

Venho apontando neste livro as muitas razões que levam os adultos a obter êxito ou falhar como mentores morais. Esse tipo de análise, porém, esconde uma verdade fundamental: a maneira como os pais criam os filhos e os obstáculos que estes têm de enfrentar para se tornarem boas pessoas diferem muito de acordo com a raça, classe social, etnia e cultura. Essas diferenças não são de pouca monta. Geram fraquezas e forças morais diferentes nas crianças, definem a maneira como encaram os problemas morais, influenciam as emoções mais importantes que estão por trás da conduta moral, determinam os meios como se expressam as qualidades morais. É importante entendermos essas diferenças, porque a diversidade, nos Estados Unidos, aumenta em ritmo assustador, e nossos filhos são a identidade de nosso país. Mas também é essencial compreendê-las, porque por muito tempo buscamos aplicar as mesmas soluções, as mesmas receitas genéricas, a problemas nitidamente diferentes. Como os pais e as comunidades possuem crenças, forças e hábitos diferentes, além de enfrentarem obstáculos diferentes, os desafios que um indivíduo tem de enfrentar e os caminhos que deve trilhar para tornar-se uma boa pessoa não são os mesmos nas badaladas comunidades brancas das imediações de Nova York e nos bairros negros de classe média de Atlanta ou nos "barrios" mexicanos de Los Angeles. Precisamos refletir sobre como ajudar as crianças a se tornarem pessoas de bom caráter nessas circunstâncias tão diversas.

É essencial entendermos essas diferenças também por outra razão. Devido às imagens veiculadas, às ideias preconcebidas e aos estereótipos, os norte-americanos não conseguem identificar as qualidades morais fortes e exemplares de muitas crianças pobres de diferentes classes sociais, entre elas as dos afrodescendentes e imigrantes em geral, para os quais muitas dessas qualidades são evidentes. Porém, os demais norte-americanos, como já foi dito, não costumam reconhecê-las. Não é minha intenção amenizar os problemas que acometem as comunidades de negros e latino-americanos de baixa renda, entre eles, o grande número de jovens que povoam as penitenciárias dos Estados Unidos. Apesar disso, ao contrário do que esses estereótipos fazem acreditar, os pais das diversas raças, etnias e classes sociais têm muito a aprender uns com os outros sobre como criar filhos de bom caráter.

A exploração dos diferentes obstáculos e das diversas forças dos inúmeros grupos culturais dos Estados Unidos na época atual excede os objetivos deste livro. Tampouco explorarei, neste capítulo, as principais diferenças entre os grupos econômicos, raciais e étnicos, baseadas em valores regionais, diferenças entre campo e cidade, diferenças de credo, entre outros aspectos. O que pretendo abordar aqui são alguns dos estereótipos mais problemáticos e algumas questões fundamentais: Quais são as principais diferenças que marcam os desafios e caminhos para tornar-se uma boa pessoa nos diferentes contextos de raça, classe social e etnia? Quais são as forças morais mais importantes e admiráveis dos filhos de imigrantes e afro-americanos e que práticas dos pais e da comunidade permitem gerá-las? Que lições podem ser tiradas dessas práticas?

AS EXPERIÊNCIAS MORAIS DOS FILHOS DE IMIGRANTES

"É totalmente previsível", disse-me Sam Michaels, um diretor de escola recentemente aposentado. "Os filhos de imigrantes entravam na nossa escola e agiam da maneira mais doce e respeitosa possível. Mas todos os professores tinham o mesmo mau pressentimento, viam exatamente o caminho que aquelas crianças tomariam: em pouco tempo, teriam todas as mesmas atitudes das crianças norte-americanas."

Os temores dos norte-americanos diante do aumento da massa de crianças imigrantes[1] (aproximadamente uma em cada cinco crianças, nos Estados Unidos, é membro de uma família de imigrantes, e essa porcentagem cresce em ritmo acelerado[2]) perdem o sentido diante de um fato estarrecedor: embora grande número de imigrantes chegue ao país em condição de pobreza, os filhos que trazem (e isto vale para quase todos os grupos de imigrantes) saem-se, de maneira geral, melhor que seus irmãos nascidos nos Estados Unidos em quase todas as escolas e em praticamente todas as avaliações de saúde física, mental e moral[3]. Apesar de as experiências que essas crianças vivenciam nos Estados Unidos serem, sem dúvida, muito variadas, em geral elas demonstram menor tendência à delinquência, a apresentar problemas de comportamento, a usar drogas e apresentar

---

1 Michael Fix e Jeffrey S. Passel, *U.S. Immigration: Trends and Implications for Schools* (Washington, DC: Urban Institute, 28 jan. 2003). Disponível em: <http:// www.urban.org/url.cfm?ID=410654>.
2 Ron Haskins, Mark Greenberg e Shawn Fremstad, "Federal Policy for Immigrant Children: Room for Common Ground", texto que é um resumo de *Future of Children* 14, n. 2 (2004), p. 1.
3 Ver, por exemplo, Donald J. Hernandez e Evan Charney (Orgs.), *From Generation to Generation: The Health and Well-Being of Children in Immigrant Families* (Washington, DC: National Academy Press, 1998), p. 6; Laurence Steinberg, em cooperação com B. Bradford Brown e Sanford M. Dornbusch, *Beyond the Classroom: Why School Reform Has Failed and What Parents Need to Do* (Nova York: Simon & Schuster, 1996), p. 98.

os tipos de problemas emocionais que impedem o estabelecimento de relacionamentos saudáveis e afetuosos. Conversei com outros adultos que, como Sam Michaels, referem-se da melhor forma possível aos filhos de imigrantes recém-chegados ao país, descrevendo-os como crianças doces, participativas, abertas e respeitosas.

Este é o lado positivo da história. O lado negativo é chocante. Muitas crianças imigrantes sem dúvida se saem muito bem nos Estados Unidos ao longo do tempo e seu destino tem muito a ver com o tipo de comunidade na qual vivem, entre outros fatores[4]. De forma geral, no entanto, quanto mais tempo esses filhos de imigrantes nascidos no exterior permanecem no país (isso vale para quase todos os grupos de imigrantes), piores se tornam seus indicadores de saúde, seu desempenho escolar e seu caráter. Um dos fatos mais desoladores é que, à medida que cresce a proficiência no inglês, cai o desempenho nos estudos[5]. Os dois indicadores são, por incrível que pareça, *inversamente* proporcionais. Quanto mais tempo permanecem no país, ao que parece, mais tendem a desrespeitar os adultos e exibir comportamentos problemáticos, como o uso de drogas e a delinquência[6]. Marcelo Suárez-Orozco, pesquisador da Universidade de Nova York que, juntamente com a esposa, Carola, conduziu um grande estudo sobre os filhos de imigrantes nascidos no país de origem de suas famílias, observa que muitas crianças imigrantes recém-chegadas "dizem que a escola é bonita e o diretor é uma pessoa maravilhosa"[7]. Alguns anos depois, porém, passam a considerar que "a escola é chata e o diretor é um idiota". Para piorar, a cada nova geração, esses comportamentos e atitudes

---

4   Min Zhou, "Growing Up American: The Challenge Confronting Immigrant Children and Children of Immigrants", em *Annual Review of Sociology* 23 (1997), p. 66.
5   Carola Suárez-Orozco e Marcelo M. Suárez-Orozco, *Children of Immigration* (Cambridge, MA: Harvard University Press, 2001), p. 5, citando estudo dos sociólogos Ruben Rumbaut e Alejandro Portes.
6   Ver, por exemplo, Hernandez e Charney, *From Generation to Generation*, p. 6.
7   Contato pessoal, 2001.

destrutivas se tornam mais comuns. Os índices de incidência da maioria desses comportamentos na terceira geração de filhos de imigrantes são semelhantes àqueles dos adolescentes brancos nascidos nos Estados Unidos[8]. Tanto as crianças mexicanas quanto as indianas – de longe os dois grupos de imigrantes mais numerosos no país (o México lidera a lista com folga, seguido por Filipinas, China e Índia[9]) – são, em geral, prejudicadas pela americanização. As famílias de imigrantes não são uma ameaça à cultura dos Estados Unidos na esfera moral, como afirmam alguns conservadores. Pelo contrário, o país é que é uma ameaça ao desenvolvimento moral dos filhos de imigrantes.

A promissora atitude inicial das crianças imigrantes nos Estados Unidos revela muito sobre a maneira como seus pais criam os filhos e as qualidades morais resultantes disso. Estudos sugerem que, em uma ampla gama de grupos de imigrantes (mas sobretudo nas comunidades de asiáticos e latino-americanos), os pais costumam obter êxito em parte por conseguirem evitar quase totalmente os problemas de muitos pais norte-americanos. Esses pais tendem menos a tratar os filhos como frágeis do que os pais brancos de classe média e alta e se sentem mais à vontade para afirmar autoridade, exigir respeito e mantê-los fiéis a padrões morais elevados[10]. Também não costumam confundir o papel de autoridade com o papel de amigo. Muitas vezes ouvi pais imigrantes revelarem-se chocados com a leniência de certos pais norte-americanos e sua falta de vigor para disciplinar os filhos. "Os americanos têm medo de punir seus filhos", contou-me um pai haitiano. "É por isso que os jovens americanos não respeitam ninguém. Nós não conseguimos entender isso."

---

8 Ver, por exemplo, Hernandez e Charney, *From Generation to Generation*, p. 6; Steinberg, *Beyond the Classroom*, pp. 97-8.
9 Migration Policy Institute, Washington, DC, 2008.
10 A. J. Fuligni, V. Tseng e M. Lam, "Attitudes Toward Family Obligations among American Adolescents with Asian, Latin American and European Backgrounds", em *Child Development* 70, n. 4 (1999), pp. 1030-1.

Além disso, as crianças imigrantes, desde novas, parecem menos concentradas nas próprias necessidades que as crianças norte-americanas. Afirmar, como muitos o fazem, que as culturas latino-americana e asiática são "coletivistas" e a norte-americana é "individualista" certamente é simplificar demais as coisas. Novos estudos revelam que muitos pais asiáticos e latino-americanos prestam bastante atenção a certas formas de individualismo em seus filhos e que a ênfase que dão às obrigações dos filhos em relação aos outros varia de acordo com a idade da criança e o ambiente social[11]. Muitos pais imigrantes têm grande preocupação com as conquistas individuais dos filhos[12]. Não obstante, estudos sobre famílias asiáticas e latino-americanas que migram de diversos países para os Estados Unidos sugerem que essas crianças, mais que as norte-americanas, costumam priorizar as necessidades da família, a pôr em segundo plano suas necessidades e seus desejos pessoais quando estes entram em conflito com os da família, a fazer sacrifícios pela família e a apoiá-la, ajudando nas tarefas domésticas e cuidando dos parentes[13]. Portanto, embora muitos pais asiáticos e latino-americanos incentivem várias formas de individualidade e autossuficiência, estas em geral coexistem com um forte sentimento de responsabilidade para com os outros. Como observa o crítico social David Brooks, as famílias de imigrantes são "o antídoto para o individualismo excessivo que os conservadores denunciam"[14].

Em muitas comunidades e escolas de imigrantes, reafirma-se essa atenção com os outros. Muitos filhos de imigrantes conseguem entender as diferentes perspectivas de crianças e adultos de

---

11 C. S. Tamis-LeMonda et al., "Parents' Goals for Children: The Dynamic Co-Existence of Collectivism and Individualism in Cultures and Individuals", em *Social Development* 17, n. 1 (2008), p. 183-209.
12 Ver, por exemplo, Fuligni, Tseng e Lam, "Attitudes Toward Family Obligations", p. 1031.
13 Fuligni, Tseng e Lam, "Attitudes Toward Family Obligations", pp. 1030-1.
14 David Brooks, "Immigrants to Be Proud Of", em *New York Times*, 30 mar. 2006.

culturas distintas porque viveram em mais de um mundo desde novas, transitando entre a cultura branca dominante e suas próprias comunidades minoritárias. Carlos, um dominicano alto e bonito que cursa o Ensino Médio, vive em uma comunidade pobre, mas já deu aulas particulares para crianças ricas de bairros afastados. Já o vi nos dois ambientes e posso dizer que ele transita com habilidade nos dois mundos. É bem possível que realize seu sonho de tornar-se prefeito um dia. Já Danielle, uma menina haitiana, é vista como líder moral em sua escola (onde a diversidade de grupos sociais é grande) tanto pelos professores quanto pelos colegas, o que ocorre em parte porque ela é capaz de entender diferentes pontos de vista e se importa muito com os alunos marginalizados. Outra qualidade dela é ajudar os outros sem ser condescendente demais. Ela age como mãe com os outros jovens, mas sem deixar que eles se sintam como filhos.

O início promissor e as qualidades positivas das famílias de imigrantes contêm importantes lições pedagógicas. Quando os pais, em uma comunidade, compartilham os mesmos objetivos, perseguem os mesmos e elevados padrões de exigência, fazem seus filhos dedicar-se a ajudar os outros e valorizam a responsabilidade coletiva e o compromisso com o próximo (e ao mesmo tempo incentivam os jovens a buscar a participação de pessoas de fora da comunidade), os benefícios morais para as crianças podem ser enormes. Mais adiante, neste capítulo, terei mais a dizer sobre como as outras famílias norte-americanas podem aprender com esses benefícios e essas qualidades.

A ESPIRAL DESCENDENTE

A espiral descendente percorrida pelos filhos de imigrantes à medida que se integram à cultura norte-americana revela muito tanto sobre as qualidades dos imigrantes quanto sobre os desafios que enfrentam ao tentar criar filhos de bom caráter. Essa espiral costuma ser atribuída ao vilão tradicional: a cultura de origem. Diz-se que, nos primeiros anos nos Estados Unidos, essas crianças, ansiosas por serem aceitas, passam a denegrir a escola e os adultos e a assumir a postura de desilusão, como é comum entre os adolescentes norte-americanos nascidos no país[15].

Porém, por mais influência que os grupos de colegas exerçam, essa regressão pode estar mais relacionada à corrosão daquele relacionamento que, observo mais uma vez, é o mais importante para o desenvolvimento moral da criança: o relacionamento entre pais e filhos.

Meu primeiro contato com algumas das causas das dificuldades das crianças imigrantes aconteceu há muitos anos, quando recebi um telefonema de um amigo que é policial em Boston. Ele estava preocupado com vários adolescentes vietnamitas que haviam fugido de casa. Decidimos então consultar uma líder comunitária vietnamita, a qual sugeriu que organizássemos uma dinâmica de grupo com os pais vietnamitas.

Durante a dinâmica de grupo, os mesmos temas sempre vinham à tona. Os pais temiam que seus filhos estivessem aprendendo com as outras crianças e com a cultura norte-americana a desrespeitar os mais velhos[16]. Para alguns pais, seus filhos estavam se deixando seduzir por todas as liberdades que o país lhes proporcionava e por isso não cumpriam com as responsabilidades domésticas. Como tantos outros pais imigrantes, esses pais consideravam que, em matéria de disciplina, estavam com as mãos atadas. Mais especificamente, alegavam que a punição física – tradicional em seu país de origem há gerações e gerações – é proibida nos Estados Unidos e pode até custar a perda da guarda dos filhos (e eliminar esse tipo de punição, como mostrarei mais adiante, não é coisa simples).

15 Ver, por exemplo, Steinberg, *Beyond the Classroom*, pp. 98-9.
16 Pesquisas que indicam a ocorrência de choques culturais entre pais e filhos em muitas famílias de imigrantes: ver, por exemplo, Zhou, "Growing Up American", pp. 84-5.

Pouco tempo depois, conversei com uma estudante universitária vietnamita de nome Anne, que me explicou esses conflitos de um ângulo diferente. A moça falou-me do grande impulso que sentia desde nova para adaptar-se ao modo de vida de seus amigos norte-americanos e do sentimento persistente e agudo tanto de confusão quanto de "traição" que acompanhava esse impulso. "Você sente uma grande pressão para tornar-se um americano, mas também se sente em conflito diante disso. Você tem a impressão de que é um macaco que faz imitações e que nunca vai conseguir entender direito o que é ser americano. Então começa a ficar aculturado e depois põe o pé no freio o mais rápido possível. Tem vergonha de seus pais por eles não entenderem os costumes americanos e serem rudes em certas situações, mas depois fica com vergonha de ter vergonha. Você quer ser um americano, mas aí os americanos perguntam coisas – muitos me perguntaram se os vietnamitas comem cachorros – que fazem você pensar se quer realmente ser um americano. E depois você pensa: o que devo ao país de onde veio minha família? Talvez tudo, talvez nada. E depois tem o problema da mentira. Eu mentia sempre para os meus pais quando estava no colégio porque eles não aprovariam o que eu fazia, principalmente sair com garotos. Acho que esse negócio de mentir também me deu um pouco de tempo para decidir quem eu queria ser."

Fugir de casa certamente não é algo comum nas famílias de imigrantes. Além disso, o relacionamento dos pais com os filhos, nessas comunidades, varia imensamente, de acordo com muitos fatores, como família, escola, comunidade e hábitos culturais. Mesmo assim, estudos revelam que esses desencontros entre pais e filhos afetam muitas famílias de imigrantes e que, ao longo do tempo, os pais imigrantes perdem sua autoridade de mentores morais. Em muitos contextos, os filhos de imigrantes sentem necessidade de distanciar-se dos pais (ou sentem-se constantemente divididos entre eles e os colegas), por acharem que não entendem bem a cultura norte-americana e defendem valores ou mantêm hábitos que dificultarão para eles adquirir uma identidade norte-americana e serem aceitos nos Estados Unidos. Ao absorverem a concepção norte-americana de individualismo e autoestima, essas crianças podem entrar em conflito com os pais, porque muitos temem que seus filhos estejam se tornando egoístas[17]. A exemplo da estudante vietnamita anteriormente citada, muitos jovens debatem-se em uma rede de sentimentos contraditórios em relação a seus pais, inclusive a vergonha, e podem acabar mentindo aos pais com frequência para serem aceitos pelos colegas ou para adquirirem uma identidade norte-americana[18]. Alguns jovens sentem-se forçados a escolher entre os valores dos pais e os valores norte-americanos, e alguns optam definitivamente pelos dos colegas.

Há ainda outros fatores que desgastam esse relacionamento e abalam a autoridade dos pais como mentores morais. Muitos jovens imigrantes passam a ter vergonha dos pais porque estes só conseguem trabalhos sem futuro no setor de serviços. "Muitos filhos de imigrantes sabem com o que seus pais trabalham e os veem como tolos", observa a socióloga Mary Waters[19]. Embora esses imigrantes em geral sintam orgulho do trabalho e da renda que obtêm, em comparação com os colegas de seu país de origem, com o tempo muitos deles enfrentam um sério problema: queixam-se de que seus filhos os veem com desprezo. "Quando os imigrantes chegam aqui, ficam satisfeitos com seu emprego e felizes por estarem ganhando bastante dinheiro", acrescenta Waters. "Mas logo percebem que ganham pouco em comparação com os americanos e sentem-se enganados." Para piorar a situação, muitas famílias de imigrantes de primeira geração vão morar longe dos pais e de suas comunidades, em bairros onde não conhecem ninguém. Isso abala as fontes de apoio dos pais, o que faz diminuir ainda mais sua ca-

---

17 Tamis-LeMonda et al., "Parents' Goals for Children".
18 Zhou, "Growing Up American", p. 84.
19 Contato pessoal com Mary Waters, 2001.

pacidade de desempenhar o papel de mentores e priva os filhos da influência da comunidade.

Os pais de segunda e terceira gerações também podem perder o posto de mentores morais em outro sentido. Eles tendem menos a falar de seu sentimento de esperança aos filhos (certos estudiosos falam do "otimismo" dos imigrantes de primeira geração), e crianças desesperançosas são muito mais vulneráveis ao comportamento destrutivo coletivo dos colegas e a atividades destrutivas de diferentes tipos. Muitos pais de primeira geração, é claro, têm muita esperança em seus filhos, mesmo depois de perderem a esperança em si mesmos. É por isso que trabalham arduamente. Porém, à medida que muitos pais de gerações posteriores acabam presos aos mesmos subempregos de seus pais (para este caso, os estudiosos até cunharam o termo "limbo social"), esse tipo de esperança também pode esvair-se.

Os imigrantes, portanto, enfrentam desafios particularmente obscuros e complexos quando se trata de criar filhos de bom caráter. Para muitos desses pais, encontrar formas novas e construtivas de disciplina é um desafio. Sem dúvida, não se deve tolerar a punição física nos Estados Unidos. No entanto, substituir métodos para disciplinar usados há centenas, senão milhões de anos para criar os filhos não é algo simples. Mais ainda, quando os pais afirmam seus valores de forma muito contundente, isso pode afastar os filhos. E os pais devem aceitar o fato de que a necessidade dos filhos de construir uma identidade norte-americana pode sobrepor-se a seus valores.

O desafio dos pais imigrantes, então, é semelhante e ao mesmo tempo bem diferente daquele da maioria dos pais norte-americanos. Como os outros pais, eles precisam entender o universo dos filhos, conciliar sua visão com a deles e ser capazes de assumir uma perspectiva imparcial, inclusive refletindo de modo profundo sobre como sua própria história de vida e as práticas de seus pais podem influenciá-los e guiá-los, para o bem ou para o mal, em seu papel de pais. Os imigrantes, no entanto, têm de enfrentar um desafio específico como pais, o qual, segundo Marcelo e Carola Suárez-Orozco, consiste em conservar fortes os laços de família e manter os filhos ligados à cultura de origem, em parte para compensar tanto o racismo quanto os piores aspectos do individualismo e do hedonismo norte-americanos, mas também para afrouxar as rédeas e ajudar seus filhos a desenvolverem uma "competência bicultural", isto é, a capacidade de transitar com tranquilidade entre a cultura norte-americana e a sua própria cultura[20]. Desse modo, seus filhos se livrarão da difícil tarefa de escolher entre os valores deles e aqueles de seus colegas norte-americanos.

Temos muito a aprender com os pais imigrantes. A luta deles com os filhos em torno da construção da identidade e do caráter contém uma importante mensagem para os pais norte-americanos. Ao que parece, os pais imigrantes são menos propensos que a maioria dos norte-americanos a considerar que sua função principal como pais seja garantir a felicidade dos filhos vinte e quatro horas por dia. Em vez disso, tendem mais a achar que sua missão principal é moral. Em particular, querem garantir que seus filhos respeitem os outros e estão dispostos a suportar um grande desgaste em seu relacionamento com eles em nome desse objetivo. Como me disse recentemente o diretor de uma escola de Boston que vive e trabalha em uma comunidade na qual há muitas famílias de imigrantes: "Os pais imigrantes que conheço, a maioria deles haitianos e vietnamitas, preocupam-se muito em proteger o núcleo fundamental de valores morais dos filhos. Por terem esta missão moral, eles brigam mais com os filhos do que os outros pais." Há um quê de coragem nessa postura, e isso pode servir de inspiração para todos nós.

---

20 Suárez-Orozco e Suárez-Orozco, *Children of Immigration*, p. 7.

AS EXPERIÊNCIAS MORAIS DAS CRIANÇAS AFRO-AMERICANAS

Muitos norte-americanos, quando pensam nas crianças negras, imaginam adolescentes vagabundos recrutados por gangues ou encarcerados, entre outras imagens negativas. Esses estereótipos mascaram a grande diversidade de experiências dessas crianças e as muitas e admiráveis qualidades morais delas, bem como de suas famílias e comunidades.

Essas qualidades, as próprias crianças as afirmam. Perguntamos a crianças e jovens de diferentes raças, classes sociais e etnias que convivem em ambientes integrados o que admiravam e não admiravam tanto nas crianças brancas quanto nas negras. As crianças não negras apontaram diversas características negativas das crianças negras (e estas, muitas vezes, foram mais criticadas que as outras com relação a essas características). Entretanto, muitas crianças não negras (e algumas negras) afirmaram que seus colegas negros possuem uma ou mais das seguintes qualidades: são mais honestos, menos hipócritas, têm mais opinião própria, estão mais dispostos a defender publicamente suas opiniões, preocupam-se mais com o respeito do que com a popularidade, em comparação com os colegas de outras raças. "O jovem negro não tem medo de dizer o que pensa e conversa com qualquer pessoa, sem se importar com a raça dela." "O jovem negro não se importa com a popularidade estereotipada. Ele simplesmente afirma sua opinião." "Os jovens negros parecem mais independentes e decididos." Muitos adultos com quem conversamos e que trabalharam tanto em comunidades negras quanto em comunidades brancas apontaram qualidades semelhantes nos alunos negros. "Os alunos negros daqui dirão a verdade, mesmo que isso lhes saia caro", disse um professor. "Aqui eles não são mascarados como eram na escola rica de subúrbio onde trabalhei. São mais diretos." Alguns estudantes, tanto negros quanto brancos, também afirmaram que os estudantes negros "divertem-se mais" uns com os outros (embora os estudantes negros também tenham criticado seus colegas por às vezes "acabarem" uns com os outros). "As crianças negras em geral ficam felizes quando um colega se dá bem. Elas demonstram isso. Elas fazem você se sentir bem, mesmo sem conhecê-lo." Muitos alunos brancos de uma escola do Sul entrevistados por Mary Casey[21], que estuda o tema do desenvolvimento moral, também consideraram os alunos negros menos hipócritas e mais à vontade para se divertirem uns com os outros.

Muitos anos atrás, num curso de pós-graduação sobre reformas na educação que ministrei em Harvard, eu e meus alunos assistimos ao documentário *High School II*, de Frederick Wiseman[22]. Logo no começo do filme, um membro da direção de uma escola conversa com um aluno e a mãe dele. O aluno, ao que parecia, estava meio sem rumo e não respeitava os professores. De repente, o sujeito dá a entender que o verdadeiro problema, na sua opinião, é que o garoto, que é negro, não gosta de frequentar uma escola com tantos professores e funcionários brancos. O garoto concorda e deixa a mãe perturbada. Esta diz ao filho que ele precisa aprender a relacionar-se com todo tipo de gente, independente da cor da pele, e que, quando tiver preconceito ou estiver com raiva de uma pessoa, deve aprender a "controlar suas emoções".

Perguntei aos meus alunos, brancos em sua maioria, qual foi sua reação diante da cena. Muitos revelaram-se felizes por ver o diretor-assistente enfrentar de peito aberto uma questão tão delicada. Então Valora, uma aluna afro-americana, ergueu o braço e contestou: "Claro que para os alunos negros não é fácil estudar com professores brancos. Mas por que o diretor-assistente presume que essa seja a principal razão pela qual o aluno está com problemas na

---

21 Ver Mary Casey, "Living with Difference: Race and the Development of Critical Perspectives on Goodness" (Cambridge, MA: Harvard Graduate School of Education), trabalho inédito, 2002, pp. 18-20. Também contato pessoal com Mary Casey, 2007.
22 *High School II*, documentário escrito, dirigido e produzido por Frederick Wiseman (Zipporah Films Productions, 1994).

escola? Muitos jovens negros frequentam escolas em que quase todos os professores são brancos e a maioria deles não cria problemas. O garoto podia estar tendo problemas por muitos outros motivos. Por que os brancos sempre acham que a coisa é com eles?"

Em algum momento da infância, a maioria das crianças negras acaba tendo de enfrentar aquilo que Janie Ward, estudiosa de temas afro-americanos, define como uma espécie de dupla realidade e W. E. B. Du Bois chama de "dupla consciência"[23]. Elas precisam compreender as condições e perspectivas da cultura negra (a realidade negra, uma espécie de fortaleza contra as reivindicações da realidade branca) e, ao mesmo tempo, ver o mundo como os brancos o veem. Muitas vezes, a criança negra cresce em um ambiente de diversidade étnica no qual, da mesma forma que as crianças imigrantes, tem a oportunidade de entender os pontos de vista e as realidades de crianças de muitas culturas. Para se integrarem à sociedade, as crianças negras precisam aprender a "interpretar" com habilidade as crianças e os adultos de outras etnias, isto é, a assumir a perspectiva deles.

Ao mesmo tempo, as crianças negras acabam tendo de aceitar o fato de que as crianças e os adultos de cor branca – como o diretor-assistente retratado no documentário, a maioria dos alunos da minha turma e eu próprio – em geral não percebem que estão interpretando a realidade da maneira deles e que há outras realidades. O famoso romance *Homem invisível*, de Ralph Ellison, trata da raiva de ser ignorado, contra a qual os negros sempre tiveram de lutar, bem como contra a consciência de que os brancos não sabem que os ignoram. Jovens negras como Valora com frequência têm de lidar também com adultos brancos que não percebem o caráter preconceituoso de suas observações – adultos brancos cuja con-

---

23 Carol Gilligan e Janie Ward, prefácio a Vanessa S. Walker e John R. Snarey (Orgs.), *Race-ing Moral Formation: African-American Perspectives on Care and Justice* (Nova York: Teachers College Press, 2004), p. xi.

cepção da realidade é, como aquela do diretor-assistente, simples ou egocêntrica em excesso, por exemplo. Da mesma forma, muitos estudantes brancos gabam-se de não fazer distinção de cor e raça[24]. Falham tanto em enxergar a desigualdade quanto em entender que a compreensão da ideia de raça é importante para a formação da identidade das crianças negras e de sua capacidade de transitar no mundo[25] (para que os adolescentes negros entendam como a raça afeta a maneira como são vistos, como foram criados pelos pais, e como ela está ligada às normas culturais que regem sua experiência cotidiana).

Diante desses desafios, as crianças negras podem apelar para formas destrutivas de vitimização e retraimento ou para o ódio. Outras crianças, por sua vez, para conseguir lidar com as formas sutis de inconsciência e com o preconceito aberto dos outros, aprendem a administrar sentimentos de inferioridade, ceticismo e raiva e às vezes até a "controlar suas emoções", como disse a mãe mencionada anteriormente, de maneira que os estudantes brancos desconhecem. Essas estratégias de convívio podem ser uma das razões pelas quais a autoestima das crianças negras é, como revelam alguns estudos, tão elevada quanto a dos estudantes brancos ou até mais[26]. Muitos jovens, como Valora, têm uma compreensão sutil de quando e como devem escutar e quando e como devem opor resistência. Para que uma jovem como Valora se importe com os jovens e adultos brancos, apesar de sua cegueira e suas falhas, para que enxergue humanidade naqueles que não a compreendem e tenha

---

24 Constatei que isso é verdade ao conversar com vários estudantes. Ver também Casey, "Living with Difference", p. 40.
25 Ver, por exemplo, Janie Ward, *The Skin We're In: Teaching Our Teens to Be Emotionally Strong, Socially Smart, and Spiritually Connected* (Nova York: Free Press, 2002).
26 Ver Roy Baumeister, Laura Smart e Joseph Boden, "Relation of Threatened Egotism to Violence and Aggression: The Dark Side of High Self-Esteem", em *Psychological Review* 103, n. 1 (1996), p. 6. Ver também S. Shirley Feldman e Glen R. Elliott (Orgs.), *At the Threshold: The Developing Adolescent* (Cambridge, MA: Harvard University Press, 1990), p. 369.

algum tipo de consideração por aqueles que não a respeitam ou não compreendem sua realidade, é preciso que ela suba mais um degrau na escala da autodisciplina e da compaixão. É este, obviamente, o padrão elevado que Martin Luther King Jr. procurava estabelecer quando implorava aos negros norte-americanos que não sucumbissem à amargura da injustiça, que amassem perante ela e que fossem, efetivamente, "extremistas do amor"[27].

As fontes dessas qualidades são muitas e complexas (são virtudes profundamente enraizadas na cultura e na religião), mas os pais sem dúvida desempenham um papel importantíssimo, que vai além de apenas ensinar as crianças negras a "controlar" ou lidar com suas emoções. Muitos pais afro-americanos valorizam extremamente a decência e o respeito. Além disso, estudos revelam que as crianças negras, mais aptas que suas colegas de cor branca, respeitam mais a autoridade dos pais e de outros adultos[28]. Alguns jovens negros com quem conversamos e que já haviam passado algum tempo em comunidades brancas de bairros afastados mostraram-se horrorizados com a maneira insolente como as crianças e os jovens dessas comunidades dirigiam-se aos pais: "Se eu falasse desse jeito com minha mãe, ela me expulsaria de casa e só aceitaria me ver de novo quando eu tivesse 40 anos." Alguns negros dizem abertamente a seus filhos que eles devem se superar e conquistar, assim, a responsabilidade e a respeitabilidade necessárias para desafiar os estereótipos racistas generalizados na sociedade. "Meus pais me dizem que tenho de me sair muito melhor do que os estereótipos", conta um estudante do Ensino Médio. As falhas paternas e maternas que em geral comprometem a capacidade de ter consideração pelo outro e o desenvolvimento do eu nas comunidades de

---

27 Martin Luther King Jr., "Letter from Birmingham Jail", 16 abr. 1963. Disponível em: <http://www.mlkonline.net/jail.html>.
28 M. S. King, "Ethnic Variations in Interpersonal Styles: Investigating Developmental and Cultural Themes in African American, White and Latino Students' Social Competence" (tese de doutorado, Universidade de Harvard, 2007), p. 8.

classe média e alta (por exemplo, tratar as crianças como seres frágeis e saciar todos os seus desejos) não são problemas muito importantes nas comunidades afro-americanas. Estudos indicam que as famílias negras costumam enfatizar a perseverança na adversidade[29] – ênfase com frequência impulsionada por profundas crenças religiosas – e que os pais, nessas famílias, costumam ser enérgicos e "não incoerentes" com os filhos; ao mesmo tempo, a relação é afetuosa em muitos aspectos[30]. Delores Holmes, uma educadora afro-americana que trabalha há mais de trinta anos com famílias negras, também observa que os pais negros não enchem os filhos de elogios: "Em vez disso, nas famílias negras, a mensagem transmitida é ter boa conduta, dar auxílio aos parentes e aos vizinhos – é isto que se espera de uma pessoa. É assim que os jovens passam a ver essas coisas como responsabilidade sua." As famílias negras também costumam valorizar tanto os esforços coletivos em torno de um objetivo comum quanto a interdependência e o respeito pela família, como acontece com as famílias de imigrantes[31].

Uma das razões possíveis para o fato de os jovens negros serem em geral mais honestos e diretos que seus colegas brancos é que os adultos costumam ser mais honestos e diretos com eles. Alguns estudiosos da cultura negra observam que os pais e professores negros com frequência jogam duras realidades na cara das crianças por temerem que o mau comportamento ponha em risco a segu-

---

29 Nancy Hill e Kevin Bush, "Relationships Between Parenting Environment and Children's Mental Health among African American and European American Mothers and Children", em *Journal of Marriage and Family* 63 (nov. 2001), p. 956.
30 Ver, por exemplo, Jeanne Brooks-Gunn e Lisa B. Markman, "The Contribution of Parenting to Ethnic and Racial Gaps in School Readiness", *Future of Children* 15, n. 1 (primavera de 2005), p. 148. Ver também King, "Ethnic Variations in Interpersonal Styles", p. 8.
31 King, "Ethnic Variations in Interpersonal Styles", p. 6; Andrew Billingsley, *Black Families and the Struggle for Survival: Teaching Our Children to Walk Tall* (Nova York: Friendship Press, 1974), citado em Hill e Bush, "Relationships Between Parent Environment and Children's Mental Health", p. 956.

rança delas³². Quanto ao fato de os jovens negros "se divertirem mais" uns com os outros, isto pode ocorrer em parte porque, ao contrário do que acontece em muitas comunidades brancas, nas comunidades negras há normas respeitadas e duradouras que proíbem os adultos de beneficiar algumas crianças em detrimento de outras³³.

As fontes de problemas morais nas comunidades afro-americanas são, é claro, diversas e intrincadas. Raça e pobreza em geral misturam-se de maneiras complexas. Alguns pais afro-americanos com quem conversamos confessaram-se preocupados com a imaturidade emocional dos garotos e com os métodos ultrapassados de criação dos filhos. "Os pais negros costumavam impor regras aos filhos e chamar a atenção deles o tempo todo para mantê-los sob seu controle e protegê-los de pessoas perigosas e racistas" – assim um pai negro definiu a questão. "Essas coisas são transmitidas de uma geração a outra. Mas isso não é mais tão necessário e não está ajudando nossos filhos. Os pais negros têm de escutar mais seus filhos, e estes precisam aprender a falar sobre suas emoções." Para Will McMullen, um psicólogo negro que trabalhou muitos anos com famílias negras, outra fonte de preocupação é a tendência de alguns pais negros a rotular os filhos de "maus" desde cedo e dizer-lhes diretamente que eles são "meninos maus" ou "meninas más". Além disso, muitos fatores que se misturam de forma destrutiva nas comunidades pobres de imigrantes também compõem o cerne dos problemas que afetam as crianças das comunidades pobres de negros. Muitos pais afro-americanos de baixa renda têm de enfrentar a desilusão de se verem na mesma condição de pobreza em que viveu sua família geração após geração. Assim como os imigrantes, muitos pais afro-americanos têm de escolher entre ganhar um salário digno ou dedicar mais tempo aos filhos – e muitos

---

32 Audrey Thompson, "Caring and Color Talk: Childhood Innocence in White and Black", em Walker e Snarey, *Race-ing Moral Formation*, p. 33.
33 Walker e Snarey, *Race-ing Moral Formation*, p. 11.

têm empregos que seus filhos não respeitam. Para piorar, grande número de crianças afro-americanas cresce sem a presença do pai. Não basta apenas promovermos estratégias genéricas de desenvolvimento moral. É primordial também ajudarmos as crianças negras a lidar com os obstáculos que enfrentam para se tornarem pessoas de bom caráter. Por exemplo, muitos pais negros de baixa renda, assim como outros pais pobres, podem beneficiar-se do apoio das escolas e de programas de auxílio à família para ajudar seus filhos a lidar com a raiva e cultivar neles um sentimento de esperança, muitas vezes a despeito de sua própria desilusão e desesperança. As crianças também podem sentir-se esperançosas quando seus pais se mobilizam e contam com recursos e oportunidades para realizar mudanças em sua comunidade. Os Estados Unidos também precisam de estratégias eficazes para fortalecer o vínculo entre pais e filhos nas comunidades afro-americanas e em muitas outras. Abordo esses programas de auxílio à família e essas estratégias de envolvimento do pai na criação dos filhos na conclusão.

Além disso, como no caso das famílias de imigrantes, a experiência das famílias negras contém importantes lições para os outros pais. Esse aprendizado, por exemplo, ajudaria muitas outras famílias a enfatizar a perseverança diante da adversidade; a elogiar menos e afirmar que o bom comportamento é uma obrigação; enfatizar os objetivos coletivos tanto quanto as conquistas individuais; orientar as crianças a compreenderem de um modo mais refinado quando ouvir e obedecer e quando opor resistência; ajudá-las a ter consideração pelos outros, apesar de suas falhas, e dar mais valor ao respeito pelas figuras de autoridade.

É importante observar que muitas dessas práticas de criação dos filhos são comuns também em algumas comunidades brancas formadas por não imigrantes. Por exemplo, certos aspectos da criação dos filhos parecem semelhantes nas comunidades brancas de baixa renda e nas comunidades de imigrantes e de afro-americanos. Estudos indicam, por exemplo, que muitos pais nessas comunidades, ao contrário dos pais de cor branca e melhor condição financeira, valorizam muito a sua autoridade e a atitude de elogiar menos e tendem mais a esperar um bom comportamento de seus filhos[34].

Os pais brancos de classe média e alta ainda não perceberam muitas coisas que podem aprender com os pais de baixa renda, bem como com os pais imigrantes e afro-americanos. Por exemplo, muitos pais brancos em boa situação financeira mantêm contato constante com adultos negros que cuidam de crianças – assistentes sociais, professores, babás e outros – e que são competentes mentores morais. Mas esses pais com frequência não atentam para as habilidades desses profissionais.

Além disso, os pais brancos podem dar aos filhos a oportunidade de vivenciar, ao menos por um período de tempo, a experiência de ser um excluído ou integrante de uma minoria (uma experiência pela qual a maioria dos jovens brancos nunca passa). Assim, esses jovens poderão refletir profundamente sobre como uma maioria pensa e o que sente. Essas experiências podem incluir a participação em algum programa extracurricular ou esportivo que tenham a participação de uma minoria. A experiência será muito menos artificial se os pais fizerem as crianças perceberem que compreender o que pensam e sentem os integrantes de outras culturas é um projeto para a vida inteira e se as incentivarem a refletir sobre a posição privilegiada que ocupam na sociedade norte-americana, em comparação com a experiência de outras crianças de seu país. Esses mesmos pais também podem pensar na questão da diversidade na hora de escolher a escola e os programas extracurriculares de seus filhos, bem como a vizinhança do lugar onde irão morar.

Outra questão importante é que os professores e outros adultos brancos que trabalham com crianças negras em geral são incapa-

---

34 Ver, por exemplo, Vonnie C. McLoyd, "The Impact of Economic Hardship on Black Families and Children", p. 322; ver também Annette Lareau, *Unequal Childhoods*.

zes – nas palavras de Audrey Thompson, filósofa da educação – "de efetivamente *ver* o mundo que essas crianças veem"[35]. E embora as crianças brancas muitas vezes conheçam crianças negras que possuem um conhecimento amplo da sociedade e qualidades morais admiráveis, os adultos raramente vão além do conhecido discurso do multiculturalismo para criar novas formas de integração a partir das virtudes sociais e morais das crianças das diversas etnias. Na verdade, em muitas instituições dos Estados Unidos (talvez na maioria delas), os pais e os professores ainda ensinam as crianças a não enxergar diferenças entre as etnias[36]. Em vez de apenas tentar orientar as crianças pobres e as crianças negras para se adaptarem melhor a uma sociedade de maioria branca, por que não desenvolver, por exemplo, programas de orientação pedagógica em que se inverta a organização atual, escolhendo-se adolescentes e jovens negros como orientadores de alunos brancos do Ensino Fundamental? Os adultos também podem ajudar as crianças negras a reconhecer seu potencial de líderes morais. Muitos jovens afro-americanos e imigrantes ainda não enxergam esse potencial em si mesmos. Este não é um papel que acham que podem exercer. É hora de pensar seriamente como podemos tornar esses jovens capazes de atuar como embaixadores em um mundo de diversidade e de reconhecer a contribuição de suas famílias para a vida moral dos Estados Unidos.

---

35 Audrey Thompson, "Caring and Color Talk", em Walker e Snarey, *Race-ing Moral Formation*, p. 37.
36 Segundo Mica Pollock, muitos pais e professores sentem-se em conflito na hora de decidir se ensinam ou não isso às crianças e aos jovens e muitos professores dizem-lhes que o próprio ato de perceber a raça de alguém já é racismo. Contato pessoal com Mica Pollock, 2008, e *Colormute: Race Talk Dilemmas in an American School* (Princeton, NJ: Princeton University Press, 2004). Ver também Beverly Tatum, "Color Blind or Color Conscious?", em *School Administrator*, maio 1999.

CONCLUSÃO: COMUNIDADES MORAIS

Alguns anos atrás, eu caminhava por quarteirões ao redor da minha casa por volta de onze horas da noite. Quando virei em uma esquina mais movimentada, vi vários carros de polícia estacionados em ângulos opostos, um de frente para o outro. Os faróis apontavam para um adolescente franzino, o corpo inclinado para a frente, as mãos algemadas atrás das costas, a cabeça levemente tombada e a expressão facial vaga.

Reconheci o rapaz imediatamente (daqui para a frente vou chamá-lo de William). Quando ele tinha 12 e 13 anos, fui seu treinador de basquete. Chegou a ser um de meus jogadores favoritos. Ele era afável, cheio de energia e um pouco endiabrado, mas de uma maneira em geral inocente e divertida. Entendia os adultos com facilidade e era generoso com os colegas de time.

Pensando em retrospectiva, não sei bem por que a visão de William algemado pegou-me desprevenido e deixou-me tão abalado. Ao longo dos dois anos anteriores ao acontecido, ouvira falar que ele passara a matar muitas aulas e adotara uma postura agressiva com os professores. Também fiquei sabendo que fora preso algumas vezes por roubo e uso de drogas. Eu sabia que seu pai, um executivo de multinacional que viajava muito, bebia demais e às vezes era excessivamente duro e crítico com ele, e que a mãe era desligada e retraída.

Naquela noite, porém, toda a dimensão de sua queda atingiu-me diretamente, em parte talvez porque eu tenha me sentido um pouco responsável por ela. A impressão foi de ter perdido "um de meus garotos". Alguns dias depois do acontecido, conversei com pais que conheciam William e sua família, e ficou claro que eles sentiam a mesma coisa que eu.

Comecei a pensar no que poderia ter feito para mudar a trajetória do menino. Que tipo de conversa poderia ter tido com os pais de William ou com seu orientador pedagógico e em que momento? Qual poderia ter sido o resultado de tal conversa? Por que minha atitude e a dos outros pais que conheciam sua família foi evitar essa conversa?

* * *

Não faz muito tempo, conversei com Jerome Kagan (o famoso psicólogo infantil e estudioso do desenvolvimento moral) sobre a situação das crianças nos Estados Unidos. Kagan investigou os diferentes hábitos familiares ao longo da história e nunca esteve tão preocupado como hoje: "As crianças e os pais interiorizam os valores de sua cultura, e a nossa tornou-se mais centrada no interesse pessoal do que o foi no passado. Não há hoje um equilíbrio entre a responsabilidade perante os outros e as ambições do eu individual. Veja os executivos-chefes da Enron, os padres que abusam sexualmente de meninos e os agentes hipotecários que, sem sentir vergonha ou culpa alguma, venderam hipotecas a pessoas que eles sabiam que não conseguiriam arcar com os pagamentos. Não há mais neste país um consenso quanto ao que se pode definir como consciência."[1]

Neste livro, concentrei-me na competência dos pais para desempenhar o papel de mentores e orientadores morais, competência que, obviamente, não vem do nada. Tanto os pais quanto os professores, os treinadores e as crianças são causa e produto das tendências culturais de seu tempo.

Existem, sem dúvida, tendências culturais positivas. Por exemplo, há hoje nos Estados Unidos uma quantidade muito maior de pais que ensinam os filhos a valorizar a diversidade e inculcam nas meninas a ideia de que elas têm as mesmas opções de carreira profissional que os rapazes. No entanto, também há características e tendências culturais problemáticas. Quando nós, norte-americanos, desejamos fazer algo muito bem, quase sempre atuamos em grupo, seja a construção de foguetes, o combate ao terrorismo ou o

[1] Contato pessoal com Jerome Kagan, 2007.

Conclusão: Comunidades morais 241

desenvolvimento de um novo produto. Entretanto, quando se trata de fazer o que se pode considerar o mais importante, isto é, criar os filhos dando-lhes valores morais, os pais norte-americanos tendem a isolar-se de uma maneira perigosa e a não aceitar opiniões de terceiros. Estudos indicam que muitos pais relutam em interferir na vida de outra família, mesmo quando suspeitam de abuso sexual infantil[2]. Esta é uma das razões por que crianças como William perdem o rumo. Ao mesmo tempo, os profissionais que atendem as famílias (não apenas os professores e treinadores, mas também profissionais de saúde, assistentes sociais, pastores e muitos outros) costumam tratar a criação dos filhos como um assunto particular e relutam em questionar os pais quando estão preocupados com uma criança. Em muitos casos, os líderes políticos norte-americanos também hesitam em desafiar os pais da maneira apropriada. O que torna essa relutância em desafiar os pais tão preocupante é que nós, pais, como tentei mostrar neste livro, somos os primeiros a prejudicar de modo inconsciente o desenvolvimento moral de nossos filhos.

Há outra tendência cultural que é das mais preocupantes: muitos pais, hoje, pensam apenas em seus próprios interesses e em se proteger dos outros, em alguns casos abdicando de responsabilidades fundamentais. Em nenhum caso essa abdicação é mais clara do que por parte do pai. Em todas as etnias e classes sociais, é cada vez maior o número de pais que abandonam os filhos, deixando as mães criá-los sozinhas. Lembremos que uma enorme quantidade de crianças nascidas de mães solteiras, bem como filhos de pais divorciados, perdem contato com o pai. E em uma enorme quantidade de casos o pai não participa da vida familiar mesmo quando está em casa, além de ser uma presença deletéria na vida de milhões de crianças e representar uma constante ameaça ao desenvolvimento moral delas.

---

2 Steve Farkas, com Jean Johnson, *Kids These Days: What Americans Really Think About the Next Generation* (Nova York: Public Agenda, 1997), p. 26.

Para piorar, essas formas de egoísmo podem proliferar-se. Segundo uma pesquisa recente do instituto Gallup, há nos Estados Unidos uma percepção generalizada não apenas de que a situação atual de nossa moralidade é "fraca ou ruim", mas de que está se deteriorando (77 por cento dos norte-americanos enxergam um declínio)[3]. Como observa Joshua Halberstam, um pesquisador da Teachers College da Universidade de Columbia, essa percepção, independentemente de ser acertada ou não, pode fazer diminuir nossas expectativas morais e levar-nos a tolerar comportamentos antiéticos.

Por exemplo, pais que veem outros pais brigar cada vez mais por pequenas vantagens para seus filhos podem acabar agindo da mesma maneira, até que se chegue a um limite e a norma na comunidade passe a ser a defesa dos interesses dos próprios filhos, sem pensar nos filhos dos outros. Da mesma forma, pais que constantemente veem outros pais assumir muito pouca responsabilidade por seus filhos podem usar isso como justificativa para sua própria negligência em relação aos filhos. Além disso, conforme Kagan, grandes escândalos públicos em que os indivíduos perseguem seus interesses pessoais sem vergonha alguma, como no caso Enron, podem fortalecer de maneira perigosa, nos adultos, a percepção de que é preciso zelar por aquilo que é deles, acima de quaisquer outras prioridades. Também no caso das crianças, a tendência a pensar somente nos próprios interesses é diretamente afetada por esse fenômeno cumulativo. A generalização da cola nas escolas norte-americanas é um exemplo clássico disso. Não há nada mais eficaz para levar uma criança a colar do que ver outras colando. Quase 60 por cento dos estudantes entrevistados em uma grande pesquisa realizada recentemente concordam com a seguinte afirmação: "No mundo de verdade, as pessoas de sucesso fazem de tudo para vencer, mesmo que os outros achem que elas estão trapaceando."[4]

3 Joshua Halberstam, "Right and Wrong in the Real World," *Greater Good* 3, n. 1 (2006), p. 6.
4 Joan Vennochi, "Reading, Writing, and Cheating", em *Boston Globe*, 20 set. 2007, citando pesquisa do Josephson Institute of Ethics, Los Angeles.

Essas tendências não têm uma causa única. Alguns estudiosos e intelectuais mais atentos conseguiram montar algumas partes desse quebra-cabeça, entre as quais está o crescimento da renda de grande parte da população, que libertou muitos adultos das obrigações comunitárias e dos laços de reciprocidade. Em grande medida, a importância atribuída à defesa dos interesses individuais na Declaração de Independência dos Estados Unidos misturou-se arriscadamente com a cultura terapêutica nos últimos quarenta anos. Vivemos num tempo em que os norte-americanos estão, mais que qualquer povo na história da humanidade jamais esteve, interessados não apenas em seu estado interior, como também em seu próprio bem-estar pessoal minuto a minuto; um tempo em que, como afirma o crítico cultural Philip Rieff, uma enorme quantidade de pessoas computa cuidadosamente "suas satisfações e insatisfações e evita compromissos pouco lucrativos como os cristãos evitam o pecado"[5].

A reversão dessas tendências exigirá muitas medidas diferentes. Precisamos de líderes políticos e culturais dispostos a defender os princípios mais importantes, ainda que isso os prejudique de algum modo. Precisamos também de muito mais universidades que levem a sério o caráter e o idealismo de seus alunos, bem como de executivos dispostos a refrear-se na busca por lucro quando isso colidir com princípios éticos básicos. Há, porém, três desafios mais importantes e três papéis que temos de desempenhar para superá-los.

---

5 Rieff disse isso há cinquenta anos. Sua intenção era anunciar a chegada de um novo tipo de indivíduo, que chamou de "homem psicológico". Citado em Elisabeth Lasch-Quinn, "The Mind of the Moralist", em *New Republic*, 28 ago. 2006, p. 28.

DESAFIO NÚMERO UM: ESPERAR MAIS DOS PAIS

Os líderes políticos, religiosos e comunitários norte-americanos e muitos outros cidadãos precisam adotar um critério definido para a reação às falhas mais evidentes dos pais no campo moral, sobretudo no que concerne à ausência do pai. Dar mais atenção a esse problema, no entanto, não significa de maneira alguma menosprezar as inúmeras mães solteiras que criam filhos fortes e solidários. Mesmo assim, quando um pai abandona os filhos, ele lhes dá um exemplo de irresponsabilidade e desconfiança e priva-os de um profundo vínculo humano.

No nível mais básico, poucos líderes tentaram fazer alguma coisa para frear a onda da ausência paterna. Existem, é verdade, exceções importantes. Quando era vice-presidente, Al Gore conduziu um programa de conscientização paterna. Além disso, organizações como a Promise Keepers [cumpridores de promessas], entre outros grupos norte-americanos, bem como pequenos grupos espalhados pelo país, chamaram a atenção da sociedade em diversos momentos, trabalharam para aproximar os pais dos filhos e lutaram para inculcar nos homens algum senso de responsabilidade moral.

No final das contas, porém, esses esforços excepcionais pouco contribuíram para reverter a mencionada tendência. Se as mulheres abandonassem os filhos ou não assumissem suas responsabilidades na mesma proporção que os homens, os Estados Unidos já estariam de cabeça para baixo. Seria como se a natureza tivesse se voltado contra si mesma. Por outro lado, a preocupação com a ausência do pai parece uma espécie de moda passageira, pois até hoje não gerou uma reação duradoura e profunda, embora seja um problema bastante grave.

Mas o problema não está apenas com nossos líderes. Alguns estudos indicam que crianças que têm um pai presente tendem a ser mais empáticas, generosas e altruístas[6]. Além disso, quando o pai

---

6   Richard Koestner, Carol Franz e Joel Weinberger, "The Family Origins of Em-

Conclusão: Comunidades morais 245

não participa das tarefas mais rotineiras relativas à criação dos filhos, isso pode destruir sua autoridade moral. Não obstante, pouco se espera do pai em suas interações cotidianas com outros adultos. Tanto os profissionais que trabalham nas escolas, nas instituições de saúde e nas organizações religiosas quanto os empregados, os colegas e muitos outros adultos que mantêm contato com os pais no dia a dia omitem-se de cobrar deles o comprometimento com as tarefas diárias relativas à criação dos filhos. As escolas, por exemplo, não costumam enviar ao pai relatórios escolares nem convidá-lo a participar das reuniões com os professores se ele for divorciado. Alguns pais disseram-me que, quando os professores telefonam para a casa deles e eles atendem (isso aconteceu comigo uma vez), a primeira coisa que ouvem é a pergunta: "Sua esposa está?" De acordo com uma pesquisa conduzida pelo sociólogo James May, os profissionais da saúde fazem uma pergunta ao pai para cada quinze que fazem à mãe quando estes vão juntos ao consultório, e é raro olharem nos olhos do pai[7].

Minha intenção não é criticar esses profissionais. Eles simplesmente agem de acordo com a realidade, isto é, com o fato de que as mães é que cuidam mais dos filhos. Lembro-me de ter lido sobre uma pesquisa informal que mostrava que 95 por cento das mães e apenas 5 por cento dos pais sabem o número que seus filhos calçam. Meu ponto de vista é que esses profissionais poderiam mandar mensagens bem diferentes ao pai. Poderiam conversar com ele de maneira que não o deixasse alheio à criação dos filhos e lhe comunicasse responsabilidades morais básicas. Os pediatras, por exemplo, poderiam incentivar não apenas a mãe, mas também o pai a ir às consultas periódicas dos filhos e fazer questão de per-

---

pathic Concern: A 26-Year Longitudinal Study", em *Journal of Personality and Social Psychology* 58, n. 4 (1990), p. 710. Ver sobretudo o seguinte artigo citado: Eldred Rutherford e Paul Mussen, "Generosity in Nursery School Boys", em *Child Development* 39 (1968), pp. 755-65.
[7] Estudo inédito de May, ex-diretor da Fathers Network (http://www.fathersnetwork.org). May apresentou-me essas constatações pessoalmente em 2007.

guntar-lhe não apenas sobre o bem-estar dos filhos, mas também sobre seu relacionamento com eles. Eles respeitam seus conselhos e obedecem quando lhes dá ordens? Já um padre poderia perguntar a um pai divorciado quantas vezes viu seu filho ou sua filha no mês passado, e questionar a todos os homens presentes em uma missa e que têm filhos se haviam conversado com eles mais de quinze minutos no mês passado. Um padre também poderia perguntar a cada pai o que sabe sobre certas virtudes de seus filhos, como honestidade, lealdade e respeito. Um diretor de escola, por sua vez, poderia criar um grupo de pais cujo objetivo fosse abordar as diversas formas de cada pai se envolver mais nos assuntos escolares e conversar com seus filhos sobre questões morais importantes. Um dos tópicos poderia ser: como conversar com meninos sobre o respeito às meninas. Os empregadores podem tornar suas empresas mais receptivas a homens que tenham filhos, inclusive porque pais de família em geral são mais produtivos quando suas famílias são sólidas[8]. Isso significa não apenas flexibilizar os horários de trabalho e conceder licença-paternidade, mas também incentivar o exercício ativo do papel de pai e elogiar abertamente cada pai que cuide de modo efetivo dos filhos.

Símbolos em serviços públicos também podem incentivar o pai a cumprir suas responsabilidades de cuidar dos filhos. A presença de fraldários nos banheiros masculinos dos aeroportos e de outros locais públicos tem importância tanto simbólica quanto prática. (Um amigo recentemente me contou que certo dia estava no banheiro de um aeroporto quando alguém abriu a porta do fraldário. Lá dentro, de pé em frente à mesa, estava, como sempre, um executivo de terno. Em cima da mesa, porém, não havia nenhum bebê. O homem estava usando a mesa de trocar fraldas como apoio para seu *laptop*.)

---

[8] Para ideias sobre como fazer isso, ver James Levine e Todd Pittinsky, *Working Fathers: New Strategies for Balancing Work and Family* (Reading, MA: Addison-Wesley, 1997).

DESAFIO NÚMERO DOIS: CRIAR LAÇOS MAIS FORTES ENTRE OS PAIS

O segundo grande desafio é reduzir o isolamento dos pais – dar-lhes mais oportunidades de apoiar-se uns aos outros – e criar um sentimento comunitário de responsabilidade para com as crianças. Quando mantêm vínculos de confiança e respeito uns com os outros, os pais costumam ser mais responsáveis com seus filhos, monitorar e orientar os filhos dos outros. Uma forma bastante eficaz de criar esse vínculo é fortalecendo e expandindo a grande quantidade de programas de apoio à família hoje existentes nos Estados Unidos. Esses programas buscam criar laços entre os pais e cultivar um sentimento de responsabilidade comunitária. "Nos programas de apoio à família criam-se grupos de pais com base nas preocupações comuns deles", explica Delores Holmes, que dirigiu um dos primeiros programas desse tipo nas imediações de Chicago. "E também se transmite aos pais a mensagem de que somos todos responsáveis uns pelos outros e de que somos muito mais fortes quando unidos." Escolas, organizações religiosas, confederações esportivas, creches e muitas outras organizações comunitárias também podem contribuir muito mais para reunir as famílias com frequência e aumentar o senso de responsabilidade dos pais em relação aos filhos de outras pessoas.

Nós, na qualidade de pais, também podemos contribuir muito para a criação desses laços. Em algumas comunidades, os pais reúnem-se de maneira informal para falar de problemas comuns e pensar em soluções para os problemas mais previsíveis que envolvem os adolescentes. William Damon defende a elaboração de "cartilhas juvenis"[9], nas quais seriam expressas as expectativas e os padrões morais comuns aplicáveis aos adolescentes, concebidos pelos pais em conjunto com diversos profissionais e líderes comu-

---

9 William Damon, *The Youth Charter: How Communities Can Work Together to Raise Standards for All Our Children* (Nova York: Free Press, 1997).

nitários. Esse tipo de acordo mútuo e elaborado com cuidado é simplesmente impossível em muitas comunidades, devido à falta de tempo dos pais e às grandes diferenças de opinião sobre como administrar em termos morais os filhos. Os pais, porém, deveriam buscar ao menos um conjunto mínimo de critérios comuns. Eles podem combinar entre si, por exemplo, que avisarão imediatamente os pais de um adolescente se o virem usando drogas ou dirigindo bêbado. Também podem combinar que cobrarão com veemência dos filhos sua responsabilidade pela segurança dos colegas, exigindo que intervenham imediatamente se virem um colega, por exemplo, cometendo abuso ou assédio sexual, brigando ou usando drogas.

Os pais podem ainda organizar eventos que reúnam as famílias, sobretudo quando estiverem preocupados com alguma criança ou algum grupo de crianças da vizinhança. Em uma comunidade na qual realizei entrevistas, uma família, aborrecida com as fofocas e gozações em torno de um adolescente da vizinhança que fora preso duas vezes por roubar roupas de uma loja de departamentos, convidou todos os moradores do bairro para um *brunch* em sua casa e incentivou outras famílias a promoverem eventos semelhantes como forma de reintegrar de maneira definitiva o garoto e sua família à comunidade. O garoto, um trompetista muito talentoso, tocou no evento, e os vizinhos puderam então ter uma ideia mais positiva dele.

Há muitas outras formas como nós, pais, podemos manter na linha os jovens marginalizados. Eu, por exemplo, poderia ter incentivado William a jogar em outros times dos quais fui treinador ou em times de outros treinadores que, em minha opinião, se dariam bem com ele. Poderíamos incentivar nossos filhos a convidar colegas marginalizados a se juntarem a nós em um programa familiar ou a frequentarem nossa Igreja ou assistirem a uma missa. Muitas vezes escuto os pais falarem com nostalgia de um tempo longínquo em que as comunidades eram unidas e fortes. Ora, se adotarmos as medidas aqui sugeridas, poderemos ir além da mera

DESAFIO NÚMERO TRÊS: A TROCA DE CONSELHOS

Diante de nossas inevitáveis lacunas como pais, como podemos criar uma cultura em que os profissionais estejam mais dispostos a aconselhar e desafiar os pais e estes, por sua vez, disponham-se mais a aconselhar-se e desafiar uns aos outros? Obviamente, não será fácil mudar a cultura dos pais dessa forma nos Estados Unidos, pois muitos adultos relutam em interferir na vida privada das outras famílias. Além disso, os tipos de conselhos que os pais podem oferecer uns aos outros são limitados. Em minhas tentativas ocasionais de dar conselhos a outros pais, às vezes obtive êxito, outras vezes tudo o que consegui foi deixar o outro pai na defensiva e com raiva. Também recebi conselhos certas vezes. Alguns mostraram-se proveitosos, enquanto outros me pareceram totalmente descabidos e me fizeram adotar uma postura de hostilidade. Essa é uma área delicada, em que praticamente qualquer tipo de intervenção corre o risco de humilhar os pais e provocar a sua ira, o que apenas piora as coisas para a criança.

Contudo, a ideia de trocar conselhos regularmente e tornar a criação dos filhos uma tarefa mais coletiva não é inédita nem radical. Em muitos países, isso é rotina. Pelo menos em alguns países do Caribe, por exemplo, os pais esperam receber conselhos de outros pais mais experientes sem pedir – inclusive de pessoas desconhecidas.

Quando vemos um pai agir de forma destrutiva, temos a responsabilidade de ao menos refletir sobre como poderíamos influenciá-lo construtivamente. Não temos o direito de exigir que um jovem defenda seus princípios, ainda que isso o prejudique de algum modo, quando nós, adultos, comprometemos a educação de nossos filhos para protegermos uns aos outros. Embora a decisão de intervir ou não possa ser um ato de ponderação complexo, precisamos nos policiar para não adotar a atitude de evitar o esforço e o risco envolvidos nessa intervenção e num possível confronto mais delicado.

Na maioria das situações em que uma criança está em risco, é preferível que entremos em contato com um professor, orientador pedagógico ou outro profissional habilitado que possua o conhecimento e o tempo necessários para buscar a participação da família em um problema cujas raízes provavelmente são complexas. No caso de William, quando penso no momento em que meus filhos me disseram pela primeira vez que ele não estava mais indo à escola, lamento não ter tido outra atitude. Eu poderia ter perguntado: William disse se seus pais sabem que ele está faltando às aulas? Algum orientador pedagógico ou outro adulto na escola está acompanhando o problema do menino?

Certas vezes, entretanto, não é possível ou apropriado envolver um profissional na questão. Podemos estar preocupados, por exemplo, com os métodos pedagógicos usados por um amigo íntimo, um irmão ou outro parente com relação ao filho. Muitos pais já me perguntaram se deveriam intervir quando um irmão ou amigo mais próximo estivesse sendo excessivamente condescendente com os filhos. Mas, quando se trata de familiares ou amigos íntimos, intervir pode ser muito perigoso.

Antes de tomar esse tipo de atitude, temos de considerar vários fatores. É importante, por exemplo, checar se há alguma prova de que a criança está sendo lesada, se nosso amigo ou parente nos respeita, se essa pessoa se sente ameaçada por nós em algum aspecto para levar a sério nosso conselho e se não alimentamos sentimentos que possam estar distorcendo nosso modo de ver os fatos (devemos pensar se não sentimos raiva desse parente ou amigo, angústias ou vulnerabilidades ligadas a nossa infância). Se decidirmos intervir, nossa abordagem propriamente dita (as palavras que utilizaremos) será determinante. As chances de êxito serão muito maiores se nos apresentarmos como pais que também sofrem para lidar com os filhos; se comunicarmos, juntamente com nossos temores, qualidades que admiramos nesse pai ou nessa mãe e em seu filho; se conseguirmos ser objetivos e fornecer exemplos específicos; se nos concentrarmos em comportamentos paternos ou maternos que possam ser mudados, e não em características arraigadas que provavelmente não mudarão.

Podemos conquistar a boa vontade de um pai que esteja sendo muito rígido com um filho dizendo: "Sempre o admirei por ser um pai que tem grandes expectativas em relação aos filhos sem ser permissivo demais. Mas às vezes me pergunto se ele não pode ficar com raiva por você proibi-lo de fazer tantas coisas e simplesmente deixar de aprender por causa disso. Estou tentando chegar a uma conclusão sobre isso no caso dos meus filhos também. O que você acha?" Para conquistar a receptividade necessária a uma conversa mais longa com um pai que seja permissivo com seu filho, podemos dizer algo como: "Você sabe que eu realmente o respeito como pai, mas há uma coisa que quero lhe dizer: tenho a impressão de que você talvez esteja fazendo o mesmo que eu costumo fazer. Percebi que Jim às vezes o interrompe quando você está conversando com outras pessoas. Acho que você não deveria deixar. Todos nós tentamos facilitar as coisas para nossos filhos, mas acho que precisamos dizer a eles que nós também temos necessidades. Do contrário, receio que se tornem pessoas desrespeitosas. O que você acha?"

Talvez o mais importante seja que a eficácia dessas intervenções depende de conseguirmos construir com as pessoas mais próximas de nós um relacionamento caracterizado pela abertura, se convidarmos esses pais a nos dar conselhos e nos prepararmos para reagir a esses conselhos sem ficar na defensiva. Ao terem o primeiro filho, os pais devem pedir a pelo menos um adulto que respeitem sua opinião se estiverem preocupados com alguma atitude antipedagógica que poderá ser prejudicial à criança. Também podemos fazer acordos com outros pais (num momento em que não estivermos preocupados com nenhuma atitude deles em relação aos filhos), isto é, pactos de troca de opiniões em situações nas quais um sinta que o outro está prejudicando os filhos. Todas essas ações, somadas, podem começar a mudar a maneira como criamos nossos filhos. Dessa forma, o ato de pedir a opinião dos outros pais passaria a ser natural, transformando-se numa norma.

Há uma espécie de beleza em ser uma pessoa de caráter, beleza essa que foi evocada pelos escritores e dramaturgos desde a antiguidade. Sentimo-nos tocados diante da gentileza, da generosidade e da integridade. Isso ocorre em parte porque as manifestações mais profundas da moral, bem como da valorização e do conhecimento dos outros também são as manifestações mais profundas do amor. Também nos maravilhamos com a luz que nos ilumina quando descobrimos novas verdades morais e quando nos transformamos moralmente, ou seja, com a capacidade dos seres humanos de reconhecer seus erros morais.

Mesmo assim, embora essas imagens habitem nossa imaginação, não as levamos suficientemente a sério na vida real ou quando se trata de criar nossos filhos. Muitos de nós criamos nossos filhos acima de tudo para serem pessoas felizes, e ainda falhamos nesse projeto. Não incutimos neles aquilo de que nós, seres humanos, precisamos para sobreviver como espécie, segundo o escritor William Faulkner: "um espírito capaz de compaixão, sacrifício e resignação"[10]. Muitos de nós somos agressivos demais quando se trata de promover as conquistas de nossos filhos e por demais passivos em relação à vida moral deles. Não conseguimos mais enxergar algo que quase todas as gerações de pais anteriores à nossa foram capazes de ver com clareza: que a promoção da virtude depende de um esforço intencional e constante. Além disso, não lutamos mais contra as lacunas e os equívocos do mundo à nossa volta, muito menos pedimos a nossos filhos que o façam. Embora saibamos que devería-

---

10 Citado em William Bennett, "What Really Ails America", em *The McGraw-Hill Reader: Issues Across the Disciplines*, Gilbert H. Muller (Org.) (Boston: McGraw-Hill Higher Education, 2000), p. 345.

mos tentar ser pessoas melhores, em geral não enfrentamos os obstáculos que nos prejudicam no desempenho do papel de mentores, nem enxergamos em nós mesmos possibilidades morais verdadeiras, e essa falha custa caro a nossos filhos.

Mesmo assim, somos perfeitamente capazes de criar filhos que levem uma vida rica e responsável em termos emocionais, uma vida de grande integridade e comprometimento. Não falo de uma vida de falsa santidade, servilismo ou prepotência. Falo, sim, de crianças que, ao se tornarem adultas, sintam uma necessidade, uma perplexidade e uma vivacidade que as levem a fazer perguntas morais e a construir, em conjunto com os outros, uma compreensão moral do mundo; que tenham olhos para a complexidade moral e queiram buscá-la; que persigam e observem os aspectos mais elevados de sua natureza e mantenham um relacionamento instigante e solidário com a família e os amigos. Falo de crianças que aprendam a perceber os sinais de contrariedade nas outras pessoas; que se sintam responsáveis pelos indivíduos de outras classes sociais, etnias ou culturas e tenham vontade de oferecer algo ao mundo. Falo, enfim, de crianças que sintam o dever de preservar os princípios mais elevados de seus ancestrais e proteger as gerações futuras.

Mas não há varinha de condão. Teremos de exigir mais de nossos filhos, de nossos amigos e parentes e de nós mesmos.

ÍNDICE REMISSIVO

adolescentes
    a reorganização do eu nos, 126
    e o desenvolvimento moral dos pais, 127
    e o grau de intimidade entre pais e filhos, 105-13
    e o medo da desaprovação ou do isolamento, 35-6
    e os antigos padrões de relacionamento dos pais, 133-5
    mitos contraditórios em torno dos, 37-46
    o cérebro dos, 39
afro-americanos. *Ver* negras, crianças/famílias
Aliança Desportiva Juvenil dos Estados Unidos [National Alliance for Youth Sports], 169
American Idol, 23
Amor, sublime amor [*West Side Story*], 37
Anderegg, David, 111
ansiedade
    como administrar a, 68
    e a perspectiva dos pais, 132
    e desempenho acadêmico, 86, 92, 93, 96
    e desenvolvimento moral dos pais, 135
    e o esporte, 182, 187, 193
    e o grau de intimidade entre pais e filhos, 119
    e os filhos de pais ricos, 82n

Aristóteles, 54
asiáticos, 221, 222nn
Atlantic Monthly, 79
autoafirmação, 36
autocrítica, 31, 32, 141
autoestima
    caráter dos adultos ou pais e, 129
    crianças negras e, 232
    decisões familiares e, 35n
    desempenho acadêmico e a autoestima dos pais, 97
    desempenho acadêmico e, 92
    esporte e, 172, 175, 180
    felicidade e, 55-6, 58, 64
    gangues/dominadores/criminosos e, 58
    imigrantes e, 226
    maturidade e, 71-2
    moral e, 61
    o ato de elogiar os filhos e a, 65-7
    teoria da, 46n
autoimagens, 41
avô e o neto, O (conto de fadas dos irmãos Grimm), 123

Baby Einstein (vídeos), 79n
Beardslee, William, 32, 136, 139n, 140
Beedy, Jeff
    sobre moral e treinamento, 196-8
    sobre os motivos que levam alguém a ser treinador, 200
    sobre treinadores e pais, 190, 192

biologia, 30
bondade
  desempenho acadêmico e, 77, 79, 84
  felicidade e, 60, 69
  saúde/longevidade e, 59
bons modos, 50
Bowman Elementary School (Anchorage, Alasca), 164-5
Bradshaw, John, 22
Brooks, David, 195, 204, 213, 222
Broun, Heywood Hale, 175, 177
Burchenal, Mary, 161

Cambridge Rindge and Latin High School (colégio público de ensino médio em Massachusetts), 166
Caribe, países do, 249
cartas de diretrizes morais, 154
cartas de diretrizes para a juventude, 247
Casey, Mary, 230
censo norte-americano, órgão responsável pelo, 53
chance, A, 194
China, 221
cidadania, 211
cinema, 26, 31, 37, 44, 194-5
  Ver também *Friday Night Lights*
Circuito Aberto [Open Circle] (Boston), 166
classe social
  desempenho acadêmico e, 78, 85, 93
  e as diferenças nas práticas de criação dos filhos, 217
  e o relacionamento entre pais e professores, 150, 153
  e o relacionamento entre pais e treinadores, 191
  esporte e, 171, 175, 191
  imigrantes e, 222-8, 236
  pai e, 241
  práticas de criação eficazes nas diversas classes sociais, 7
  tempo que os filhos de classe média passam com os pais, 27, 102
  vergonha e, 20, 22
Coach Carter – Treino para a vida, 194, 195
cola, 16-7, 18, 242-3
colegas
  a comunidade e os, 248
  a culpa é dos, 3
  adolescentes como indivíduos dependentes da opinião dos, 40
  condescendência e os, 62
  crianças negras e os, 229
  e o grau de intimidade entre pais e filhos, 106-7
  e o relacionamento entre pais e professores, 149
  felicidade e responsabilidade para com os, 56-9
  humilhação e os, 28
  imigrantes e os, 223-8
  influência dos, 10, 31, 34-6
  medo da desaprovação ou do isolamento, 33-6, 42-6
  o esporte e os, 178, 184
  treinamento parental e os, 68

Coles, Robert, 207
comissão de qualidade total, 151
Commentary, 55
competição, nos esportes, 175, 179-80, 183
comunidade
   e desenvolvimento moral, 45
   e o poder moral das escolas, 166, 167
   e o relacionamento entre pais e professores, 153-8
   e programas de apoio à família, 247-8
   esporte e, 173-81
   responsabilidade perante a, 57
   universidade e serviço comunitário, 204, 205, 208, 210
   vergonha e, 23
   Ver também comunidades morais
comunidades morais, 239-53
   e a criação de laços mais fortes entre os pais, 247-9
   e o pai, 244-6
   troca de opiniões e conselhos e, 249-52
concessões, 212
condescendência, 62-3, 82, 104
consideração, 10, 48-50
cooperação no esporte, 175
crianças de porcelana, 112
culpa
   cultura e, 240
   e separação entre os filhos e os pais na adolescência, 110
   idealismo e, 211

moral e, 15
pais que sentem, 25
vergonha e, 19
cultura
   a culpa é do ambiente cultural, 3
   da oposição entre estudantes e adultos nas escolas, 162
   desvalorização dos professores, 156
   do desempenho acadêmico, 89
   do esporte, 191, 192, 193, 201
   e comunidades morais, 240, 243
   e crescimento moral dos adultos, 141
   e crianças negras, 231, 235n
   e diferenças nas práticas de criação dos filhos, 217
   e imigrantes, 221, 223, 225-6, 228
   e troca de experiências entre os pais, 249
   elogio e, 68
   felicidade e, 59
   idealismo e, 204
   influência do ambiente cultural, 11
   vergonha, 23

Dale, Greg, 186, 186n
Damon, William, 45, 66, 247-8
delinquência juvenil
   adultos virtuosos e, 128
   autoestima e, 58
   desempenho acadêmico/filhos de pais ricos e, 82, 83, 212n
   esporte e, 169n

filhos de imigrantes e, 219, 220n
depressão
  desempenho acadêmico e, 93, 94
  desenvolvimento moral dos pais e, 135-6, 139-40
  dos pais, 32, 132, 135
  e a perspectiva dos pais, 133
  e o relacionamento entre mães e filhos, 126-7
  escassez de vocabulário para desilusão *versus* vocabulário para, 212
  filhos de pais ricos e, 82n
  garotas de bairros afastados e, 82
  grau de intimidade entre pais e filhos e, 111
  relacionamento entre a mãe depressiva e seu bebê, 126
  tratamento da, 139
desaprovação, medo da, 33-6
desempenho acadêmico, 77-100
  a felicidade e o, 90-1, 94, 100
  a hipocrisia dos pais e o, 87, 88-91
  a pré-escola e o, 79
  a vergonha e o, 23, 24, 25
  e a escolha da carreira, 89
  e o ingresso na faculdade, 79-80
  escolas particulares/de alto padrão e o, 83-4
  os problemas emocionais e morais e o, 81-6, 99
  reflexão pessoal dos pais sobre o, 96-100
  uma abordagem saudável do, 93-6
desenvolvimento moral
  adolescentes e, 36, 37, 39, 40, 42-3, 44-5
  consideração e, 48-50
  desempenho acadêmico e, 77, 84, 87
  dos filhos, 3-11
  dos pais e dos filhos, 3-7
  dos professores e da criança, 8
  e o grau de intimidade entre pais e filhos, 102, 103, 105, 106, 107, 109, 115, 117
  elementos decisivos para o, 3, 4
  elogio e, 65
  felicidade e, 51-2, 69-70
  idealização e, 113
  os pais como modeladores do, 30
  os treinadores e o desenvolvimento moral da criança, 8
  qualidades morais para o, 71
  Ver também negras, crianças/famílias; faculdades/universidades; imigrantes; desenvolvimento moral do adulto; moral; escolas; esporte
desenvolvimento moral do adulto, 124-42
  depressão e, 132-3
  em potencial, 136-8
  o adulto precisa se responsabilizar por seu

próprio desenvolvimento
moral, 138-42
papel da perspectiva no, 128-31
velhos padrões de
relacionamento que afetam
o, 133-6
desesperança, 139-40
desilusão, 212-3, 214, 237
desprezo/desgosto, expressões de,
27, 31
Dewey, John, 149
dimpies (pais modernos
desajuizadamente
condescendentes), 62n
diretores, 156, 163, 165, 201
distúrbio de déficit de atenção
(DDA), 84
doenças infantis, 30
dominadores, 58, 162
Doonesbury, 55
Dostoiévski, Fiódor, 74
drama da criança bem-dotada, O
(Miller), 85
drogas
adultos/pais virtuosos e as, 128
as comunidades morais e as, 248
filhos de pais depressivos e o
uso de, 132-3, 133n
filhos de pais ricos e o uso de,
82
honestidade dos pais sobre as,
101
o esporte como forma de
desviar os jovens do
caminho das, 170
o treinamento moral e as, 198

os filhos de imigrantes e as,
219, 220n
Du Bois, W. E. B., 231
Ducey, Charles, 86, 87, 94
Duelo de titãs, 194
dupla consciência, 231

Edelman, Marian Wright, 20
educação moral, programas de,
145, 165-7, 199
educação parental, 40
egocentrismo, 163
Ellison, Ralph, 231
elogio
carga de, 65-6, 68-70, 236
maturidade e, 71
pais negros e, 234
emoções
cola e, 16
crianças negras e, 235
e consideração, 48-50
e desempenho acadêmico, 81-6
esporte e, 181, 182, 183
exemplo de jogo de basquete na
ACM e, 13-4
moral e, 15-17
necessidade de ajudar os filhos
a lidar com as, 69
relacionamento entre
professores e alunos e as, 160
Ver também sentimentos
empatia
consideração e, 48-50
desenvolvimento moral dos
pais e, 127
em adultos, 125n

esporte e, 175
pai presente e, 244
professores e, 165
relacionamento entre pais e
 professores e, 156
relacionamento entre professor
 e aluno e, 160, 162
Enron, 240, 242
entretenimento dos filhos, 62
Epicuro, 54
Erikson, Erik, 105, 206
escolas
 criação de alianças fortes entre
  pais e professores, 153-7
 criação de uma comunidade
  escolar moralmente
  comprometida, 164
 desempenho acadêmico e, 82-4,
  87-8
 esporte e, 180
 o pai e as, 245
 professores e pais como
  mentores morais, 146, 147
 programas de apoio à família e,
  247
 programas de educação moral,
  144
 propósito das escolas públicas
  dos Estados Unidos, 144
 troca de opiniões e conselhos e
  as, 249-50
 valores e, 144-5, 146n, 147, 166
 Ver também professores
espelhamento, 49, 114
esporte, 169-201
 como experiência concreta da
  justiça, 170n

 e relacionamento entre pais e
  treinadores, 189-94
 elogio e, 65n
 participação dos pais na prática
  de esportes dos filhos, 181-9
 prática de esportes para agradar
  aos pais, 182n
 programas de apoio à família e,
  247
 quantidade de crianças que
  praticam, 170n
 raça e, 195n
 raça/cultura e, 237
 regras e, 200
 seu significado nas
  comunidades norte-
  -americanas, 173-81
 treinamento moral e, 194-201
 valores e, 172, 174, 175, 181, 192
Estrada para a glória, 194
estresse
 desempenho acadêmico e, 98
 professores e, 165
 relacionamento entre pais e
  professores e, 155
 relacionamento entre professor
  e aluno e, 162
etnia, 7, 171, 217, 218, 229
eu ideal, 41
eu real, 41
eu, percepção do, 10
"eus que deveriam ser", 41
evolução pessoal, 124
executivos, 243
exemplos de vida, 4, 92, 119, 120,
 127

faculdades/universidades, 203-11, 243
família
  jantares em, 112
  programas de apoio à, 247-9
familiar, terapia, 141
Faulkner, William, 252
felicidade, 51-60
  autoestima e, 55-6, 58
  bondade e, 53-4, 59
  desempenho acadêmico e, 89-91, 93, 99
  desenvolvimento moral e, 69-70
  elogiar os filhos e, 65-7
  entretenimento dos filhos e, 62
  estudo acadêmico da, 55
  expressão dos sentimentos e, 64-5
  Mill e a, 59
  moral e, 60, 61, 252
  os colegas e a, 57-9
filhos "sucrilhos", 112
filipinos, 221
Fisher, Janina, 69
Fraiberg, Selma, 133
Freud, Anna, 41
Friday Night Lights, 182, 184, 194
Fundação John Templeton, 204

Gallup, pesquisa, 242
gangues, líderes de, 58
Geertz, Clifford, 174, 188
Gente como a gente, 26
gentileza, 71, 252
Gillespie, Michael, 170, 171

Gilligan, Carol, 36
Gilligan, James, 18, 22, 25
Gore, Al, 244
Grécia, esporte na, 174

habilidades "políticas", 171
Hackman, Gene, 194
haitianos, 228
Halberstam, Joshua, 242
Harvard, Universidade de
  curso sobre a natureza da felicidade, 55
  cursos sobre liderança social na, 207
  documentário *High School II* na, 230
  Ducey, sobre desempenho acadêmico, 86
  Lewis, sobre os objetivos da educação superior, 204
  Selman, sobre a troca de perspectiva, 130n
Heart of the Game, The (documentário), 188, 190
High School II (documentário), 230
hipocrisia
  crianças negras e, 229
  desempenho acadêmico e, 94
  esporte e, 178-9
  pais/adultos e, 87, 88-91
  relacionamento entre professor e aluno e, 159
Hitler, Adolf, 18
Hochschild, Arlie, 92
Holmes, Delores, 234, 247

Homem invisível (Ellison), 231
"homem psicológico", 243n
Huckleberry Finn, 48
humanidade, 74-5, 138
humilhação
  esporte e, 179, 185, 186n
  expressões de repugnância e, 28
  irmãos/irmãs e, 28
  relacionamento entre professor
    e aluno e, 158
  vergonha/inferioridade e, 17-9,
    21, 22, 23
humor/ironia, envolvimento na
  prática de esportes dos filhos
  e, 186-9

idealismo, 204-8, 210-5, 243
idealização, 105-6, 108, 113-5, 119
imigrantes, 219-28, 236, 237
importância das coisas, percepção
  da, 94-6
inferioridade, 16, 17, 29
Inglaterra, o esporte na, 174
intimidade entre pais e filhos,
  101-21
  criação de limites saudáveis
    para a, 112-3
  dilemas da, 115-7
  e separação entre os filhos e os
    pais na adolescência, 106-13
  idealização e, 102, 105-6, 113-5,
    119
  orientações para uma
    intimidade saudável entre
    pais e filhos, 117-21
  universitários e, 110-1

irmãos e irmãs, 28, 29, 114, 184, 250
irmãos Karamázov, Os
  (Dostoiévski), 74

Jackson, Samuel L., 195
James, William, 61
"jogo profundo", o esporte como,
  174

Kagan, Jerome, 15, 111, 240, 242
Karen, Robert, 19, 52, 67
Karlin, Ariel, 88, 90
Kegan, Robert, 38
King, Martin Luther, Jr., 233
Knowles, Harvard, 142, 146
Kohut, Heinz, 114, 115

Latendresse, Shawn, 81, 86
latino-americanos, 218, 221, 222
Lawrence-Lightfoot, Sara, 151,
  153, 158
Legalmente loira, 91
Lewis, Harry, 204
Lewis, Helen Block, 19
Lewis, Michael, 27
Lickona, Thomas, 167
limbo social, 227
Loh, Sandra Tsing, 99
Longa jornada noite adentro
  (O'Neill), 19
Ludtke, Melissa, 117
Luthar, Suniya, 81, 86

mães neuróticas, 88
maturidade
  características da, 71

desempenho acadêmico e, 85, 98
grau de intimidade entre pais e filhos e, 102, 106
moral, 125
práticas de criação dos filhos cruciais para a, 71-4
May, James, 245
McMahon, Darrin, 59
McMullen, Will, 235
mentor
adultos virtuosos e, 125, 129, 130
alunos mais velhos como mentores dos alunos mais novos, 166
capacidade de atuar como mentor é desafio moral, 6
como exemplo moral, 4
comunidades morais e, 240
crianças negras e, 237
dedicação ao outro e, 46
e a oportunidade de aprender com os filhos, 136
esporte e, 172
na faculdade, 205
pais e professores como mentores uns dos outros, 149
professores e, 146, 149, 163
mexicanos, 221
Meyer, Wulf-Uwe, 67
Michaels, Sam, 219
Mill, John Stuart, 59
Miller, Alice, 85
Miller, Peggy, 22

Mogel, Wendy, 98
Momentos decisivos, 194
moral
autoestima e, 48, 56, 58
decadência da, 242
e desempenho acadêmico, 99
é uma dura conquista, 142
elogio e, 66
emoções e, 15
felicidade e, 51, 52, 54, 56, 58, 59, 60, 61
humanidade e, 74-5
Ver também desenvolvimento moral; motivação moral; valores
motivação moral, 9, 20

narcisismo
dos pais/adultos, 50, 124
e o grau de intimidade entre pais e filhos, 107
elogio e, 66
humilhação/vergonha e, 18
negligência na criação dos filhos, 93
negras, crianças/famílias, 218, 229-38
New York Times, 79, 195
Newberger, Eli, 208
nível de frustração ideal, 115
Noam, Gil, 125
Nós somos os campeões, 194

O'Neill, Eugene, 19
Oliner, Pearl, 10
Oliner, Samuel, 10

pai
  ausência do, 102, 244
  como fonte de vergonha e abandono, 23
  crianças afro-americanas e o, 235, 236
  desempregado, 32
  os esportes e o, 171
  que participa na criação e toma conta dos filhos, 101, 244-6
pais "abelhudos", 109
Palmer, Brian, 207
"Parent Conference, The" (Burchenal), 161
percepção exígua do eu, 86
Perrotta, Tom, 184, 185
perspectiva
  adultos virtuosos e, 127, 129, 132-3, 135
  capacidade de assumir a perspectiva dos outros, 130-3
  comunidades morais e, 250
  crianças negras e, 231
  do adolescente sobre os grupos de colegas, 43
  e relacionamento entre pais e professores, 149, 154, 157
  esporte e, 172, 178, 180, 187, 193, 196, 198
  estágios na troca de perspectiva, 127, 130n
  externa, 73, 130n, 132, 157, 227
  formas de pressão por um bom desempenho e, 87
  imigrantes e, 227
  relacionamento entre professores e alunos e, 160
  respeito pela perspectiva dos outros, 10, 48, 49, 71
Perto das trevas (Styron), 132
pobreza, 235
professores
  aprendizado moral para os, 137
  e condescendência, 62, 63
  e desempenho acadêmico, 85, 86, 87-9, 93
  e desenvolvimento moral das crianças, 8
  e diretores de escola e, 156n
  e estresse, 165
  e pais tendenciosos, 151n
  e raça/cultura, 237
  e treinamento parental, 68
  e troca de opiniões e conselhos, 250
  e valores, 146n
  e vergonha, 29
  foco dos alunos nas forças e fraquezas dos, 160n
  problemas emocionais e morais dos alunos e, 82
  que abandonam a profissão, 162n
  relacionamento entre pais e, 148-53, 154, 155, 156, 158, 165
  relacionamento entre professores e alunos, 158-64, 165
  Ver também reuniões de pais e professores; escolas
Projeto de Desenvolvimento da Criança [Child Development Project] (Oakland, Califórnia), 166

Projeto Mãe-Filha, 109
Promise Keepers [cumpridores de promessas] (organização), 244
psicologia positiva, 55
Public Agenda, pesquisa da, 3
punição
  esporte e, 197
  imigrantes e, 221, 224, 227
  severa, 39, 41, 31n39
Punk'd, 23

Quart, Alissa, 96

raça
  esporte e, 171, 195, 201
  o pai e a, 241
  práticas de criação dos filhos e, 217
  Ver também negras, crianças/famílias; racismo
racismo, 20, 185, 197, 228, 233, 238n
raiva
  como lidar com a raiva dirigida aos pais, 69
  e crianças negras, 231, 232
  e desempenho acadêmico, 86
  e desenvolvimento moral dos pais, 140, 141
  e esporte, 170, 179, 185, 188, 193
  e maturidade, 73
  e o grau de intimidade entre pais e filhos, 103, 108, 119
  e os antigos padrões de relacionamento dos pais, 134

e troca de experiências, 249, 250-1
regra das vinte e quatro horas, 193
regra dos vinte minutos, 98
relacionamento entre pais e professores, 148-53, 155, 156, 158, 165
responsabilidade social, 211
reuniões de pais e professores
  comparação entre, 144-5
  e o relacionamento entre pais e filhos, 148, 150, 158
  foco nas outras crianças e nos problemas gerais da escola nas, 154
  o pai e as, 245
  participação dos filhos nas, 165
Rieff, Philip, 243
Room Raiders, 23

SAT (teste de aptidão acadêmica), 84, 87, 214
Seligman, Martin, 55
Selman, Robert, 130
sensibilidade, 29
sentimentos
  controle dos, 71
  desempenho acadêmico e, 85-6
  expressão dos, 64
  maturidade e, 73
  Ver também emoções
sexismo, 185, 197, 201
Shawn, Dan, 81
Sindicato de ladrões, 44
sintonia, 38

"Smile on Happy Chang's Face, The" (Perrotta), 184
Smith, Zadie, 70
Stern, Daniel, 49
Styron, William, 132
Suárez-Orozco, Carola, 220, 228
Suárez-Orozco, Marcelo, 182, 220, 228

teens. Ver adolescentes
temperamento, 30
Thompson, Audrey, 238
Thompson, Michael, 151
Time (revista), 39
treinadores
   a vergonha e os, 22, 29
   crescimento moral para os, 137
   e condescendência, 63
   e o desenvolvimento moral dos filhos, 8, 172, 181, 182, 194-201
   e o significado do esporte nas comunidades norte-americanas, 173-5, 176-7
   pais e, 189-94
Tribe Apart, A, 40
troca de conselhos, 31, 73, 249-53

U.S. *News & World Report*, 88, 99
Universidade da Pensilvânia, 55
Universidade de Columbia, 81, 242
Universidade de Nova York, 219
Universidade Tulane, 211

valores
   cultura e, 240
   desempenho acadêmico e, 85
   e o relacionamento entre pais e professores, 148, 15, 156
   e o relacionamento entre professor e aluno, 161, 162, 164, 165
   e os imigrantes, 226, 227
   escolas e, 144-5, 146, 147, 166
   esporte e, 172, 174, 175, 181
   famílias negras e, 234
   morais e o adolescente, 40
   morais e o medo da desaprovação ou do isolamento, 35
   o ensino dos, 8-11
   os pais e os valores morais da criança, 3-7
vergonha, 17-33
   ato de proteger as crianças da, 20, 28
   como fenômeno generalizado, 23-5
   culpa e, 19
   cultura e, 240
   desempenho acadêmico e, 86, 98
   desenvolvimento moral e, 17
   elogio e, 66
   esporte e, 170, 179, 182, 183
   geração direta da, 21-2
   inferioridade e, 17
   manifestação de desprezo pelos filhos e, 27
   moral e, 15
   relacionamento entre professores e alunos e, 160

sentimentos/fraquezas dos
   filhos e, 24-27
separação entre pais e filhos na
   adolescência e, 109, 110
violência e, 17, 18
Vietnã, 180
vietnamita, 224, 226, 228
violência
   autoestima e, 58
   participação dos pais no
      esporte e, 184
   programas de prevenção da, 15,
      17, 145
   vergonha/humilhação e, 18
voto, 211, 6n211

Walser, Nancy, 164
Ward, Janie, 231
Washington, Denzel, 194
Waters, Mary, 226
Weber, David, 142, 146
Why Good Things Happen to Good People, 59
Wick, Donna, 107, 109, 136
Wiseman, Frederick, 230

Young, Whitney, 128

Zierk, Tom, 192, 196, 198